浙江省哲学社会科学重点研究基地（浙江省传播与文化产业研究中心）课题成果（编号20JDZD069）

媒介话语
与社会变迁

张宏莹 著

浙江工商大学出版社
ZHEJIANG GONGSHANG UNIVERSITY PRESS ｜ 杭州

图书在版编目（CIP）数据

媒介话语与社会变迁 / 张宏莹著. — 杭州：浙江
工商大学出版社，2022.2

ISBN 978-7-5178-5023-6

Ⅰ. ①媒… Ⅱ. ①张… Ⅲ. ①传播媒介－对比研究－
中国、西方国家 Ⅳ. ①G219.1

中国版本图书馆 CIP 数据核字（2022）第 120350 号

媒介话语与社会变迁
MEIJIE HUAYU YU SHEHUI BIANQIAN

张宏莹 著

责任编辑	沈明珠
责任校对	穆静雯
封面设计	浙信文化
责任印制	包建辉
出版发行	浙江工商大学出版社

（杭州市教工路 198 号　邮政编码 310012）

（E-mail：zjgsupress@163.com）

（网址：http://www.zjgsupress.com）

电话：0571 - 88904980，88831806（传真）

排　　版	杭州朝曦图文设计有限公司
印　　刷	杭州高腾印务有限公司
开　　本	710mm×1000mm　1/16
印　　张	15
字　　数	233 千
版 印 次	2022 年 2 月第 1 版　2022 年 2 月第 1 次印刷
书　　号	ISBN 978-7-5178-5023-6
定　　价	62.00 元

前　言

　　任何社会进程都适合用人类通过制度或资源追求的价值实现来进行描述。

　　2017 年，党的十九大报告正式提出我国进入了中国特色社会主义新时代，这也开启了我国对"世界意义"的国际体系建设更深层次的探索与实践。任何新时代的发展都是以新思想和新制度为驱动力的，当下最为急迫的任务是建构时代变迁中国家话语的确定性意义。在变动不居的世界图景和新语境下，对新意义和新实践的探索诉求使我国的国际传播话语体系建设在国际关系和对外传播实践中面临着前所未有的机遇和挑战。

　　话语是一种根植于语言及其历史或制度语境中的组织知识、思想或经验的模式，话语体系既是话语制度，也是语境或范式，是规定和确立话语制度行为的方法论。话语体系建构的核心是意义建构，意义体系是整体的社会制度关系，其建构策略是以价值认同为依据的。国际关系中的话语冲突，其根本是话语意义的根本差异，而国家间制度关系中所保护和寻求的价值和价值偏好差异是话语冲突的最显著特征。认识话语意义建构的思想机理、结构特征和作用机制，将有助于新时代我国对外传播话语体系的意义重构，从制度文化的异同、制度权力的优先顺序、价值偏好的优先顺序等视角重新考量价值认同建构的优先路径，将有利于促进我国对外传播话语体系的转型发展，更有利于我国对外传播的话语传播实践和国际传播能力建设。

　　当代社会是由若干相互竞争且半自主的制度秩序所构成的，社会制度的功能体现在其权力行使中。话语本质上是一种权力关系，媒介话语因其"社会介质"特性而成为社会整体制度冲突与互动的平台。在对媒介话语体系的社会行为及结果做出解释时，一方面要考量媒介话语体系本身的制度自主性所产生的制度效率，另一方面更需将其与社会制度环境因素之间的相互作用加以优先评估，才具有足够的阐释力。

社会制度权力的行使是指权力关系通过社会现实建构来实现其社会生活的"普遍存在"，权力的行使者运用制度权力建构"普遍真理"并框定社会行为。所谓"普遍真理"，意即社会权力的"知识"框架，是社会制度权力的拥有者（民族国家或群体）建构、传播以供人们应用的一整套社会标准和规范体系。在特定的社会制度情境中，话语实践的权力关系模式形成了正式的"知识"系统，媒介制度既是知识系统的参与建构者，同时也是知识的介质系统，话语的建构过程亦是知识系统的框架过程。

话语体系的建构过程是制度（权力关系）运用话语（符号权力）建构社会想象和社会认同，并通过制度化、职业化和一体化的实施，最终实现社会现实建构的过程。媒介话语体系建构是在特定的制度情境，即社会权力关系中，通过话语建构来行使其制度权力、建构社会现实的过程。媒介制度是话语体系建构的实施者，也是话语体系建构结果的决定因素之一。

本书将影响东西方话语之争的社会权力关系因素主要概括为国家政治制度、经济制度和社会文化制度三重场域要素，并基于媒介的新制度主义转向的新制度主义新闻理论，将媒介制度与其他社会制度（主要是政治经济制度）之间的场域关系，以及媒介制度的半自主权力作为协同因素来解释媒介话语的制度化形塑过程及其结果。

为了对制度行为效果进行评估，本书构建了较为广泛的媒介制度分析框架，将媒介制度与整体社会制度之间的互动关系一起纳入影响话语体系建构这一社会行为结果的因素分析概念框架中，用以评估媒介制度的有效性，同时也解释了媒介制度的社会权力关系对制度行为的影响。

中西方媒介话语体系的差异，究其根源是中西方媒介制度理论及其方法论的根本差异。在中西方媒介话语体系建构的发展历程中，中西方媒介制度的原则差异决定了其话语建构过程和结果的根本差异，其中话语冲突是政治制度根本差异的最显著符号表征。对新闻事件和新闻话语的接近是制度话语再现的主要元素，本书通过对中美两国对外传播媒体的新闻话语分析验证了中西方社会制度优先权力顺序的差异以及权力垄断程度和媒介文化的不同。

　　中西方媒介话语体系建构差异的制度影响因素主要来自新闻的社会制度权力关系模式的差异，它导致了媒介制度的偏好与差异，其中政治制度和经济制度对新闻话语生产的促进和抑制是话语建构差异的最显著制度影响因素。本书通过对中美两国媒体的政治话语进行内容分析，系统阐释了经济驱动型的美国媒介制度与政治驱动型的中国媒介制度在新闻话语基调和新闻图式使用中呈现的显著差异。 商业化的汹涌浪潮正在逐渐消减中西方国家的经济差距，网络技术发展使新闻的话语结构呈现去中心化趋势，然而受文化资本和经济资本差异影响的中西方新闻话语的框架差异却几乎未曾改变。

　　媒介话语体系建构是媒介话语生产的专业化和制度化建设过程。 本书按照新闻场域结构二重性的观点，建构中国标准的新闻专业化权力，即新闻知识系统的中国话语以及从国家介入的角度，建立更具制度分配优势的话语传播机制，是我国媒体在激烈竞争的国际传播中提升媒介话语体系建构能力的优化路径。

C目录
ontents

2　中国对外传播话语体系的建构历程

3　西方国家媒介话语体系建构的发展历程

4　中西方媒介话语体系的比较

图目录

表目录

0 导 论

0.1 作为话语的新闻

0.1.1 新闻话语语境

对媒介制度和话语权力的关切始于对"新闻究竟作为什么而存在"这一新闻学基本命题的思考。 在国际新闻传播研究中，对媒介制度的研究一直以新闻组织为研究单位，对新闻惯习与实践进行分析和解读。 然而，对于媒介制度这一特殊的分析对象，唯有建立更加广泛的分析框架才能够全面诠释其内部结构及其与外部制度环境相互作用而建构的社会结果。 因此，只有将媒介制度这一相对独立的社会子系统看作特定的制度分析单位，并将其纳入社会制度总体框架来研究制度间的冲突与互动，才有可能解释如下问题。

为什么世界各国的新闻呈现和新闻话语会存在差异？ 如果说新闻是作为一种社会制度而存在，那么它与其他社会制度间有着怎样的相互关系？ 在多元化的国际社会关系和互动中，新闻如何成了对其他个体或群体施加控制性影响的手段？ 作为国际话语权冲突与互动的平台和制度情境，新闻自身究竟发挥着怎样的功效？ 当下，国际话语权力的变迁给处于媒介制度转型期的中国提出了亟待解决的问题：该如何进行新闻管理和媒介制度改革，调整及制定对外传播战略以充分行使国际话语权，从而建构和完善我国的媒介制度？

笔者带着上述问题去追寻解决问题的中外理论研究后发现，"场域理论"和新闻的"新制度主义理论"为研究媒介制度对话语权的建构效果提供了可解释框架。场域理论和新制度主义理论都是用来解决制度内部与外部制度之间的互动及其影响问题的。场域理论通过场域内外的不同的资本类型与权力关系，来判断特定场域的权力位置及其影响。新制度主义理论注重对制度的环境因素（即权力关系）对制度的作用，强调中观制度层面及其影响的研究；它强调制度之间的差异性以及制度之间的互为依存。一方面，媒介制度因其"社会介质"的制度特性而作为社会制度各系统之间冲突与互动的平台存在，因此，在对社会行为结果作出解释时，需要与其他社会制度相结合才有足够的阐释力；另一方面，媒介制度因其部分自主于外部制度环境压力以及展示出某种程度的内部同质性而产生媒介权力，并能够对其他与之相抗衡的社会制度施加巨大影响。

本书将从这一理论假设开始，即媒介体系建构话语权力。通过新闻的制度环境分析即媒介制度的影响分析框架来解释不同的媒介体系建构对社会或国家行为产生的影响。媒介制度是长期存在和不断冲突的社会制度间协调与互动的现行结果。在国际传播中，国家间媒介制度结构的差异影响着国家话语权的冲突和互动，而国际传播话语权冲突的根源是各国的国家社会制度结构的不协调。因此，新闻的制度权力是解决国际话语体系建构问题的根本所在。

0.1.2　制度主义新闻理论的发展

本书将依托布尔迪厄的场域理论和新闻社会学的新制度主义新闻理论来建构分析框架，论述制度因素无所不在的解释性权力。研究打破制度与文化的界限，用制度透视新闻，将制度和组织视为同一结构，以制度的环境影响因素及其历史变迁为基础，在更广泛的意义上研究媒介制度的权力结构、权力分配及其对国际话语的社会建构能力的影响。制度为人类提供了相互影响的框架，并依托该框架建构了社会的互动关系。新闻媒体因其部分自主于外部制度环境压力而被制度主义学者概念化为一种社会制度，它呈现出的内部同质性也使它拥有与其他社会制度抗衡的权力。 作为社会制度系统中的一部分，媒介制度框架既是一国政治经济制度和社会文化制度的组成部分，同时又是具有自身独立性的半自主式社会制度。 制度层面的变化通过跨国比较研究最为清晰可见，考察新闻的跨国传播行为需要考量各国媒介制度与其他社会制度间的相互关系及其对差异化媒介制度结构及权力位置，通过比较国家和地区间固有的制度差异来分析影响对外传播中话语权的冲突和互动，对正处于媒介制度改革时期的中国媒体制度关系架构进行厘清；通过分析我国制度秩序及其面临的机遇和挑战，对中国媒体如何在风云变幻的国际话语权争夺中提升自己的权力地位，何以在对外传播中充分行使其体系建构功能将具有实践指导意义。 无论是国家管理还是社会运转，都要求人们具有工具上的合理性，也就是为取得既定目标要选择有效的手段。 虽然目标合理性常常与价值合理性冲突，但是由价值实现的多元化合法取向所派生出的目的合理性，它所强调的"责任伦理"正是让新闻研究重归制度分析方法的价值取向和实践意义所在。

0.2　媒介话语与制度流派

0.2.1　媒介话语研究

在中国进入社会转型期以及政治经济文化体制改革深水区的进程中，媒介话语研究在新闻学、政治学、经济学及组织管理学等领域日渐勃兴。 在中国大力推行新闻体制改革的今天，对媒介话语与社会变迁的研究也受到越来越多的关注。

0.2.1.1　媒介制度理论研究

（1）媒介制度视角下的媒介话语分类研究

从最初的报刊四种理论到欧洲的媒介制度比较研究（Hallin，Mancini，2004），对媒介制度的划分一直都是遵循媒介所有权的集中程度来分类的。

报刊的四种理论曾经是近半个世纪以来媒介制度分类比较的权威理论。 1956年，西伯特、彼得森和施拉姆在《报刊的四种理论》中将报刊制度作为因变量，提出媒介制度的四种比较分析框架，即集权主义理论、自由主义理论、社会责任理论以及苏联的共产主义理论。 报刊的四种理论对于世界媒介制度及其相关研究影响深远，世界媒介制度体系由此清晰划定，很多相关研究也都是借由其理论框架延伸发展而成的。

根据报刊四种理论，20 世纪 60 年代，中国台湾学者李瞻①将世界各国的电视制度分成两个系统、四种类型。 两个系统主要是以"传统自由主义"理论和"集权理论"来划分媒介所有制集中程度。 四种类型是指按照电视媒体的经营方式主要划分为国有国营制，如苏联和我国；商有商营制，通常以美国为代表；公商并营制，以日本、加拿大和 1955 年以后的英国为代表；公有公营制，采用这种制度的有 1982 年以前的法国，以及德国、意大利等国家。

随着世界格局的变化与发展，尤其是近十几年来的媒介发展与变化，研究人员开始挑战权威的报刊四种理论，并重新进行了分类比较，哈林和曼西尼（Hallin, Mancini, 2004）通过研究冷战结束后，欧洲大陆各国的新闻与政治制度的关系，重新进行了相对脱离民族中心主义的比较分析，并且将欧洲的媒介制度分为三种模式：一种是北大西洋模式，又称为自由主义模式（英美两国是主要代表国家）；一种是中/北欧模式，又称为民主社团主义模式（如德国）；第三种称为地中海模式，又称为偏多元化模式（如法国等）。 班森（Benson, 2009）认为哈林和曼西尼的这种新闻模式划分主要是以新闻视角的内部多元化（即每个新闻媒体个体的观点多元化）与外部多元化（即新闻媒体整体的视角多元化）作为划分原则。 而事实上，或许是缘于欧洲大陆的历史与地域文化等的整体同质性，对欧洲各国所做的模式分类并非完全清晰和静态，而是模式边界呈模糊化，并且处于动态变化中，其中很多国家都具有两种模式的混合和交叉特征。 所以，在任何时候对世界范围的媒介制度类型进行划分都有一定的局限性。 每种分类方法可能都会因时代或历史的变迁而出现理论的迟滞，而以地区为研究对象进行的模式比较和分类也没有完全脱离民

---

① 李瞻，中国台湾新闻学者，著有《世界新闻史》。

族中心主义的藩篱，无法完全适用于制度背景迥异的其他地区媒介制度的研究。 相反，在新制度主义理论视域下重新建构新闻的制度分析框架，将新闻的制度分类转型为对媒介制度影响变量的框架分析上，成为研究新闻的社会互动与行为的影响变量的一种新的归纳性方法。

（2）新制度主义新闻理论的理论沿革

媒介分析领域正式引入新制度主义理论始于 20 世纪 90 年代美国新制度主义学者对新闻媒体的系列研究。 最初的研究主要来自政治学、政治传播学和组织社会学领域研究人员的关注。 主要学者有库克（Cook，1998）、斯拜娄（Sparrow，1999）、凯普兰（Kaplan，2004）、赖夫（Ryfe，2006）、班森（Benson，2006，2009）等。 新闻被大部分新制度主义学者认为是一种政治制度，新闻与政治的双向依赖关系导致了新闻的政府导向在美国的政治进程中发挥着重要功能。 库克（Cook，1998）在他的《新闻为政》（*Governing with the News*）一书中将"制度"定义为管理社会某一特定领域的被整个组织认同的社会行为模式（pp.70-71）。 通过对 19 到 20 世纪美国新闻史的梳理，库克总结道，新闻的"专业主义"并没有带给新闻独立，反而因为新闻（包括组织、实践、形式及内容）长期以来一直享受着各种形式的政府"补贴"而深受政治与政策的影响（p.19），因此，新闻成了"一种政治制度"。 对美国媒体"客观性"进行历时性研究的凯普兰（Kaplan，2004）也提出社会学新制度主义对新闻的研究填补了现有新闻社会学理论中政治和政治文化制度上的空白。 库克强调了政治对新闻发展的影响力，忽视了媒介制度自身的力量对公众和政治的影响。 他的论断即新闻对政治的绝对依赖，甚或就是一种政治制度的论断（Cook，1998；Sparrow，1999），一直受到其他领域研究者的挑战。

库克的研究被公认为是新制度主义理论新闻研究的起点，他为新闻研究提出一个新的研究单位，即在个体新闻组织和社会整体之间存在着一个"中间层面"的组织间制度环境。 这与布尔迪厄提出的新闻场域理论有着相辅相成的作用。 新制度学派与布尔迪厄都主张将研究主体设定在新闻的制度环境，但是二者的研究焦点各自不同。 制度学派强调的是同质性问题，而布尔迪厄将新闻场域置于权力场域，关注的是深植于受众与文化生产者中的经济与文化的阶级分化进程中的竞争和差异，他的测量模型可以解释媒介制度的张力，这种张力的形成是因受到其他制度不同程度的影响而产生的性质偏向。 其中，既有文化资本又有经济资本的新闻组织是善于在整个场域中运用符号权力并且在建立和修正新闻实践的统治规则上发挥着决定性作用。 布尔迪厄重点强调的记者群体的专业自主性问题在媒介分析中是必要元素，在新制度学派的研究中通常被忽略；相反地，新制度学派把国家作为对新闻场域有很大影响的分析元素对布尔迪厄的新闻场域模型也是一个重要补充。 结合使用这两种理论方法来分析媒介制度环境对新闻内容、新闻场域的形式变化，尤其是竞争中的新闻组织生态以及在新闻场域形成的不同历史进程中专业传统的文化惯习（Benson，2006）将有助于形成更广泛的研究框架。 班森（Benson，2009）运用制度多元化的测量方法，通过跨国比较分析美法两国的移民新闻，研究了影响新闻多元视角的四个变量：政治、经济、新闻规范和实践、新闻媒体与受众的文化资本。 制度框架的建构既解释了媒介制度差异的影响因素，又同时回答了媒介制度的建构效果问题。

（3）新闻生产社会学的三大传统方法论

新闻生产社会学对新闻的内容生产过程的分析是对新闻组织与制度环境互动的结果进行研究。 舒德森将新闻内容生产的研究视角分为三种：政治经济视角、社会组织视角、文化视角（Schudson，2000）。

①政治经济研究

在不同的政治经济体制下，媒介制度的形式呈现差异性和多样性。 国家和市场都会限制表达自由，但这两种限制，无论是广度还是深度，动机以及结果都是不一致的。 政治合法性对媒介制度的影响更为直接，但是在跨国研究中，因各国情况不同，影响程度各不相同。 在政治体制成为最直接影响力量的情况下，经济制度有时会成为政治的一种手段。

在欧美媒介研究中所采用的政治经济视角，通常把自由民主政体视为理所当然，因此，大多忽视了新闻生产过程中政治或立法的决定因素，在某种程度上倾向于新闻生产的经济属性而非政治属性（Schudson，2000）。 而对集权社会的媒介研究中，国有媒体"政治的"新闻生产会创造出独特的"政治媒介"产品。 然而，无论是媒介所有制与市场结构的关系还是媒介所有制与新闻报道特点的关系检验均呈现了非决定性的研究结果（Noam，1991）。 例如，尚无研究表明媒介所有制与政治新闻以及时政新闻的内容有明确的因果关系（Demers，1996；Brants，1998；Baker，1994），反而是新闻机构与政府新闻源的互动更能解释新闻的内容生产（Sigal，1973）。 对媒介制度本身的权力关系、分配、使用及其制衡应该成为政治经济视角或者宏观社会学解释研究的意义。

②组织和文化研究

媒介制度是社会制度的组成部分，新闻场域不仅与政治制度、经济制度互动，而且也与其他社会文化制度场域有着多角度的互动。 社会组织视角的新闻研究主要是基于组织理论对新闻实践中的各种社会关系，尤其是与新闻源的关系进行考察，强调新闻对社会的建构（Tuchman，1978）。 对新闻组织层面进行的研究大多将新闻工作关系作为研究对象，而文化研究则强调新闻关系所存在的特定的符号象征系统，对新闻的文化描述有助于解释新闻媒介中的刻板印象和文化冲突，它超越了政治经济结构和新闻组织工作关系类型，成了对新闻价值判断的重要指标。

在媒介化社会与全球化的媒介环境下，越来越多的研究开始关注新闻媒体对其他制度体系的影响。 媒介化理论就提出现代社会对媒介及媒介逻辑的高度服从和依赖（Hjarvard，2008）。 该理论认为社会的媒介化进程具有双重性特征，一方面媒介已经整合到其他社会制度的运作中，另一方面媒介也受到社会状态的影响。 社会媒介化的结果就是，各制度内部、制度与制度之间直至整个社会的互动都将遵循媒介逻辑来进行。 媒介逻辑指的是媒介的制度运作和技术手法，它包括媒介分配资源的方式，以及凭借正式和非正式规则进行操作的方式。 媒介逻辑影响传播的形式，例如，在媒介文本中对政治的描写（Altheide，Snow，1979）。 媒介逻辑还影响社会关系的本质和功能，以及传播中的传者、内容和受者。 因此，媒介制度与其他社会制度是相互影响和依赖的关系，并且在社会互动中共同对社会行为产生影响。

0.2.1.2 我国媒介体制研究现状

国内对媒介制度的研究大多聚焦在新闻体制改革问题上，因此大多是一些策略性研究，对媒介制度分析理论的关注相对较少。 新制度主义理论的相关研究进入我国研究人员的视野仅十余年的时间，在中国进入社会转型期，以及政治经济文化体制改革进入深水区的进程中，新制度主义理论在政治学、经济学、组织管理甚或新闻学领域日渐勃兴。在中国大力推行新闻体制改革的今天，以新制度主义理论为基础的媒介制度与变迁研究开始受到关注。例如，党报媒介制度作为中国媒介制度模板长期约束或激励着中国报业的新闻生产活动。叶青青（2011）以中共中央机关报《人民日报》为个案，采用了新制度主义学派的历史分析方法，从制度生成和变迁的制度分析视角来研究新中国党报媒介制度的构建过程。这与库克的分析路径相同，均采用历史制度主义分析框架来研究制度间的历时互动产生的同质性建构，史料严谨、证据充分，但对媒介制度领域的自主性以及其他制度变迁因素的影响缺乏考量。信息公开制度是新闻管理制度也是政府管理制度的一部分，朱春霞（2005）从制度层面研究建构信息公开制度对新闻管理以及我国传媒改革与发展的意义，运用新制度主义制度变迁理论来研究媒介制度建设的问题。她侧重于从法学和政治学框架的角度来探讨信息公开制度对媒介体系建构的意义，并未探讨制度本身的内生机制问题。对中国媒体在国内经济体制改革形势下的媒介制度变迁与改革问题，研究者大多认为中国目前的媒介制度和政策制定存在着制度间匹配的矛盾（张锐，2004；黄炜，2007；陈国强，2007；等）。对国际传播中新闻的制度问题研究涉猎不多，视角也多从经济学视角的媒介经营取向着手探讨如何提升中国媒体的跨国经营能力（熊德，2012）。国内的媒介制度研究大多运用不同学科的理论对新闻媒体的经营实务和政策制定进行策略性研究，对理论框架的建立和扩展较少关注。按照舒德森的新闻生产社会学观点，对媒介制度的研究应建立在一个多维互动的分析框架内，研究媒介制度对国际话语权的建构则更需要建立更广泛的研究框架，而跨国比较研究则是研究制度层面变化的最有效分析方法（Benson，2004）。

0.2.2　话语与国家权力研究

话语权研究在社会学和政治科学领域里受到了广泛的关注。在欧洲和拉丁美洲，学者对语言、话语、权力和意识形态之间的关系做出过许多有趣的研究。多数学者是将话语研究限定在语言与权力的一般关系上（Kramarae，

Shulz, O'Barr, 1984；Mey, 1985）；有的学者针对人际传播领域的话语权力进行研究（Berger, 1985；Seibold, Cantrill, Meyers, 1985）；有的学者以人种学方法关注地域文化（Bauman, Scherzer, 1974；Saville-Troike, 1982）或跨文化传播中权力的作用；而女性研究的学者则对男性在语言中的支配地位和权力进行了讨论（Kramarae, Thome, Henley, 1983）。

关于话语与权力的理论性建构，主要涉及苏联马克思主义语言学家巴赫金的"话语理论"、西方马克思主义先驱葛兰西的"文化领导权"、法国哲学家阿尔都塞的"意识形态国家机器"、罗兰·巴特的"符号思想"、福柯的"心灵规训"、布尔迪厄的"文化资本"、法兰克福学派哈贝马斯的"公共领域"、美国后殖民主义文论家萨义德的"东方学"等。其中，布尔迪厄的"符号权力"研究是对新闻话语权的经典研究之一：布尔迪厄把他的语言研究深入地推进到政治、意识形态批评及纯粹语言学批评都未曾涉及的领域，他论证了"语言关系总是符号权力的关系，通过这种关系，说话者与他们所属的各种群体之间的权力关系转而以一种变形的形式表现出来"。布尔迪厄将批判的实践主义方法与历史建构主义整合，将新闻领域视为一个与权力场、经济场有沟通往来的权力关系场域，他试图通过揭示新闻运作的场域结构、支配权力和被支配权力的相互合谋，来揭露新闻场域被视为理所当然的符号权力的运作阴谋。布尔迪厄运用参与性对象化方法对电视新闻话语进行分析，指出研究者应该超越表面的话语分析，即社会互动中明白易懂的描述及其话语构建的初步意义，应该厘清屏幕上展现的社会互动是各种等级化场域之间相互交织关系的产物，话语参与者群体的社会构成是预先设定的，而记者往往在互动中行使某种形式的支配权和裁判权，可以给话语建构强加上"客观"和"中立"的规范。布尔迪厄对话语互动中的政治场域、记者场域、政治宣传场域、学术场域分别做了分析，指出不同场域的话语策略取决于不同场域所拥有的符号权力和符号资源，而符号权力的关系正是话语参与者在社会系统中的结构关系的产物。只有将这种客观结构引入话语分析中才有可能用话语来解释社会结构关系的所有方面。

美国的新闻生产社会学对话语权力的研究是通过分析新闻生产的组织语境对新闻机构的生产规则进行建构的，而最终演变为专业意识形态的组织规则又是如何对社会和政治现实进行特别的重构的（Hall et al.，1980；Tuchman，1978；Van Dijk，1987b，1987c）。 与美国的实证主义研究方法不同的是，大多数的欧洲新闻研究的共同点是系统地关注新闻和新闻制作的意识形态，这些研究都显示了把新闻话语的结构分析、新闻制作约束和其中隐藏的意识形态结合起来进行分析是既可能又可行的（Van Dijk，1987）。 梵迪克就以社会认知理论为基础平台，将新闻话语结构分析与权力结构（即宏观的社会结构和历史文化形成的意识形态）联系在一起，通过新闻话语及其加工这个微观层次进行呈现，以此来描述约定俗成的新闻生产对社会结构的部分依赖和意识形态对新闻生产的控制。

无论是语言学还是社会学，对新闻话语权的研究都关注了社会互动中的权力变化，但对以社会互动为主线的社会情境尤其是媒介制度情境都缺乏广泛和系统的研究。

我国对国家话语权的研究涉及新闻传播学、政治学、文化语言学等学科领域，视角多为软实力研究（郭品，2012；等）、对外传播的战略研究（罗以澄，吕尚斌，2009；吴立斌，2011；等）。 国家、文化和媒体因素都曾作为影响我国国际传播话语权的因素考量（吴瑛，2010；等），但现有的话语权研究对媒介制度与话语建构的关系缺少系统关注，多数研究都停留在经验层面，理论研究偏少，应用策略性研究较多（王庚年，2009；罗以澄、陈刚，2010；等），并且大多只关注了文化策略，欠缺制度对话语进行建构的路径分析。

话语即权力，国际传播话语权即对外传播的影响力。 对外传播作为国际传播的一个向度，是指国内信息的向外流动。 对外传播也是指"一个国家或文化体系针对另一个国家或文化体系所开展的信息交流活动，其目标是要信息接受国更多了解信息输出国，培养其友善态度和合作愿望，并创造一个有利于信息输出国的国际舆论环境，取得最高程度的国际支持和合作"（张长明，1999）。

话语体系是指在一定的社会情境中言语传播的运用范式，即承载说话群体的主观意志和思想的完整有序的话语建制（冯果，2017）。 学者胡安江认为，"话语体系"是话语的具体阐述方式，它承载着个体、国家和民族特定的价值观念（胡安江，2020）。 因此，通过话语传播实现国家想象建构，获得国际社会认同，争取国际话语权成为我国对外传播行为的主要目的。 需要指出的是，以往研究大多将话语体系建构作为对外传播的工具性手段或策略，而忽略了二者之间是制度体系与制度行为的语境－传播关系，也忽略了话语体系作为制度行为（对外传播）的方法论和范式的意义建构。

在国际传播中，媒介制度的差异影响着国家间话语权的冲突和互动，而国际传播话语权冲突的根源是各国的国家社会制度间的不协调。 因此，话语权研究的根本是媒介制度对话语的社会现实建构问题。 制度框架的建构既能够解释媒介制度差异的影响因素，又可以回答媒介制度的社会建构效果问题。因此，对国际传播话语权问题的研究需要多从制度视角进行分析。

从研究文献来看，无论是新闻传播学、政治学还是语言学，对新闻话语权的研究都关注了社会互动中的权力变化，但对以社会互动为主线的社会制度情境都缺乏广泛和系统的研究。 欧美媒介制度研究中话语权问题研究较少，更多的是关注差异化的国际媒介制度模式对话语模式的影响，提倡国际媒介制度模式的多样化以及话语模式的多框架和多元化；国内的新闻传播研究对话语权问题涉猎很多，但是对其根本的体系建构因素缺乏系统分析，对制度模式构建也研究较少。 虽然也有将国家、文化和媒体因素作为影响我国国际传播话语权的因素考量的（吴瑛，2010；等），但是对媒介制度的权利关系对话语的社会现实建构路径，尤其是国际传播话语权的社会建构流程缺乏系统研究。

0.3 核心概念解读

0.3.1 对外传播

在国外的传播学研究中，"对外传播"并非独立的专业概念术语，也没有明确的概念解释，"对外传播"是我国政界和学界共同创造和认可的一个概念。 目前学术界普遍认为"对外传播"是国际传播的一个向度。 一般来说，国际传播分为两个流向：一个是国内信息的向外流动，谓之为对外传播；另一个是由外向内的信息流，称为对内传播。 我国将信息流的向外流动单独分列为"对外传播"概念主要是为了强调国家这一传播主体的主观能动性，这也是我国新闻传播历史的特殊产物。

国际传播概念有广义和狭义之分，广义概念包含所有跨越国界的大众传播和人际传播。 因本次研究的主体是新闻（制度），因此取国际传播的狭义概念，即国际传播主要是依靠大众传播媒介进行的跨越国界的信息传播。[①]而"对外传播是指一个国家或文化体系针对另一个国家或文化体系所开展的信息交流活动，其目标是要信息接受国更多了解信息输出国，培养其友善态度和合作愿望，并创造一个有利于信息输出国的国际舆论环境，取得最高程度的国际支持和合作"[②]。 因此，在对外传播中，树立国家想象、获得国际社会认可、通过新闻话语完成对国际社会的现实建构、取得国际话语权是我国对外传播的主要目的。

在我国的官方话语中，对外传播与对外宣传并无显著区别。 我国政府及政策对我国的对外新闻报道一直通称为对外宣传。 但在两次世界大战之后，因学术界对战争"宣传"的界定，使"宣传"一词带有明显的贬义，冷战结束后，国际上对世界宣传的研究已经转型成为国际传播研究，因此，我国学者建议将"对外宣传"改为"对外传播"，以期避开"宣传"一词的贬义倾向。

本书涉及国内外媒体的跨国研究，因此，国外研究部分的"对外传播"内涵与国际传播同属相同概念，我国研究部分则仍然定义为我国学术界对"对外传播"概念的界定，即信息流的对外流动。

0.3.2 话语权

"话语"一词源自拉丁语"Discursus"，意思是"运行或分散的过程"，最早用于语言学中，常用来强调口头或书面语言的高级结构属性，在语义分析和话语分析中，"话语"泛指所有模式和情境下的"谈话"的概念。 当"话

---

① ［美］罗伯特·福特纳:《国际传播:全球都市的历史、冲突及控制》,刘利群译,华夏出版社 2000 年版,第 6 页。

② 张长明:《让世界了解中国——电视对外传播 40 年》,北京海洋出版社 1999 年版,第 24 页。

语"是指与给定的社会实践类型相匹配的语言编码类型及使用时，则可具体称为法律话语、医疗话语、宗教话语、新闻话语等。

福柯的话语研究是他的哲学思想从考古学方法向谱系学方法转型过程的见证。他认为对话语的研究要用一系列的阐释来关注不固定的意义及其差异，而不主张追溯意义背后的本质或根源。福柯认为话语是由无数的陈述和事件构成的，谱系学家会在历史中追溯这些偶然发生的陈述和事件，特定时期的话语陈述是与特定时期的规则（格式）和相互联结的非稳定关系序列相一致的。福柯口中的历史规则通常是指特定时期和特定的社会、经济、地理和语言区域等共同形成了行使表述功能的框架。

因此，福柯将"话语"定义为一个可以进行陈述的符号序列的实体，即话语是由主体、客体和其他陈述的非稳定关系序列构成的，而生产话语的规则被定义为话语格式。沿袭着尼采的谱系学传统，福柯不再认为话语主体是社会变迁的执行人，而将话语主体、历史和变迁都解读为"权力欲"的功能，历史是权力对主体的压制性建构的结果呈现，而话语主体、历史和变迁都受到权力的影响，权力或知识是将"权力欲"伪装成为"真实欲"的假面。

话语的操作化定义包括"围绕着某一社会问题的特定诊断分析和解决方法而组织的有限的相关论述"（Ellingson，1995）。话语分析认为研究话语实践对话语生产规则的设置方式必须按照权力关系范式来进行（Escobar，1995）。

"权力"的概念属性主要包括：第一，权力是社会成员、群体、阶级或其他社会形态之间的关系属性。第二，权力关系在社会互动中得以具体表现。第三，群体 A 对群体 B 实施控制的前提条件是必须能控制群体 B 行动的认知条件，比如欲望、愿望、计划和信仰。第四，群体 A 行使权力控制需要有基础即社会资源。这些资源通常是具有社会价值但却分配不均的社会财产，例如财富、地位、官衔、身份、知识、专业、特权，甚或是主流群体的成员身份。群体 A 行使权力是有意为了保有或扩大其资源占有或阻止其他群体获得资源，也就是说，A 群体的权力行使通常是出于 A 的群体利益。第五，权力行使的关键是要让群体 B 了解主流群体 A 的愿望、要求、偏好或意图。权力行使方式包括直接传播、文化信仰、社会规范和价值观、社会共识等。第六，社会权力的行使和维护以意识形态框架为先决条件。这个框架是由利益相关者及其成员共享的基本社会认知构成的，并主要通过传播和话语获得、确认或改变。①

现代西方社会的所有社会控制都是由特定权力机构限定权力的领域和范围。也就是说，这些权力机构只拥有某一社会领域的权力，如政治、经济、教育等。除此之外，还有关于权利共享的问题：权力群体不可能完全放弃权力，但是在特殊的社会经济、历史或文化条件下，尤其是在革命时期，权力群体需要处理各种形式的反抗，这就需要权力协商和权力共享。因此，权力的法则不是一种简单的行动形式，而是一种社会互动形式。对权力的分析要考虑各种反权力的形式，这也是社会和历史斗争与变迁的条件。

话语权是通过话语生产进行社会控制，它的两个重要条件就是话语生产和话语控制。所以话语权力的核心问题是：谁在什么情况下可以给谁说或写什么？谁能接近不同形式或流派的话语或者话语生产手段？权力不只出现或贯穿于话语中，它是隐藏在话语背后的社会力量。有权力的群体及其成员对话语的作用、流派、场合、风格实施着越来越广泛的控制。他们控制着公共话语的主动权，为公共话语设定基调和话题，为文本或谈话设定风格，决定话语的参与者和接受者。话语权越少的人对不同形式的文本或谈话的接近越少，即使是偶尔有机会参与对话也只能被动地回应和简单地接受，并最终成为"沉默的大多数"。话语生产模式由"符号精英"们所控制，他们以"符号资本"为基础来行使话语权力（Bourdieu，1977，1984；Bourdieu，Passeron，1977）。这种符号权力不只限于话语本身，还延伸到影响模式：设置公共讨论议程、管理信息量和信息类型、影响话题相关性，特别是以何种方式公开描绘谁。他们是公共知识、信仰、态度、规范、价值观、道德和意识形态的生产者，因此符号权力究其本质是一种意识形态权力。②

话语权的理论建构主要涉及苏联马克思主义语言学家巴赫金的"话语理

---

① Van Dijk，T. A.：*Social cognition and discourse*，in H. Giles，R. P. Robinson（eds）：*Handbook of Social Psychology and Language*，Wiley，1990：163-183.

② Van Dijk，T. A.：*Discourse，power and access*，in Carmen Rosa Caldas-Coulthard，Malcolm Coulthard（Eds.）：*Texts and Practices：Readings in Critical Discourse Analysis*，Routledge，1996：84-104.

论"、西方马克思主义先驱葛兰西的"文化领导权"、法国哲学家阿尔都塞的
"意识形态国家机器"、罗兰·巴特的"符号思想"、福柯的"心灵规训"、
布尔迪厄的"文化资本"、法兰克福学派哈贝马斯的"公共领域"、美国后殖
民主义文论家萨义德的"东方学"等。其中，布尔迪厄的"符号权力"研究
是新闻话语权的经典研究，他的场域权力分析模型为研究新闻场域对社会和
国家行为的影响提供了基础的分析框架。哈贝马斯的"公共领域"将新闻重
新带回到政治传播的研究中。美国的新闻生产社会学对话语权的研究是通过
分析新闻生产的组织语境对新闻机构的生产规则进行建构的，而最终又演变
为专业意识形态的组织规则是如何对社会和政治现实进行特别的重构的（Hall
et al.，1980；Tuchman，1978；Van Dijk，1987b，1987c）。

0.3.3　话语体系的界定

0.3.3.1　媒介"制度"概念的厘清

本书需要明确和探讨的"制度"，在英文中是"Institutions"一词，它是
指在特定的社会情境下，通过建构和维持社会规则框架来影响和定义社会行
为，最终实现利益分配目标的社会权力关系。"权力关系"是本次"制度"研
究所使用的概念化和操作化定义。

媒介制度是社会整体制度秩序中一种特定的权力关系，对媒介制度的研
究首先要从定义社会制度开始。社会学理论从社会组织、社会关系和人类行
为模式等方面对"社会制度"作出了多种界定，社会学和政治学家（March，
Simon，1958；Weber，1978；Taylor，1982；Knight，1992）普遍认为，社会
制度是由社会群体和社会成员共同认知的，以某些方式构建社会互动模式的
一系列规则和准则。其中，马克思主义社会学派则更多关注了社会互动模式
的不稳定性，即注重对社会变革和冲突的分析。无论是马克思主义社会学还
是功能主义社会学，注重的都是对"制度、结构和均衡的分析"①。

---

① 　Pradeep Bandyopadhyay:*One Sociology or many*:*Some issues in Radical Sociology*，
Science and Society，1971(35):19.

正如社会学领域里的许多概念一样，我们很难对"制度"一词给出其明确的定义。"制度（institution）是一系列定制的规则、合法程序以及行为的道德伦理规范，用来约束社会行为以追求社会主体的福利或效用最大化。"①制度为人类社会行为提供了相互影响的框架，确切地说，是各种相互竞争和博弈的制度秩序构成一个社会权力关系系统。

政治学家和经济学家倾向于将"制度"定义为议会制、总统制或最高法院等正式的组织制度形式；社会学家和历史学家倾向于将"制度"看作是组织的日常惯习、规则和行动方针等。事实上，每个理论传统的关键术语都具有可塑性，因为学者们在使用这些术语的时候都带有各自不同的研究目的。例如，哲学中"范式"的概念以及政治传播学中"框架"的概念，都因为研究目的的不同，其概念界定的范围和结果不尽相同。因此，在制度研究中，对"制度"的定义似乎变得有必要模糊，因为在制度框架内的研究者都会根据自己的研究问题和理论来概念化和确切定义"制度"。

美国的社会学新制度主义学者（Fligstein，1990；DiMaggio，1986；Friedland，Alford，1991）将制度定义为组织间"场域"（International Fields）；和他们一样，美国新制度主义传播学者斯拜罗（Sparrow）和库克（Cook）也曾经分别将制度定义为"（其他政治、市场等的）组织间场域和组织场域（Organizational Fields）"，库克甚至在他的研究中呼吁采用"System"（体制）这一术语。莱夫（Ryfe）和凯普兰（Kaplan）则分别倾向于使用"Public"（公共制度）和"Regime"（政体）一词。在新制度主义新闻研究中，相较于制度（Institutions）这一术语，场域（Fields）一词在英美学者的研究中使用较为广泛和持久，这是因为布尔迪厄和他的科研团队开发的以"媒介场域"为核心概念的理论范式一直是新闻社会学中最具影响力的研究范式。布尔迪厄（Bourdieu，1992）将场域定义为各种客观权力关系在社会网络中的位置结构形态，场域就是由一系列相互依赖关系所构成的社会空间。②场域为我们解释媒介组织间的异质

---

① 诺斯：《经济史中的结构与变迁》，上海三联书店、上海人民出版社 1994 年版，第 225—226 页。

② ［法］布尔迪厄：《艺术的规则》，斯坦福大学出版社 1996 年版，第 215 页。

性和同质性都提供了一个合适的模式（Cook，1998）。

同时，我们有必要强调"制度"和"机构"的差别。以政治制度分析为例，在对国家制度和政府机构进行分析后发现，制度的重要性在于它们是独立的政治行为人，有着它们自身的目标和利益（Evans，Rueschemeyer，Skocpol，1985；Katzenstein，1978；Skowronek，1982）。当从宏观层面对政治结果作出解释时，国家制度能够与其他因素结合在一起，对"国家能力"①做出有力的详细阐述。结论是"国家能力"越大，国家制度在政治成果的产生中所起的作用就越重要。②

0.3.3.2 对外传播与话语体系的关系

对外传播作为国际传播的一个向度，是指国内信息的向外流动。对外传播也是指"一个国家或文化体系针对另一个国家或文化体系所开展的信息交流活动，其目标是要信息接受国更多了解信息输出国，培养其友善态度和合作愿望，并创造一个有利于信息输出国的国际舆论环境，取得最高程度的国际支持和合作"（张长明，1999）。

话语体系是指在一定的社会情境中言语传播的运用范式，即承载说话群体的主观意志和思想的完整有序的话语建制（冯果，2017）。学者胡安江认为，"话语体系"是话语的具体阐述方式，它承载着个体、国家和民族特定的价值观念（胡安江，2020）。因此，通过话语传播实现国家想象建构、获得国际社会认同、争取国际话语权成为我国对外传播行为的主要目的。需要指出的是，以往研究大多将话语体系建构作为对外传播的工具性手段或策略，而忽略了二者之间是制度体系与制度行为的语境—传播关系，也忽略了话语体系作为制度行为的方法论及研究范式的意义建构。

---

① 国家能力是指国家在面临对立的参与者及不利的条件时能够实施其自身目标的程度。（Nordlinger，1981；Skocpol，1985）

② ［美］杰克·奈特：《制度与社会冲突》，上海人民出版社 2009 年版，第 2 页。

0.4　新制度主义新闻理论

0.4.1　新制度主义理论

20 世纪 70 年代，美国经济史学家道格拉斯·诺斯在其经济史研究中运用制度因素进行分析后发现，制度及制度变迁对经济的长期增长与停滞都具有显著的影响，由此创建新制度主义理论，并为经济学领域建立了"制度选择影响经济及社会结果"的新制度主义分析模型。 20 世纪 80 年代后，西方社会科学领域重新确定了制度分析在解释现实问题中的地位和作用，进而形成了新制度主义分析范式。 该理论与方法在 20 世纪 80 年代被广泛运用于政治学、社会学等诸多领域。

本书的理论基础是依托新闻社会学的新制度主义新闻理论建立的影响分析框架。 社会学对制度主义的制度内涵界定具有更加广泛的意义，其制度概念范围不仅包括正式的社会规则、合法程序以及社会规范，还包括规范社会行动的"意义框架"，如符号系统和认知模式等。 社会学制度主义理论的核心是对组织采用特定制度模式、组织程序或符号系统的根源及其组织传播的方式进行阐释。①

制度变迁是新制度主义理论在其他学科中延伸和应用范围最为广泛的理论支点和概念框架部分。 新制度主义认为，制度变迁是指当原有社会制度失灵或效率低下时，一种更为高效的制度替代旧有制度的过程。 制度主义学者杰克·奈特认为对制度发展与制度变迁的阐释应该基于社会利益分配的有效性这一前提，通过分析制度分配结果以及社会权力的不均衡来解释制度的演化机制和新制度的合理性。

尽管各种社会制度的构建方式各自不同，但其或合作或协调从而从中获

---

①　B. Guy Peters：*Institutional Theory in Political Science*，Wellington House，1999：134.

得利益的目标是一致的，辨别制度形式的最主要特征就是考察其分配结果。社会制度的存在意义是其提供的社会利益，当社会成员合作获利行为的结构稳定性受到冲击时，原有社会制度的分配优势就会削弱，从而诱发制度变迁。社会和制度变迁的解释一直是多种多样的，但制度学派根据社会制度特有效应的不同侧重将制度发展及其变迁的经典学说分为两类：一类是着重强调社会制度对社会集体利益协调的观点；另一类则强调社会制度的差异化利益，即制度框架造成部分社会群体的利益不均衡。 总体来说，两类学说的区别在于社会协调与社会冲突，即社会利益的协调与利益的竞争，而社会利益协调的观点则成为西方制度主义理论思想的主流。

制度理论将制度变迁分为两种类型、四种机制。 制度变迁分为自发性制度变迁和强制性制度变迁两种类型。 自发性制度变迁是一种由下而上的社会制度变迁过程，通常由社会某一群体所推动，具有公共属性；而强制性制度变迁则是一种自上而下的制度变迁，通常由国家或政府强制推动，主张国家介入和强制执行。

制度变迁的四种机制包括：社会契约、自发形成、市场协调和社会选择。社会契约机制为解释社会制度的有意建构和发展奠定了学说基础，例如，托马斯·霍布斯（Thomas Hobbes，1963）就用契约机制来解释特定国家最初对政治制度的有意设计。 政府在建立之初即告知民众社会总体契约的建立，包括基础政治制度的本质及其制度形式的确立。

自发形成、市场协调和社会选择机制则用来说明社会制度的演化。 自发形成和社会协调是源于经济制度形成的核心理论逻辑，即社会制度系统通过社会子系统之间的不断互动和相互作用而不断发展，由社会制度及其子系统构成的双重机制共同制约社会行为，并维护整体社会的集体利益。 经济理论中的"看不见的手"即用来说明市场压力和市场竞争可以自发调解社会行为，激发更有效率的经济制度的建立，这种市场学说对制度发展的论证逻辑是，社会制度秩序中的各种经济和政治制度均自发形成于市场交易之中。

社会选择理论是根据适应性的标准来解释社会制度的发展及其变迁，社会选择学说认为，社会制度的产生和发展是因其满足了社会在竞争环境中生存的功能性需求。 斯宾塞（Spencer，1969）认为，社会制度对于社会适应环境变化的能力有着很大的影响，只有依靠制度发展并且适应环境的社会才会存续。无论是市场自发调节机制还是社会选择机制都强调社会体系建构的集体利益，而另一派学说则强调制度的差异化效应。

差异化效应学说形成了制度发展和社会变迁中的冲突，冲突理论对社会制度的解释是围绕制度对社会特殊群体利益的影响展开的，它强调社会制度在分配问题上的固有冲突。马克思的阶级矛盾导致社会制度变革以及韦伯的社会制度偏好引发制度变迁等理论观点是冲突理论的基本观点。差异化效应学说将优势群体的社会制度偏好引发社会矛盾和冲突作为其学说基础，对制度变迁的分配效应机制并未做出充分阐释。

在制度发展的研究中，制度效用通常用来考量和解释社会制度的存续与变迁。有效率的社会制度就是可以将社会福利或效用最大化的制度，是可以通过协调社会行为带来社会收益的最佳制度安排和激励机制，这些机制是相互协调和相互竞争的社会整体制度竞争博弈的结果。例如，市场竞争的压力，成为有效率的经济制度机制；政府政策的制度性方法，如选举与立法机关制度为政治决策过程节省成本，使社会行为人从中央集权的行为中获得利益。

社会互动与博弈中的权力从均衡到不均衡会影响社会效能和社会结果。制度发展是社会行为人之间的竞争，以期创建会有益于自身利益最大化的制度，从而产生利于自身的社会均衡结果，这一竞争博弈关系必然以参与者拥有的可以迫使他人违背意愿的相对能力即权力多寡作为讨价还价的基础，因此制度发展与变迁成为社会群体成员间的一场持续的权力博弈。

社会制度分为自发形成和自我实施的非正式制度、在非正式习俗和准则框架基础上设计和创立的正式制度。正式制度的确立既是为了稳定或改变现行的非正式制度，也是为了规范某些缺乏非正式制度框架的社会互动行为。外部制裁机制的实施确保了社会行为人对正式制度的遵守，因此法律与政府作为正式制度引入社会制度体系。非正式制度的制度化是通过自身的承诺来约束他人行为，而正式制度的制度化则是通过第三方的介入来约束他人行为。当非正式制度的有效性受到威胁，社会行为人即会引入国家权力作为外部实施机制来建立具有分配优势的制度规制，然而一旦国家介入社会制度的根本冲突，国家制度就成为引发社会基础协议权力关系复杂化的重要因素。与其他社会制度一样，政治竞争所遵循的规则同样左右国家决策的影响和分配，国家制度的冲突也改变了社会协议权力对于制度运行结果的影响方式，因此常常起到增加和推动社会制度变迁进度的作用。

社会制度的有效性取决于与社会互动结构有关的社会条件及背景，即社会制度之间的相互作用。社会制度对于社会行为人的协议权力以及社会结果的实质产生双重影响。这也成为新制度主义新闻理论对媒介制度资源和利益分配规则进行评估的理论基础。

0.4.2 新制度主义新闻理论

媒介分析领域正式引入新制度主义理论始于 20 世纪 90 年代美国新制度主义学者对新闻媒体的系列研究。最初的研究主要来自政治学、政治传播学和组织社会学领域研究人员的关注。新制度主义新闻理论将新闻社会学重新带回新闻场域，采用批判社会学取向，将国家导向引进媒介分析，运用量化和质化的研究方法，在国家层面对媒介制度及其变革与转型进行研究，并提出改革建议。新制度主义新闻理论关切媒介制度的半自主性即制度依赖，主张媒介话语的多样性原则。

早在 20 世纪 60 年代，在世界各国民主革命运动风起云涌之时，欧美学术界就掀起媒介制度分析的研究热潮。社会学、政治经济学以及新闻传播界的学者深入关注和探讨了媒介制度与政治、经济等其他社会制度之间的相互矛盾与依赖关系。此后的 30 年间，无论是跨组织研究，还是对不同地区、不同规模和类别的新闻媒体进行研究，虽然方法论传统各自不同[①]，但美国学术界对新闻研究的立论都非常统一，即新闻媒体因其共享的组织惯习和实践而呈现高度的同质性。在媒介研究中布尔迪厄的场域理论影响最为广泛也最具辨识度。它研究了受政治经济权力等外部影响的媒介场域的半自主性特征，打破媒介生产与消费的二元对立，转为对生产者与消费者的文化同源关系及其影响的研究。媒介场域研究重点关注了经济、人口、技术等变迁与媒介场域

---

① 美国新闻生产研究的三大传统方法论（Schudson,2000）:政治经济学方法、社会组织学方法、文化方法。

逻辑的相互作用，媒介场域变迁与其他场域的关系以及媒介对社会地位等级制度的改变（或再造）。

舒德森（Schudson，2000）对 20 世纪 80 年代之后美国新闻生产研究遇到的问题和瓶颈做了标准和重要的文献评析，他将美国的新闻生产研究总结为三大方法论传统，即政治经济学方法、社会组织学方法和文化方法，并分别指出这三种方法在新闻惯习分析上的弱点。他认为，政治经济学方法没有对宏观的经济权力与微观的新闻惯习之间的互动做出令人信服的说明；新闻组织的社会学理论也没有对新闻实践与惯习的跨组织及制度秩序的复制和再生做出解释，并且，在费什曼（Fishman，1980）对新闻媒体做了大量的民族志研究之后，媒介制度的组织社会学研究也基本停滞；文化理论的新闻研究自 20 世纪 80 年代初伯明翰学派的马克思主义文化研究以及同期出现的杜威/吉尔兹研究方法（深描法）（James Carey，1988）之后，也几近止步不前。舒德森对新闻领域的文献研究主要专注和集中于 20 世纪 80 年代以及之前的学术研究成果，因为在之后的近 20 年的时间里，新闻生产的理论研究就一直极其匮乏。①

直到 20 世纪 90 年代后期，美国新制度主义传播学者斯拜罗（Sparrow）和库克（Cook）首开先河，将新制度主义理论引入原有的新闻场域理论研究中，为新闻的制度分析提供了一个新的理论维度和研究视角。

新闻被视为一种政治制度，新闻与政治的双向依赖关系导致了新闻的政府导向，在美国的政治进程中发挥着重要功能。库克（Cook，1998）在他的《新闻为政》（*Governing with the News*）一书中将"制度"定义为管理社会某一特定领域的被整个组织认同的社会行为模式（pp. 70-71）。通过对 19 到 20 世纪美国新闻史的梳理，库克总结道，新闻的"专业主义"并没有带给新闻独立，反而因为新闻（包括组织、实践、形式及内容）长期以来一直享受着各种形式的政府"补贴"而深受政治与政策的影响（p. 19），因此，新闻成了"一种政治制度"。对美国媒体"客观性"进行历时性研究的凯普兰

---

① David Michael Ryfe: *Guest Editor's Introduction*: *New Institutionalism and the News*, *Political Communication*, 2006, 23(2): 135-144.

（Kaplan，2004）也提出社会学新制度主义对新闻的研究填补了现有新闻社会学理论中政治和政治文化制度上的空白。 新制度主义新闻理论普遍认为，政治合法性对媒介制度的影响更为直接，但是在跨国研究中，因各国情况不同，影响程度各不相同。 而经济体制，有时在政治体制成为最直接影响力量的情况下，则成了政治的一种手段。

库克的研究被公认为是新制度主义理论新闻研究的起点，他为新闻研究提出一个新的研究单位，即在个体新闻组织和社会整体之间存在着一个"中间层面"的组织间制度环境。 这与布尔迪厄提出的新闻场域理论有着相辅相成的作用。 新制度学派与布尔迪厄都主张将研究主体设定在新闻的制度环境，但是二者的研究焦点各自不同。 制度学派强调的是同质性问题，而布尔迪厄将新闻场域置于权力场域，关注的是深植于受众与文化生产者中的经济与文化的阶级分化进程中的竞争和差异，他的测量模型可以解释媒介制度的张力，这种张力的形成是因受到其他制度不同程度的影响而产生的性质偏向。 其中，既有文化资本又有经济资本的新闻组织是善于在整个场域中运用符号权力并且在建立和修正新闻实践的统治规则上发挥着决定性作用；布尔迪厄重点强调的记者群体的专业自主性问题在媒介分析中是必要元素，而在新制度学派的研究中通常被忽略；相反地，新制度学派把国家作为对新闻场域有很大影响的分析元素对布尔迪厄的新闻场域模型也是一个重要补充。 结合使用这两种理论方法来分析媒介制度环境对新闻内容、新闻场域的形式变化，尤其是竞争中的新闻组织生态以及在新闻场域形成的不同历史进程中专业传统的文化惯习（Benson，2006）将有助于形成更广泛的研究框架。

新制度主义学派一致认为他们的研究主体是社会行为的通用框架，我们可以把这个框架提炼成五项基本原则（Ryfe，2006）。

第一，制度是宏观层面的力量对微观层面的行为的影响的一个中介。 因此，结果是制度与非制度的宏观变量历时互动的产物。

第二，制度演化有其路径依赖模型，新制度主义学派把这称为制度的"黏着性"。

第三，路径依赖意味着事件和进程的时序是至关重要的，而且初始事件和进程对制度的影响大于后来者。

第四，时序意味着周期性概念。新制度主义学派试图发掘制度的生命史——"初期—发展期—瓦解—改革"的全过程。

第五，当制度缺乏冲击/"休克"时，制度秩序会复制或再生，即我们通常所指的"间断平衡"论。

中介化、周期化、路径依赖、正向反馈、时序性、间断平衡和关键转折等原则构成了新制度学派思潮的核心词汇。新制度主义的制度分析检验的是微观层面的制度变量和宏观层面的制度变量之间的互动。他们认为所有社会互动的结果都是制度秩序或体制或场域的产物，也试图去解释这些制度对微观层面的角色、认同、价值观和行为的影响。制度的发展与变迁①是新制度主义制度分析的研究重心，新制度主义理论通常被认为更适用于解释稳定与秩序。在新闻研究中，它更大的作用则是有助于我们理解媒介制度变迁的本质。

社会制度研究从其根本上来说，并非讨论制度的特殊性问题，而是关于制度有效性问题的争论，即通过讨论社会制度与社会行为之间的关系来解答制度安排对"组织"能力的影响这一社会管理的核心问题。多维度的社会制度研究使其定义方式也呈现多样性。从解释性研究的视角出发，对社会制度及其形式、制度发展及其变迁的解释，可以帮助我们理解一个社会的历史及其当代的结果；从批判性研究的观点来看，对制度变迁的理解可以让我们确定目前存在的制度是否促进了那些通常认为正当的目标；以规范研究的立场，了解制度是如何演化发展的，会对我们改革制度的能力产生影响。从系统论的观点来说，每一种制度形式都会对社会互动结构产生重大的相互关联的影响，其影响程度和稳定程度与制度自身的能力以及与其他关联制度的关系变化有着密不可分的关系并将随着制度的发展与变迁而处于不断变化之中。

---

① David Michael Ryfe：*Guest Editor's Introduction：New Institutionalism and the News*，*Political Communication*，2006，23(2)：137-138.

1

新制度主义新闻理论的媒介话语框架

1.1　媒介制度分析框架

　　制度是在特定的社会情境下，通过建构和维持社会规则框架来影响和定义社会行为，最终形成社会利益目标的社会权力关系系统。媒介制度是长期存在和不断冲突的社会制度权力间协调与互动的现行结果。一方面，媒介制度因其"社会介质"的制度特性而作为社会制度各系统之间冲突与互动的平台而存在，因此，在对社会行为结果做出解释时，需要与其他社会制度相结合才有足够的阐释力；另一方面，媒介制度因其部分自主于外部制度环境压力以及展示出某种程度的内部同质性而产生媒介权力，并能够对其他与之相抗衡的社会制度施加巨大影响。因此，媒介制度既是一国政治经济制度和社会文化制度的组成部分，同时又是具有自身独立性的半自主式社会制度。

　　新闻的制度环境分析主要是一个关于媒介制度的有效性的分析框架，用以解释各种不同的媒介体系建构对社会行为或国家能力会产生怎样的影响，这个问题只有通过考察媒介制度环境和社会行为之间的关系才能做出回答。

1.1.1 媒介制度环境分析框架的多元建构:从二元对立到多元主义

在个体新闻组织与社会整体之间存在着一个中观层面,即媒介制度的组织间和职业环境,布尔迪厄以及美国的新制度主义学派的传播学者库克和斯拜罗都曾强调,新闻的制度环境分析应该成为新闻研究的新路径。布尔迪厄的新闻场域分析模型是基于其二元对立的理论框架建立和发展的,即整个社会是围绕着"经济"与"文化"权力之间的基本对立所建构的。

1.1.1.1 布尔迪厄的新闻场域分析模型

植根于受众与文化生产者中的文化与经济的阶级分化过程,布尔迪厄的理论渊源承袭自韦伯和涂尔干对现代性的描述,更多关注竞争与差异。他将社会区分成为若干个半自主且专门化的行为场域(如政治、经济、宗教和文化生产场域)。这些场域各自受制于其自身的"游戏规则",拥有各自独特的交换与报酬经济。当然,这些场域的基本矛盾和总体框架是相类似的,这些二元对立是社会总体阶级分化的反射和折射。社会总体阶级分化包括统治与被统治阶级之间的分化、统治阶级内部的分裂、在一方面占统治地位的政治经济权力和另一方面占据主导地位的文化权力之间的阶级分化。布尔迪厄认为,整个社会是围绕着"经济"与"文化"权力之间的基本对立所建构的。文化权力虽相对较弱,但正如韦伯所说,在合法化和拥有经济财富之后文化权力亦拥有强大影响力。每一社会场域都复制和加剧了"经济"与"文化"两级间的社会分化,每一场域都是围绕着代表经济政治资本的"他律"(外力)与代表场域本身独有的特定资本的"自律"(艺术、科学或其他特定的文化资本)之间的二元对立而建构的。

因此,社会场域可以根据其特定场域有价资本的类别以及与其他场域(尤其是占统治地位的政治经济场域)之间的相对自主程度来区分。没有任何一个场域是完全自主或自律的,场域自主性为每个场域的整体创新进程提供适合的前提条件并最终与等级化统治体制造成的"符号暴力"相抗衡。因此,布尔迪厄认为场域是由不同的资本类型与权力关系所决定的,一方面它是不同资本的控制者为争夺或累积资本而斗争的场所,另一方面场域也是一个竞争博弈的空间，拥有特定资本的社会行动者都想借此改变彼此的位置、资本的价值以及场域的竞争规则①，当一个场域控制着其他所有场域时，就出现了绝对控制。

虽然布尔迪厄的研究一直致力于超越社会科学中的二元对立和二分法，但因其理论协调的倾向性过于明显，今天我们所看到的新闻场域分析模型的解读仍然建构在二元论的框架内，即将新闻场域功能定位在由经济资本和文化资本为两个端点的权力坐标系中，来确定新闻的结构位置（见图1-1）。

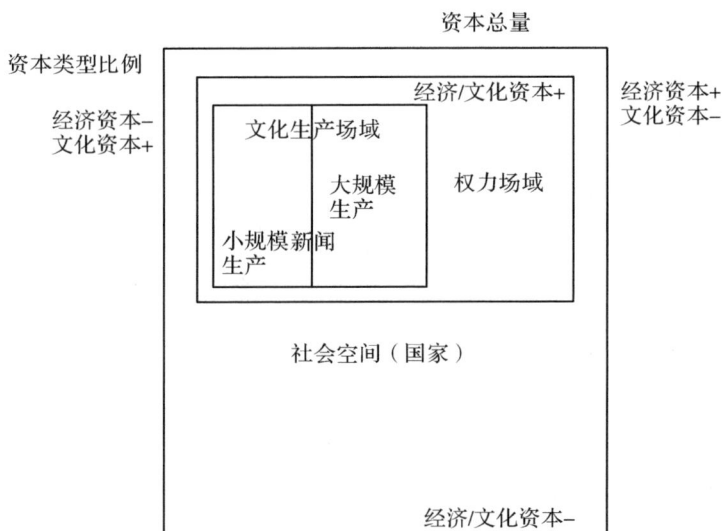

图1-1　新闻场域的结构位置图

资料来源：罗德尼·班森改编自布尔迪厄：《艺术的规则》，斯坦福大学出版社1995年版，第124页；《文化生产场域》，哥伦比亚大学出版社1993年版，第37—39页。

布尔迪厄对新闻权力场域在社会权力场域中的结构位置做出了界定。如图1-1所示，新闻场域大部分都在大规模生产场域内，因此位置更接近政治经济权力的"他律"一端。该图中，从左向右移动，经济资本的比例不断升高，文化资本的比例则成反比；从下向上移动，资本总量，无论是经济还是文化资本都逐渐升高。将权力场域中的其他场域的位置概念化，就要将上图中

①　[法]布尔迪厄：《艺术的规则》，斯坦福大学出版社1995年版。

的模型想象成为一个三维模型，越接近右侧，则场域受政治经济权力的外部控制越强。华康德（Wacquant，1996）按照这一模型将权力场域中的场域层级从左至右依次排序为大学、专业领域（法律、医学等）、国家政府机关、政治和经济。虽然这些场域有其自身的特定逻辑，在权力象限中所处位置不尽相同，不能彼此简化，但是它们的经济文化资本比例和总量与新闻场域却是相类似的。因此，在特定条件下，场域之间会因为同等的社会轨迹而产生相似的倾向，相类似的场域位置也会衍生出相似的喜好、行为和观点。因此，依据场域理论将可以预测，《人民日报》或法国《世界报》的读者在大学、政府机关、政治和经济场域都将可能处于相似地位。

场域理论还进一步在社会结构环境中定位了新闻的位置，媒介场域是一个由政治、社会科学和新闻组合而成的专业场域，其特有的"媒介"功能使它可以进入和探索其他场域并将自身发现公开分享，这是媒介可以积极地影响整个现代社会的权力关系的作用机制。尚帕涅①认为，在权力场域中，新闻场域的位置之所以模棱两可，是因为新闻有其强大的影响力，这是毫无疑问的，但是这种权力却高度受制于政治经济场域。

除了"他律"与"自律"之分外，新闻场域还围绕着"旧识"与"新知"之间的基本对立而建构。通过对场域新进入者的分析，媒介场域研究者还为场域分析模型加入了一个动态元素，该元素表明"客观结构"与个体的"主观感知"之间的关系。客观结构与主观体验是现实的两个错综复杂的方面。任何个体的特征、能力与复杂性都并非与场域的影响大小有因果关系，而是取决于个体在场域内和一系列场域间的生命轨迹，简要来说，社会是由"客观历史"所组成的，历史包含在"惯习"②之中。因此，新闻生产社会学对"为什么会选择某一则新闻，为什么会以某种方式进行新闻报道"这一基本问题的研究，就是对"惯习"和"场域结构定位"之融合的细化过程。

对于场域理论来说，场域中人口统计变化的定量和定性方面都至关重要。

---

① 帕特里克·尚帕涅，法国社会学者，著有《生产舆论》《双重依赖》，*La double dépendance*，P216.

② 惯习：是指个体按照内化于各种社会化进程中的模型所形成的对感觉、感知、思维、行为的个人倾向。见布尔迪厄：The Logic of Practice，Stanford University Press，1990。

新闻场域中新成员的迅速涌入既是转型的力量也是保守的动力，对新进入者的资质考察将可以预测未来新闻业态的发展倾向。 在管理或组织层面，新成立的新闻机构只能与那些已有新闻媒体打差异战，或者成立一个新型业态的媒体，或者采用一种独特的编辑风格。 诚然，由于就业竞争压力日益加大，记者往往会更加谨慎和墨守成规，从而导致新闻产品的简单复制。 需要重点指出的是，业态变迁主要是由每个场域的内在逻辑所调解，因此相同的人口统计变化可能会在一系列领域产生完全不同的影响。

新闻场域模型的关系与立体式的思考模式以及历史实证研究方法能够促进更大规模的媒介制度跨国研究。 跨国比较研究可以采用场域的概念，针对各国新闻场域与其他主要社会场域之间的关系进行详细的结构映射，以此来总结每个国家的权力场域与各自的媒介权力场域的内在逻辑和关系之间的关系模型。 另外，在跨国比较研究中，各国媒介场域的异同除了与该国的传统相关外，还与他们在世界媒介体系中的等级结构关系密切相关。 通过新闻场域理论的双重（自律和他律）分析以及媒介场域新进入者的统计数据变化可以对各国媒介场域及其变迁进行历史研究。

然而，布尔迪厄场域分析模型的二元制在比较研究中显露出其问题。 首先，该模型中的经济资本是将经济与政治利益合并为一个操作化定义，这一公式暗示着市场与国家的联动性。 该模型对国家这一操作化定义的忽略会给新闻场域的结构位置定位带来困难。 例如，在当代社会，国家通过教育这一基本功能影响着社会所有层级，记者和其他社会群体一样，他们的世界观和惯习也同样会带有国家教育的社会化基本特征，记者的职业惯习同样会受到国家教育的影响，这在新闻场域分析中是不容忽视的；其次，国家在很大程度上是权力场域的代名词，凌驾于社会分级的法定原则之上，从这一角度来说，按照葛兰西的观点，新闻是在国家场域之内，而不是在国家场域之外。 最后一个具有更大局限性的问题是，国家在场域模型中的概念是被定义在专业场域中的"政治"和"高级行政部门"或者是整个官僚政治场域。 按照社会"经济—文化"这一场域象限模型，这些专业国家场域更接近经济一端，因而被合并到权力领域两大分类中的经济类别中。 正如其他所有场域一样，政治和官僚场域也有其特定利益，并且会参与到更大的权力场域中争取其霸权地位。 由此看来，场域模型的二元结构主义逻辑就不够充分。 如果按其定义来说，场域有其自身特定的利益，无法归结为外部利益，那么"政治"与"官僚"场域也不能简单归入经济场域，成为与新闻场域的"自律"相对的"他律"权力。仅仅用经济资本来简约化国家场域的权力对于解决媒介场域的复杂冲突无疑是矛盾和不足的。 在研究方法上，通过实证调查可以解决哪种资本形式（经济、官僚政治、文化等）在新闻场域内发挥着外部主导权这一问题。

1.1.1.2　新制度主义新闻理论分析框架

美国的新制度主义学派也认为现代社会是由一些竞争的和半自主的制度秩序（场域）所构成的，并且关注这些中观制度。 在制度分析框架的建构上，新制度主义学派通常对制度之间关系的本质持开放态度，在某些条件下，对制度的分析呈现高度的多元主义。

新制度主义学派一致认为他们的研究主体是社会行为的通用框架，中介化、周期化、路径依赖、正向反馈、时序性、间断平衡和关键转折等原则构成了新制度学派思潮的核心词汇。 新制度主义的制度分析检验的是微观层面的制度变量和宏观层面的制度变量之间的互动。 他们认为所有社会互动的结果都是制度秩序或体制或场域的产物，也试图去解释这些制度对微观层面的角色、认同、价值观和行为的影响。 新制度主义的制度分析着重研究制度的历史发展与变迁。[①] 新制度主义通常被认为更适用于解释稳定与秩序，但是在新闻研究中，它更大的作用是有助于我们理解媒介制度变迁的本质。

美国新制度主义传播学者库克和斯拜罗最早将新制度主义的思维逻辑运用到新闻生产研究中。 按照他们的观点，用来定义新闻场域的新闻实践与惯习，如平衡、独立、客观性、倒金字塔形的写作方式等，事实上就是新闻"制度"。 两位学者将媒介制度看作是宏观层面的外部权力对个体新闻记者的行为产生影响的重要介质。 这是新制度主义新闻分析框架的雏形。 媒介制度分析原则是要求注重对影响记者行为的制度黏着性的分析，即制度的路径依赖

---

① David Michael Ryfe：*Guest Editor's Introduction：New Institutionalism and the News*，*Political Communication*，2006，23（2）：137-138.

分析，尤其要重点分析这些制度实践的历史轨迹：出现的时序性、跨组织传播和再生产机制、制度的周期性及其演变。

库克和斯拜罗共同为新制度主义新闻分析开启了一个新的研究方向和维度。然而，二者的研究起点和结论却存在根本分歧。这个分歧点就是媒介制度（或惯习）主要是哪种宏观外力的介质。虽然双方也分别认识到政治权力和经济权力对新闻的影响，但斯拜罗和布尔迪厄认为媒介制度主要是经济权力的介质。例如，布尔迪厄曾坚持强调经济场域的优先性，尤其是在历史节点上经济场域的阶级分化（Bourdieu，Wacquant，1992）的主导作用。而库克、凯普兰和莱夫等人则认为国家，或者更广义地说，政治是影响新闻生产的主要外部权力。正如凯普兰所说，新闻彻底嵌于政治文化之中。他们认为，政治合法性对媒介制度的影响更为直接，只是在跨国研究中，因各国情况不同，影响程度也各不相同。而经济制度，有时在政治制度成为最直接影响力量的情况下，则成为政治的一种手段。致力于媒介制度的跨国比较研究的美国新制度主义传播学者班森则倾向于采取折中主义的复杂立场，认为也许可以将两种外力（市场与政治）相结合，变成国家/市场和国家/公民社会复合体。出于跨国比较研究的目的，他的立场是明智的，因为这样有助于沿着共同体方向设定媒介制度的各种国家结构。班森理论的适用性对于单一国家的媒介制度研究来说还不确定，但是他在研究媒介制度与外部制度权力之间的关系上所做的实验研究方法却具有可操作性，他采用的受众的人口统计资料、广告收入等指标在制度分析中都是不可或缺的变量。考虑到布尔迪厄的新闻场域分析模型在国家场域权力方面的忽略，我们认为在跨国研究中，政治制度应该成为外部宏观制度权力的决定性变量。

除了政治和经济变量外，媒介制度分析模型的结构制度环境的另一个重要因素就是建构了新闻话语生产与再生产的文化制度环境，即布尔迪厄场域分析模型所指的文化资本。在场域分析中，新闻媒体的文化资本既是指媒体本身的文化资本也包括受众的文化资本，即新闻媒体的文化资本既可以由与媒介组织本身相关的一些指标，如在同行中的声望、专业奖励等（Duval，2005）来分析，也可以通过与受众相关的一些指标来表明，例如教育背景与职业等。虽然布尔迪厄没有明确指出这些社会阶级因素是怎样建构新闻的制度等级的，但是他总体上认为文化资本是考量新闻媒体和受众与主流世界观的距离等级的重要指标。如，文化资本较高的受众通常会拥有更加多元化的文化品位，这当然也包括对新闻多元化的高度认知（Peterson，Kern，1996）。按照该模型推断，拥有受众文化资本越高的媒体，其自身的文化多元观水平就会越高。

在重新检验和修订了布尔迪厄的场域分析模型后，美国传播学者班森（Benson，1998）通过对法国新闻场域从 20 世纪 70 年代到 90 年代的权力变迁进行对比，重新划定了新闻场域的权力结构图（见图 1-2 和图 1-3）。

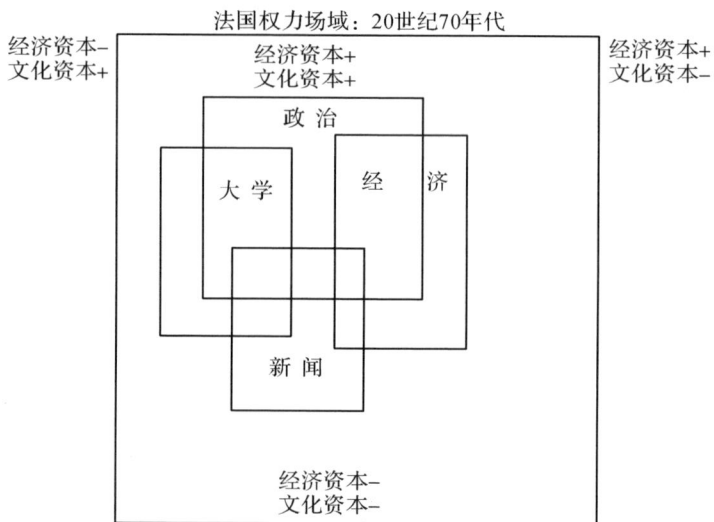

法国权力场域：20世纪70年代

经济资本−
文化资本+

经济资本+
文化资本+

经济资本+
文化资本−

政 治

大 学

经 济

新 闻

经济资本−
文化资本−

图 1-2　20 世纪 70 年代法国新闻场域的权力结构位置图

班森的新闻场域权力结构模型将政治场域和经济场域作为两个独立的外力置于权力象限当中，并且用大学代指相对自主的专业知识场域，以此与布尔迪厄的场域模型相区别；但整体框架仍然是以经济资本和文化资本为两个端点的权力坐标系。从图 1-2 到图 1-3 的变化可以看出，当新闻场域与经济场域越来越接近的时候，它的资本总量整体增加（纵坐标），并且经济资本比例开始大于文化资本比例（横坐标）。从两图的对比可以看出，法国从 20 世纪 70 年代到 90 年代，新闻场域位置向上和向右移动，并且带动其他场域一起向"他律"一端转移；而政治和大学场域的资本总量均呈相对下降的趋势。因为场域之间的错综复杂关系，也因为新闻场域是具有重要"介质"功能的特殊

法国权力场域：20世纪90年代

经济资本–
文化资本+

经济资本+
文化资本+

经济资本+
文化资本–

经 济

新 闻

政 治

大 学

经济资本–
文化资本–

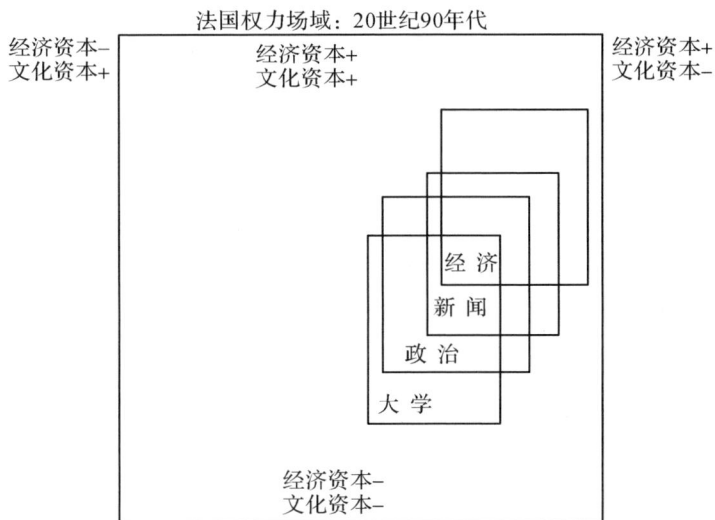

图 1-3　20 世纪 90 年代法国新闻场域的权力结构位置图

资料来源：罗德尼·班森：《比较情境下的场域理论：媒介研究的新范式》，《理论与社会》1998 年第 28 期。

场域，一旦新闻场域变得更加商业化，也就是与经济场域更加同极化（或重合），它将提高每一场域"他律"一端（经济权力）的资本总量，从而产生各场域间的融合，并带动整体场域在更大的权力场域中向商业化一端靠近。这是班森早期开始做媒介制度的跨国研究时对布尔迪厄的场域分析模型所做的分析和修改，同样采用法国新闻场域作为分析样本，可以明显看出班森在媒介制度研究中将新制度主义新闻理论与场域理论相结合，试图建构多元化媒介制度分析结构框架的倾向。

1.1.2　新制度主义新闻话语分析框架

正如新制度主义理论对新闻记者的专业场域（有限）自主性相对忽视一样，国家权力对新闻场域的影响在布尔迪厄的场域模型中也没有得到充分关注和解释。场域理论对文化生产的场域自主性斗争的深刻分析恰好弥补了新制度主义新闻理论的这些不足，而新制度主义新闻话语分析框架高度强调了"国家"在媒介制度发展与变迁中的重要作用，并解释了场域理论的关键性问题，即与外部异质性相协调的无能为力——这些外部异质性产生于政治和经济场域，从多个层面对新闻进行潜移默化的跨域交叉限制。因此，在新闻的制度研究中，依托场域理论和新制度主义理论，建构一个更加广泛的制度分析框架，通过对新闻场域的历史进程分析和跨国比较研究将有助于提高媒介制度分析对国家行为的解释力。

制度通过规则体系来行使权力、规范社会行为，而权力的行使过程实际上是特定场域扩张的过程。新制度主义理论和场域理论研究表明，当代社会是由若干相互竞争和半自主的制度秩序或场域构成的。媒介制度作为介质制度与其他社会制度之间相互作用且不断竞争，在与其他制度的冲突与互动中不断调整着自己的社会结构位置。

1.1.2.1　国家（政治）制度权力与媒介话语

国家制度权力就是与国家或政治场域相关的媒介制度外部权力关系因素。国家制度权力通过规制或资助媒体、为新闻提供官方信息、组成政党和选举制度等方式来有力地约束媒体的不同声音和观点（Hallin，Mancini，2004；Starr，2004）。事实上，在20世纪60年代的欧美民主运动高潮期，媒介研究对国家权力或政治权力就已经相当关注。美国明尼苏达大学新闻学教授罗宾斯（Jan C. Robbins，1967）对当时正处于社会转型期的英美传播事业所面临的寡头独占发展倾向进行了深入思考，他根据英国皇家新闻委员会和全国报业联合会的报告，把英国战时受政府资助的报业与战后自由竞争的报业做了比较分析，提出了政治、经济、新闻三者之间的"最高矛盾"关系，即"一个自由的报业一定是原子型的；要成为原子型的报业就一定要有政府资助；但报业一经资助就不自由了"[①]。但假设没有政府资助，报业是否就会获得自由呢？罗宾斯建议重新检讨传统自由主义者对政府的偏激看法。

从第二次世界大战开始直到1956年，英国政府对新闻一直实行政府管理，在这期间英国的媒介制度受到很多"寡头独占"的质疑。英国的新闻与政治制度一直是以弥尔顿的《论出版自由》和穆勒的《自由论》为理论基础的传统自由主义为基础，但这些理论理想无论是在新闻界还是在经济界的实践

---

① 罗宾斯：《新闻自由的矛盾——英国经验研究》，曾虚白译，《新闻学季刊》1967年第8期。

中都没有实现，在政府资助之下反而更容易达成。"二战"前，英国报业的寡头独占已经成了其自由市场经济逻辑衍生的现实问题。 当时的英国《每日邮报》成了英国最大销量的便士报①，于是该报借机开始公布其报纸实际销售量并要求其他报纸照做。 《每日邮报》的做法吸引了更多的广告商，而其他报纸的广告收入因此大幅下滑。 到1929年报业竞争达到高峰，很多便士报因竞争压力已经难以为继。"二战"开始后，英国政府开始实施战时管理，报业的竞争才因而停止。 英国政府采取了控制白报纸供应以及限制广告篇幅等措施使市场独占状态成功缓解。 1940—1948年间，英国的报业快速发展和繁荣，利润增加超过了战前水平。 据英国皇家委员会统计，在政府介入管理之前英国报纸18％都处于亏损状态，到了1946年，只有3％的报业是亏损的，同时报业竞争引起的便士报总数减少的状况也得到根本缓解。 1960年政府补贴结束后，英国报业的销量竞争又重新恢复原状。②

持传统的自由主义观点的学者认为媒介制度唯有远离政治制度的压力或控制，才能获得充分自主性，才能发出不同声音；相反地，持新制度主义观点的学者认为，知识场域的成就取得只能发生在媒体制度与政治制度差异化程度低的社会中，只有在相对一致或稳定的制度环境中，媒体才可能一针见血地对公共事件表达不同观点。 美国传播学者亚历山大（Jeffrey Alexander，1981）在对美法两国媒体的发展史做过比较研究之后，得出的结论是媒介制度与政治制度的差异化程度越高（如美国），社会整体的知识水平和公共思想的清晰度越低。 美国经济思想家海尔布隆纳③（Robert Heilbroner）认为，亚当·斯密制度的大敌不是政府本身，而是任何形态的寡头独占。 因此，国家或政治权力不是对媒介制度进行绝对控制的唯一来源，政府也不一定是这种

---

① 据世界报业与新闻工作者协会发布的2010年世界付费日报发行量排名统计，《每日邮报》是继《太阳报》之后排名第二的英国报纸。
② 罗宾斯：《新闻自由的矛盾——英国经验研究》，曾虚白译，《新闻学季刊》1967年第8期。
③ 海尔布隆纳（Robert Heilbroner，1919—2005），美国经济学家、经济思想史学家，著有《世间哲人——伟大经济思想家的生平、时代与思想》一书（1953），对几位著名经济学家，如亚当·斯密、卡尔·马克思和约翰·凯恩斯的生平以及经济学的贡献做了调查研究。

权力的主要来源，而可能是任何形式的寡头权力。 寡头独占，究其本质而言，是社会场域中的一种机制力量。 当然，从历史观点看，政府是最有可能拥有这种权力者。

美国新制度主义传播学者斯塔尔（Paul Starr，2004）研究认为美国的媒介市场形态是由国家政策决定的，其媒介制度绝非历史必然结果，即使有第一修正案在模糊国家权力的历史作用，美国的媒介制度仍然是政治家们在历史关键节点所做出的政策选择的结果。 他强调国家对新闻市场，尤其是新兴市场的重要辅助作用。 法学学者贝克（C. Edwin Baker，2002）认为当市场功能失调时，国家有义务和任务对媒体进行干涉，例如，对有争议的或者复杂的社会问题，对弱势群体如贫困人口和劳工阶级进行适当报道。 虽然这些报道一般都具有攻击性或者无法引起广告商和高收入受众的兴趣，却对促进社会民主起到重要作用。 这样的路径选择对于高度商业化的美国是否适用，斯塔尔对此提出了质疑（Paul Starr，2004）。 他认为，在欧洲行得通的媒介制度在有着不同历史轨迹和传统的美国不一定行得通。 同样地，在美国适用的高度商业化原则驱动的媒介制度在有着截然不同的历史和社会文化传统的亚洲也不能照搬照抄。 制度路径一旦选择，无论好坏，都很难再改变，除非到了通常所说的历史关键节点，而2008年的全球经济危机就可能构成了这样的一个节点。

2008年，世界各国都在面临和进行着各种各样的媒介改革，以应对世界金融风暴带给世界媒介体系的结构变迁。 以美国为例，美国的很多主流报纸都面临停刊倒闭的危机，有着150多年历史的《落基山新闻报》于2009年2月27日宣布停刊倒闭；《基督教科学箴言报》和《西雅图邮讯报》已经转型为较小规模的互联网媒体；《洛杉矶时报》和《芝加哥论坛报》已经向银行申请破产；《波士顿环球报》也濒临破产的边缘，而它的所有人，纽约时报集团公司也只是凭借向墨西哥电信巨头卡洛斯·斯利姆·赫鲁借贷几十亿美元艰难度日。 金融危机席卷整个西方工业世界，在这个"市场失灵"的关键节点上，对国家权力的考量就成为稳定新闻市场，促进媒介制度改革的关键。

事实上，当代世界各国的媒介制度都受到各自国家政府政策的重要影响，只是影响的范围和目的各不相同。 西方发达国家媒介制度最关键的区别就在于国家政策制定的原则是参照美国的自由主义原则还是按照在欧洲占主导地位的非商业化、公共服务原则。 按照班森对法国的媒介制度的个案研究，多党制政治制度、对意识形态多样化的政策支持、低商业化的报业制度路径选择为适用于法国的"辩论组"导向的新闻创造了条件。 虽然该模式的效果还有待于对不同政府政策的其他国家进行系统检验，但是通过考量国家政治制度、历史关键节点的政府政策和媒介制度路径选择原则可以判断国家或政治制度权力对媒介话语的相关影响。

1. 1. 2. 2 经济制度权力与媒介话语

经济制度是指与市场、经济场域相关的媒介制度外部权力关系因素，它关系到布尔迪厄新闻场域权力模型中的新闻场域与经济场域权力之间的相互关系。 布尔迪厄认为整体社会空间是围绕着"经济"与"文化"权力之间的基本对立所建构的，其中，经济资本作为社会空间的"他律"权力对整体社会空间施加强大的影响力。 新闻场域的案例研究强调了日益增长成为新闻场域内主导压力的"他律"权力，即经济资本权力的压力。 当新闻场域与经济场域越来越接近的时候，受经济权力的外部控制越强。 因为新闻场域是具有重要"介质"功能的特殊场域，一旦新闻场域变得更加商业化，也就是与经济场域更加同极化（或重合），它会提高每一场域"他律"一端（经济权力）的资本总量，从而产生各场域间的融合，并带动整体场域在更大的权力场域中向商业化一端靠近。

经济制度权力对媒介制度的影响主要分为显性压力和隐性压力两个方面，显性压力主要是指商业压力，隐性压力是指政府通过经济补助对新闻场域进行压力控制。 经济制度权力对媒介制度的显性压力和隐性压力构成了媒介制度结构位置和变迁的主要外力控制因素。

商业压力主要来自广告商和广告商青睐的特定受众群体。 班森在对战后法国的新闻场域变迁进行分析后发现，自1968年法国的电视媒体开放引入广告到1982年密特朗政府允许成立商业电视台，法国电视媒体的商业化进程使法国新闻场域的权力平衡发生了令人瞩目的变化。 到1987年，法国电视一台私有化将法国电视媒体的商业化进程推向了巅峰。 私有化给法国的电视媒体带来了巨大的商业压力。 在 20 世纪 70 年代到 90 年代的 20 年期间，这种压力控制将以电视媒体为主导的法国新闻场域整体从以往的知识场域一端拉向了经济场域一端。 但是最深远的影响，其实是新闻场域的商业化逻辑对其他文化生产场域的植入，如司法、哲学乃至政治场域。 新闻场域与经济场域的同极化（或重合），提高了其他相关场域"他律"一端（经济权力）的资本总量，从而产生各场域间的融合，带动了整体社会场域的位置迁移，即向更大的权力场域——经济场域一端靠近。

经济制度权力的隐性压力即政府经济补助的场域权属是有争议的。 场域理论中将其归属为经济场域权力，而新制度主义新闻理论将其纳入国家政策权力。 从制度属性本身来看，我们认为将其归为经济制度权力的隐性权力在研究方法上则更易于操作。 学者尚帕涅认为，在当代西方社会，政治是以经济权力这种间接的方式对新闻场域实施压力的。[①] 持传统的自由主义观点的学者认为，新闻与市场一样，应该远离政治控制。 只有保持其独立性，按照其自身竞争机制和发展逻辑运行的新闻和市场才是其自然之状态。 然而，在消费决定一切的经济制度中，寡头独占是必然的结果。 当新闻集中和垄断变成了经济逻辑的必然趋势，主张意见为市场自由竞争、放任不管的自由主义哲学也陷入矛盾的怪圈。

虽然国家对新闻机构的经济补助容易使媒介制度受到政治规则的影响而出现政治化倾向或党派倾向，但新制度主义新闻理论认为这种说法容易使国家官僚机构对媒体行使权力的正向功能遭到曲解。 罗宾斯教授（Jan C. Robbins，1967）在对英国的报业经验进行总结和分析后认为，英国政府并不检查新闻或借由经济控制以影响新闻内容或意见，经济关闸只放在报纸的经营发展中，最少控制制度本身的控制，很可能是媒介制度所需要的。

通常情况下，经济制度权力对媒介制度的显性压力和隐性压力共同控制

---

① Champagne Patrick：*The "Double Dependency"，The Journalistic Field between Politics and Markets*. In Rodney Benson，Erik Neveu eds，*Bourdieu and the Journalistic Field*，Polity Press，2005：48-63.

特定国家媒介制度的结构位置和变迁，但不同国家媒介制度所受到的经济制度权力的显性压力或隐性压力比重各不相同。 在不同时期，两种压力的权重变化也会影响该国媒介制度的走向，而权重比越呈现极大值，越有可能出现历史节点或媒介制度变迁。 因此，考察经济制度的历史轨迹是研究媒介制度及其变迁的必要途径。

1.1.2.3　社会文化制度权力与媒介话语

按照媒介场域的研究方法，我们要将媒介制度定位在它的直接制度环境中，这就是布尔迪厄所说的文化生产场域，它是指从事符号生产的各种文化知识场域，如文学、艺术、音乐、科学等。 文化生产场域是权力场域的另一个端点，是包罗万象的社会各阶层的控制场域。 但从历史和现实的情景来看，文化场域一直是受制于最接近社会场域中经济资本权力一端的政治经济权力。 在文化生产场域内部，权力等级被距离经济权力最近的某些场域所重构。

文化生产场域分为有限生产场域和规模生产场域两部分，有限生产场域指的是与场域模型中文化资本一端最接近的那部分，如文学杂志、先锋派艺术和音乐等；为普通受众服务的规模生产是与经济资本一端最近的部分，如大众娱乐等。[①] 新闻场域大部分处在大规模生产场域内，因此位置更接近政治经济权力的"他律"一端。

在相对自主的社会文化场域中，具有"介质"功能的新闻场域被生动地形容成"特洛伊木马"（Benson，1998），带着文化生产的合法身份，却似乎一直在为努力接近"他律"一端的专业知识场域提供着重要支持。 新闻场域以其广义的知性主义打破专业学术藩篱，使专业学者成为公共知识分子。 电视就成为新闻场域深入并改变其他专业知识场域的一个重要平台。 当然，这些专业知识场域转型的原动力实际上并不是媒体，而是更广泛意义上的人口和社

---

① Champagne Patrick：*The"Double Dependency"，The Journalistic Field between Politics and Markets.* In Rodney Benson，Erik Neveu eds，*Bourdieu and the Journalistic Field*，Polity Press，2005：223-226.

会变迁引发的知识分子内部的社会分化。 这也是 20 世纪 90 年代法国新闻场域能够拉动整体文化生产场域向经济场域权力一端靠近和重合的真正原因所在。

如果说政治经济制度权力决定了媒介制度的变迁轨迹，那么社会文化制度权力则为新闻生产的连续性提供了社会环境基础。 不同国家的媒介文化哲学基础为其新闻生产提供了差异化的话语空间和发展动力。 以美法两国为例，美国的媒介制度是建立在传统的自由主义哲学基础之上的，相较于偏政党文化的法国媒介制度而言，其商业化程度更高，在新闻场域的结构位置比法国更偏向社会场域空间的"他律"一端。 而法国媒体因与"政治场域"的密切关系，媒介文化更偏向于政治或党派新闻，新闻生产的等级更是严格地以为精英受众制作的 "严肃"新闻和为大众生产的"通俗"新闻为划分标准。 法国的严肃媒体对有关大众、党派和其他媒体上的报道无可争辩地拥有极大的话语权，甚至否决权。 因此，"二战"以后，法国的严肃媒体，如《费加罗报》和《世界报》等，行使它们的制度权力将整个新闻场域拉向了专业知识（即文化资本）一端，并不关心付费读者和广告商的利益。 正因如此，当时的法国对"好记者"的定义就是强调事实的准确性、获得同事的尊重及拒绝哗众取宠。①

直到 20 世纪 70 年代欧美社会制度发生结构变迁时，两国的新闻场域的结构位置仍然相去甚远，从 20 世纪 70 年代的美国社会场域权力结构位置图可以看出（见图 1-4），美国新闻场域的结构位置与经历过 20 年媒介制度变迁的法国 20 世纪 90 年代社会场域权力结构位置图非常相似。 这表明在 20 世纪 70 年代到 90 年代期间，由于受到社会场域变迁的内力和外力的共同作用，美法新闻场域的差异正逐渐消失。 但是二者仍然存在着权力场域影响范围的不同，如美国的经济场域权力相较于法国明显大于其文化场域的权力，因此文化对美国新闻场域权力的影响作用很小（Benson，2004）。

---

① Champagne Patrick: The *"Double Dependency"*, *The Journalistic Field between Politics and Markets*. In Rodney Benson, Erik Neveu eds, *Bourdieu and the Journalistic Field*, Polity Press, 2005: 223-226.

经济资本– 文化资本+	经济资本+ 文化资本+	经济资本+ 文化资本–

经济

新闻

政治

文化

经济资本–
文化资本–

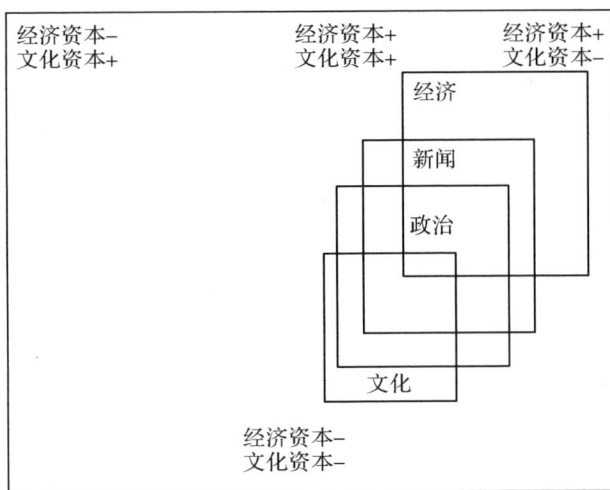

图 1-4　美国新闻场域权力结构位置图(20 世纪 70 年代)

资料来源:研究整理自罗德尼·班森;《比较情境下的场域理论:媒介研究的新范式》,《理论与社会》1998
年第 28 期;国家、市场和全球化是如何影响新闻的,1965—1997,(Benson,Hallin,2005),ICA 会议论文。

按照布尔迪厄的文化生产与接受的同源性原则,对媒介制度的文化制度
环境进行考量,主要就是对社会阶级分层及其人口统计,尤其是与教育、财富
和社会背景相关的统计数字进行分析。 同时,还要通过分析新闻与其他专业
知识场域(如政治科学、哲学、文学和艺术等)之间的相互作用和影响以验证
媒介制度的文化传统倾向及其权重。

1.1.2.4　媒介制度权力与媒介话语

媒介制度是一个半自主的制度秩序。 虽然越来越多的外部制度压力会影
响其内部制度秩序和形态,但首先而且重要的是媒介制度是折射而不是反射
这些外部力量的冲突和互动。 这种新闻的专业自主性可以在欧美国家媒介制
度与市场压力的不断对抗中得到体现。 新闻媒体的迅速发展和多样化组织形
式为媒介带来了无所不包的媒介权力。 如今,文化生产场域中的所有场域都
受到来自新闻场域(或制度)整体的结构压力,这种压力并非来自记者或管理
层,因为他们自身也要受制于新闻场域的控制(Bourdieu,1998a)。

媒介话语是媒介制度整体的结构权力,它在社会场域结构中的位置可以
通过测量其带动的经济资本(即市场份额)及象征资本总重(如累积的声望)

等指标来定位（Bourdieu，1998a；Thompson，1991）。《纽约时报》和《华尔街日报》恰恰就是那些因为可以同时累积两种资本形式而对整个场域行使符号权力的新闻组织，这些新闻组织通过建立或修正占主导地位的新闻惯习与实践来行使其符号权力。

杜瓦尔（Julien Duval，2005）为新闻场域资本总量测量的多指标建立做了有益的尝试，推动了媒介制度分析的量化标准的校正。媒介话语的经济资本测量指标主要包括：所有制形式、与其他媒体的财务往来、观众规模、观众人口统计数字和广告收入等。符号资本测量指标包括总部办公地点的地理位置、新闻文化传统、领导层素质、记者的文化水平（如毕业院校）等。事实上，没有哪一组量化指标能够足够解释媒介话语的全部资本产出，但至少对媒介话语进行测量不应仅仅分析其所有制形式或广告收入指标。

如果说媒介话语的经济资本和象征资本是相对静态的测量指标，那么对新闻场域的新进入者及其进入的历史节点和轨迹的测量则是考察媒介话语的位置及其变化的动态指标。场域中新进入者的迅速涌入是社会场域更新和转型的力量，新进者要想生存必须寻求差异化生存战略，其结果必将带来场域内的权力重构。对新进者的阶层构成变化分析是必不可少的。新进入者的进场时机通常与历史（政治或经济）节点密切相关，而数量多寡则涉及进入门槛和位置空缺。

1.2　国际传播话语权建构与制度依赖

国际传播话语权，是指主权国家借由新闻对外传达或介导的国家或政治话语在国际话语空间的主导权或影响力。话语权是媒介话语行使的符号表征，国际话语权是主权国家政治话语的生产能力及其对国际社会的影响力评测指标，国际传播话语权的等级决定了主权国家媒介话语在国际媒介制度体系中的结构地位。

我国学者对国际话语权的定义主要围绕"权利"与"权力"两种维度来界定。"权利说"认为国家利益是国际话语权的核心、国际话语权是特定国家对其国家事务和相关国际事务表达观点的权利。[①] 学者张志洲援引福柯对话语的定义，认为话语权并非"言语权"，即说话的权利，而是话语背后体现着的权力关系。[②] 学者毛跃也认为所谓国际话语权，即一国由话语产生的权力，该权力能以非暴力、非强制的方式改变他人、他国的思想和行为，是国家文化软实力的重要组成部分。[③] 从公共外交和软实力视角谈及话语体系建构的研究将国际话语权界定为一个国家对国际事务的定义权，它包括对国际标准和规则的制订，即建构国家认同的过程，以及对国际事务的价值判断和道德判断权力。[④]

根据场域权力模型，新闻场域同时累积的经济资本和文化资本越多，其场域权力空间越大，对其他社会场域尤其是文化生产场域的压力和整体拉动就越强。 新闻的场域权力是以符号权力为表现形式，拥有最大制度权力的新闻组织通过建立或修正占主导地位的新闻惯习与实践对整个新闻场域行使其符号权力。 因此，国际传播话语权的权力内涵是指在对外传播的话语冲突与互动中，主权国家媒介制度的半自主逻辑在对抗制度同质化、实现话语多元化过程中的自主权力所占比例。

1.2.1 国际传播话语体系的建构

媒介制度对话语权的建构是由错综复杂的多因素制度环境所决定的，这些制度因素因其权力制度间力量关系的消长而变化，进而影响媒介话语的变化。 媒介话语变化所导致的经济资本和文化资本量的变化直接影响国际传播话语权的质量。 在对媒介话语的建构研究中，简单地用"自变量"和"因变量"来进行因素分析的恰当性受到学者们的质疑，他们认为严格的线性回归方法可能会忽略掉建构新闻生产的制度力量之间的相互关系。 但是这些学者所建议的简单的"加值"（Value-added Model）方法（Gamson，Modigliani，1989）对于确实存在显著变量的跨国传播研究来说似乎并不适用。 因此，仍需从制度视角考察新闻的制度环境各要素之间的相互关系和权力分配对其（媒体）内

① 梁凯音:《论中国拓展国际话语权的新思路》,《国际论坛》2009 年第 3 期。
② 张志洲:《话语质量:提升国际话语权的关键》,《红旗文稿》2010 年第 14 期。
③ 毛跃:《论社会主义核心价值观的国际话语权》,《浙江社会科学》2013 年第 7 期。
④ 陈雪飞:《中国如何提升国际话语权?》,《经略》,2013 年第 26 期。

部的话语生产能力的动态建构。 国际传播话语权的社会体系建构主要包括政治制度、经济制度、文化制度和组织制度四个方面的权力关系建构。

1.2.1.1 国际传播话语权的政治体系建构

在对外传播中，对话语权力影响最大的制度因素首先是来自主权国家或其政治制度的权力压力和制约。 新闻与政治的关系由来已久，19 世纪以来，新闻在实行代议制政体的国家中主要是由政党控制，充当政党的喉舌并且依赖政府的经济补贴，即所谓的"补贴新闻"（Cook，1998）时期。 直至目前，虽然有些国家的媒体依然是国有的或国家控制的宣传工具，但在大部分的欧美国家，媒介组织已经正式或者至少在事实上已经独立于国家控制。 尽管如此，在新制度主义新闻理论中，新闻仍然被视为一种政治制度，在国家的政治进程中发挥着重要作用。 库克（Cook，1998）在他的《新闻为政》（*Governing with the News*）一书中对 19 到 20 世纪的美国新闻史进行了梳理，总结出新闻与政治的双向依赖关系导致了新闻的政府导向，并在美国的政治进程中发挥了重要作用。 他认为，新闻的"专业主义"并没有带给新闻独立，反而因为新闻（包括组织、实践、形式及内容）长期以来一直享受着各种形式的政府"补贴"而深受政治与政策的影响（p. 19），因此，新闻成了"一种政治制度"。 虽然库克强调了政府或政党政治对新闻发展的影响力，忽视了媒介制度自身的力量对公众和政治的影响，但新闻对政治的依赖仍然是媒介话语及其话语生产的最大制约因素。 国家政治制度对国际传播话语权的建构主要是通过支持或限制政策的制定和实施来进行，其中媒体所有权政策与政府资助，国家对媒体的审查、规制、许可颁发和权威发布（Kuhn，1995），官方对新闻事件报道的有意介入以及对新闻内容的政府控制（Gan，1980；Shoemaker，Reese，1991）等都是影响新闻与意见在国家间自由传播的重要因素。

新闻在社会和政治结构的形式和渲染中运行，同时它也反射出社会控制制度的协调过程。 1956 年，西伯特、彼得森和施拉姆在《报刊的四种理论》中将报刊制度作为因变量，提出媒介制度的四种比较分析框架，即集权主义理论、自由主义理论、社会责任理论以及苏联的共产主义理论。 集权主义理论（Siebert，1956）认为，报刊的所有权归国家，因此必须对当权者负责，大众媒介须服从国家控制，为公众利益服务；自由主义理论由约翰·弥尔顿在《论出版自由》一书中最先提出，在穆勒的《论自由》一书中得以系统化，自由主义理论主张言论和出版自由，认为媒介所有权归于社会个体，坚决反对国家控制和介入；社会责任理论是自由主义理论的延伸，在承认媒介所有权归公众的基础上，认为媒介应兼顾公众利益和国家利益，当媒体不能确保新闻和信息的基本品质时，政府有必要进行干涉；苏联的共产主义理论是集权主义的变体，认为媒介所有权归国家和党派，并作为其管理工具使用。报刊的四种理论对于世界媒介制度及其相关研究影响深远，世界媒介制度体系由此清晰划定，很多相关研究也都是借由其理论框架延伸发展而成。

根据报刊的四种理论，20世纪60年代，中国台湾学者李瞻将世界各国的电视制度分成两个系统、四种类型。两个系统主要是以"传统自由主义"理论和"集权理论"来划分媒介所有制集中程度。四种类型是按照电视媒体的经营方式主要划分为：第一，国有国营制，如苏联、（改革开放前的）我国等一些政府与党派利益高度统一的国家，新闻媒体直属政府的某一部门管理，作为一种政治工具。第二，商有商营制，是所谓的传统自由主义的电视制度。通常以美国为代表，在这种电视制度下，电视是以娱乐作为盈利的一种工具。第三，公商并营制，是属于自由主义电视制度的一种，主张电视以公营为主，以商营为辅。这种制度以日本、加拿大和1955年以后的英国为代表（1967年11月后，美国亦采用此种制度）。第四，公有公营制，通常被认为是最自由和最进步的一种电视制度。主张电视频道的使用权归国民所有，经营及节目政策均应由国民代表所控制。以公共服务为目的，摒除商业电视竞争，实行特许独占。采用这种制度的有（1982年以前的）法国、德国、意大利等国家（1955年之前，英国电视媒体也实行公有公营制）。[①]

尽管美国的媒体所有制是私有化制度结构，但是它的"游戏规则"仍然由政府"帮助"建立，即使美国有"第一修正案"在模糊国家的历史作用。19世纪早期，在欧洲国家征收出版税的时候，美国却在对媒体进行政府补贴以促进独立报业的增长（Starr，2004）。到1850年，通过教育、税收、知识产权

---

① 李瞻：《各国电视制度》，《台湾新闻学研究》1971年第7期。

和邮政政策，美国政府极大提高了其国民的文化素养，从而在书报阅读、公民隐私保护、政府政策与管理的透明度等方面远远超过了当时的欧洲。 这段历史也被学者认为是美国开始摆脱欧洲文明，出现理念的分水岭时期。 美国的对外话语空间建构一开始就是一项国家工程，而当时欧洲媒体还在反对政府控制的斗争中不断维护着自己"严肃"媒体的形象。 在这段重要的历史节点之后的今天，大西洋两岸的当代国际话语空间毫无疑问是由政府政策建构而成的。 现在的关键问题是，这种建构的程度和目的何在——是按照美国的"不干涉主义"政策还是沿袭"二战"以后在欧洲占主导地位的非商业的公共服务政策（Benson，2005）？

随着国际政治经济制度权力的发展和世界传播体系的结构变迁，报刊四种理论的媒介制度框架忽视新闻本身的制度权力因素的弱点逐渐显现。 20 世纪末，新制度主义新闻研究在欧美学术界兴起，他们着重将媒介制度作为因变量，依此透视媒介制度对社会结构及其社会变迁的影响。

2004 年，哈林和曼西尼在其出版的《比较媒介制度》一书中根据新闻与政治制度的关系重新划分了欧美国家的媒介制度模式。 他们以布尔迪厄的"场域理论"为基础理论，将欧美国家的媒介制度分为三种模式：第一，地中海模式，又称偏多元化模式。 偏多元化模式多将媒体与党派政治整合，弱化商业媒体的发展，强化国家功能，主要以南欧的地中海国家如法国、意大利、西班牙等国为代表。 第二，中北欧模式，又称民主社团主义模式。 民主社团主义模式是北欧国家沿袭历史的商业媒体与社团或党派媒体共存的模式，主张国家对媒体的积极介入，但须对国家介入立法进行限制，主要流行于丹麦、瑞典、挪威等北欧国家。 第三，北大西洋模式，又称自由主义模式。 自由主义模式的特点是市场机制相对占主导地位，以商业化媒体为主，主要在英国、爱尔兰和北美国家通行。

欧美媒介制度模式是沿袭欧洲各国的历史发展轨迹，结合媒介与政治和经济利益间的关系进行建构的。 但由于欧洲各国之间复杂的历史文化关系，很难用上述模式准确定义特定国家的媒介制度类型，其模式边界的模糊使该模式的应用分析颇为复杂和不确定，但由此却让我们看到世界媒介制度与政治制度发展中的多元化融合趋势。

1.2.1.2　国际传播话语权的经济体系建构

政治制度对话语权的影响受到很多美国学者的质疑，他们认为经济因素（主要是来自广告商和受众的压力）是影响几乎所有美国主流媒体新闻场域权力及其话语生产的最重要影响因素（Latteier，Gamson，2003）。这是因为，超级商业化的美国媒介制度逻辑决定了新闻话语权的经济资本累积以及转化为经济资本的文化资本增值只有通过经济制度的建构才能实现权力最大化。

20世纪70年代，美英等国为了缓和资本主义社会危机开始实行降低管制（De-regulation）政策，希望借由降低管制让市场机制运作，因此减少国家介入，包括减少公共支出、社会福利和调降税率等（Bauman，2002）。在这种趋势影响下，美国和西欧国家在传播政策上也开始向私有化倾斜，包括降低对公共媒体的补助、减少国家支出、放宽对私人媒体的规范，以协助本国传播产业向国际扩张，进而带动整体产业的发展（Garnham，1990）。私有化即扩大私人资本。默多克（Murdock，1990）将私有化归纳为四个方面，除了其中一个是面向公有媒体商业化的以外，另外三个方面均与扩大私人资本有关。一是去国家化（De-nationalization），即传播产业的所有权由国家所有转为私人所有，因此私人可以购买国有媒体的股份；二是市场自由化（liberalization），引进私人企业与国有媒体竞争，让私人企业进入媒介市场；三是重新调整管制，降低对所有权集中的限制，让私人资本可以扩大。美国政府于1985年松绑媒体所有制的管制，这有利于私人资本的扩大和兼并（Jin，2007a）。在私有化政策下，大型的国际媒介集团开始了扩张的步伐。西方发达国家还运用其政治和经济上的影响力，要求资本主义后进国家同样采用私有化政策。①

20世纪70年代中期以前，法国的广电媒体还不能与为捍卫"严肃"新闻做出过杰出贡献的强大纸媒相抗衡。视听媒体由国家控制，因此，在公众和一些记者眼中，法国的电视媒体更像是政治制度的一部分。1982年，密特朗政府承诺欧洲整合，接受私有化市场经济。政府设立广电部，准许成立新的

---

①　林丽云：《节制私人资本、互为公共责任：南韩电视体制的演进》，《新闻学研究》，2011年第107期。

商业电视台。 商业电视的开放达到顶峰是在 1987 年，法国电视一台的私有化彻底改变了法国媒介制度的力量平衡。 私有化提高了电视新闻的公众信任度，同时为了维持高收视率，电视的商业压力也与日俱增。 比传统的便士报拥有更高公信力和更大受众群的法国电视媒体完成了过去大众报业无法做到的事：将强大的、"合法化"的商业化体制带到法国的媒介制度中来。 自此，法国开始实行公私兼营制的媒介所有制体制。

随着西方国家媒介私有化进程的不断加快，各国媒介所有制结构和国家传播政策整体开始向去国家化即商业化方向偏移，但有关媒介所有权集中化是否会限制新闻流动和话语权的讨论却一直未曾停止。 有学者指出媒介所有权集中化成为经济逻辑（尤指私有化）后，寡头独占是其必然趋势。 也有学者认为虽然媒介集中具有发展成独占的潜在风险，但也有其优点，包括经济效率较高，可以提供价格成本较低且多样化的新闻资源，以此来对抗外来压力并进行独立报道。 贝克（C. Edwin Baker，2007）对上述观点提出质疑，他从媒体在民主社会里应该扮演的角色出发，认为媒介所有权的集中化会限制媒体在民主讨论中的功能，因此必须加以规范。[①] 但同时他也强调在市场失灵时，国家有义务和责任对媒体进行适当调控。 严格来说，贝克的观点也同样陷入了国家、市场、新闻的"最高矛盾"（Robbins，1966）中。

1.2.1.3　国际传播话语权的文化体系建构

新闻又被称为"副意识形态"（Gans，1980），它不但会显示出媒介制度在社会权力结构中的位置，还会反映特定国家的文化历史发展轨迹及其新闻传统。 在国家语境下，新闻话语在某种程度上是由其文化和历史所建构的。社会文化制度是媒介制度的直接制度环境，如果说政治经济体系建构了国际话语权的物质框架，那么社会文化制度权力则建构了对外传播的象征或思想结构。 不同国家的媒介文化和哲学基础为其新闻生产提供了差异化的话语空间和发展动力，文化制度的连续性建构了对外传播话语的民族性和差异性。

---

① 　C. Edwin Baker：*Media Concentration and Democracy：Why Ownership Matters*，Cambridge University Press，2007：256.

文化制度本身是一系列社会斗争的结果，因此并非静止不变。舒德森认为文化符号里蕴含着超越所有制结构或工作关系模式的一种"积淀"，这种积淀来源于与权力等级结构以及社会资源分配的斗争（即国家与市场），使文化区别于社会结构因素（Schudson, 2000）。布尔迪厄也认为文化场域争取自主性的斗争方式影响着话语生产的结果。因此，国际传播话语权的建构与特定的国家文化自主性密不可分。

20世纪七八十年代，以美国为首的西方发达国家运用其政治和经济上的影响力向全世界推行私有化政策，以推进其媒体集团的扩张步伐。世界媒介体系面临中心与边缘的文化霸权主义威胁。欧洲媒体在媒介商业化的冲击下，仍然保持其无可争辩的话语权，不能不说其深厚的欧洲文化"积淀"为其保持了一定程度的制度自主性。

法国的党派媒介制度模式有着近两个世纪的文化和历史传统，其新闻生产的等级分明，以"严肃"新闻和"通俗"新闻来严格划分。法国媒体的新闻话语风格以"政治文学模式"为主，包括特定叙事格式的运用，例如，采访、评论、事件短评等，以及强描述性语句与规范性语句混合运用的写作风格。这种话语风格的发展是与法国媒体200多年以来一直受到严格的国家监管以及由政治家和知识分子统领的巴黎文学文化的影响有着密切关系。与英美新闻的"事实为中心"的话语实践不同，法国的新闻将重心放在政治批评和写实风格上。自20世纪70年代以来，面对商业化的压力，法国的新闻话语形式却并无多大改变，在对外传播中依然保持其政治写实主义的新闻话语风格，其意识形态也没有发生显著变化，至少没有向美国的新自由主义转变。①

《法国世界报》编辑兼新闻史学家托马斯·费伦奇（Thomas Ferenczi, 1993）解释道："法国媒体对学术传统有着持续而紧密的认同，法国媒体与知识界关系极为密切，一批有世界影响力的知识分子，如左拉、萨特、鲍德里亚

---

① Rodney Benson: *The Political/Literary Model of French Journalism: Change and Continuity in Immigration News Coverage*, 1973—1991, *Journal of European Area Studies*, 2002, 10(1).

甚至布尔迪厄等都间或会为媒体撰稿。"这在英美媒体上是极为罕见的。
他认为"法国媒体有着自己独特的文化特征，对美国化的新闻实践既不欢迎
也不拒绝，只是用自己的方式来适应它，并最终融合成'法国版'的当代新
闻"①。 布尔迪厄认为不考虑制度环境层面的限制因素就很难完全理解社会
行为，因此来自制度外部的压力，比如商业主义的扩张并没有直接作用于法国
媒体，而是因其预先存在的社会场域结构，尤其是占主导地位的内部逻辑或
"游戏规则"（文化制度）发生了"折射"。 法国媒介制度的这种"惯性效应"
除了与国家监管的相对连续性有关外，还伴随着底蕴深厚的法国文化传统对
其新闻话语权的价值建构过程。

1.2.1.4　国际传播话语权的组织体系建构

新闻的组织惯习与实践是建构国际传播话语权的直接生态，新闻组织的
制度差异（由文化和经济资本所衡量）建构了对外话语权的等级结构。 各国
媒体因与其所在国家的政治经济权力、职业传统和实践的关系各不相同，新闻
话语形式中所表达的规范与实践在国家间也存在很大差异。 组织惯习与实践
决定了话语框架和内容。

英美的新自由主义媒介体制与西欧国家的偏多元化和民主社团主义媒介
制度（Hallin，Mancini，2004）的分界线就是前者表现为媒介内部多元化，后
者表现为媒介外部的多元化。 内部多元性表现为每家媒体都会表达多元观
点，而外部多元性表现为媒介制度整体所表达的多元化思想。 美国是纯粹的
市场导向的自由主义媒介制度模式，媒体组织之间的市场竞争压力决定了媒
介场域的集中或者碎片化程度。 媒体之间的竞争越激烈，产业集中程度越
高，在对外传播中，国家或政治话语的感性程度和戏剧化报道越多。

在美国，个性化的"戏剧性叙事"风格已经成为主导的新闻形式（Ettema，
Glasser，1998；Pedelty，1995），而法国、德国和意大利同样都把新闻当作理
性辩论场，在呈现多种多样观点的同时追求真理而非平衡。 美国"叙事驱

---

① 　Thomas Ferenczi：*L'invention du journalisme en France：Naissance de la presse
moderne aˋ la fin du XIXe sieˋcle*，Plon，1993，p. 42.

动"的新闻实践表现在报纸头版通常会由同一个记者写一些互不相关的冗长的报道（Weldon，2007）。 而在法国报纸上，当天的头版新闻话题通常呈现不同视角和不同新闻体裁，包括特约评论、采访手记以及来自政治领袖、社会运动家、大学研究人员的事件短评、突发新闻、背景信息以及记者分析等。"讨论组"方式的新闻话语生产模式在 20 世纪 80 年代初的法国占据主导地位。 在国际传播中，不同的新闻话语形式会影响话语的权力水平。 个性化的"叙事驱动"型的文章会限制思想观念协商交流的空间，而"讨论组"形式的新闻更容易促进广泛的公共协商空间（Wessler，2008）。

国际传播话语的组织环境因素还包括新闻组织的文化资本及其受众。 媒体的文化资本包括媒体本身在行业中的地位、专业奖励和同行中的声望等，受众群体主要是涉及他们社会阶级地位因素的各项指标，如职业和教育程度等。特定国家新闻组织的文化资本量可以预测其新闻话语与主导世界话语的权力距离。 20 世纪 90 年代，随着西方媒介私有化进程的不断加快，媒介组织的全球融合趋势加剧。 场域理论为我们思考新闻组织及其实践的国际融合提供了一个结构关系视角。 正如布尔迪厄建议的那样，一个完整的（新闻）场域分析还应该考虑到一个国家的媒介场域在世界媒介场域中的地位，例如，在经济、技术和文化上都在世界占统治地位的美国电视产业对于很多国家的新闻业来说都是一个典范，是理念的源泉，也是行业标准和规范。 因此，我们在比较国家间国际传播话语权的差异时，不但需要比较与媒介制度相关的各自不同的国家传统，还要对它们在世界媒介体系中的等级结构关系加以研究和分析。

1.2.2 国际传播话语权的制度依赖

新制度主义理论认为制度演化有其路径依赖模型，这也被称为制度的"黏着性"。 路径依赖意味着事件和进程的时序至关重要，路径一旦形成，整个制度就会趋向于被隐性的"规则"或者"行动原则"所控制，由此产生某种程度的内部同质性。 制度路径一旦形成，就很难发生颠覆性变革，但为保持制度内部的结构平衡，调整和改革成为有序的制度化过程中的协议行为。 当社会制度分配发生冲突并影响制度的稳定性和运行效率时，制度变迁的条件形成，而国家权力因素介入则会使制度变迁进程复杂化。 制度变迁过程中的路径依赖还有另一种表现形式，即现行制度中形成的传统和"游戏规则"等会限制制度变迁的范围。

历史斗争在制度形成和发展中起着重要的作用，因此历史关键节点成为制度研究中分析制度发展变迁路径的重要原则。 库克（Cook，1998）认为他的媒介制度分析是建立在"制度是长期存在的和不断发生的冲突与控制的现行结果"这一假定基础上的。 布尔迪厄（Bourdieu，1996）也指出，统治者与被统治者之间斗争的利益关键在于他们所争议问题的合法性状况，也就是历史斗争遗留下来的可能性空间，这一空间也为寻找解决办法，并影响现在和未来的生产指明了方向。 历史虽然明确的方向，但是却有"路径依赖"。 过去历史斗争的偶然结果会对将来制度变迁的范围起到限制作用。 政治、经济或技术休克等都会引起媒介制度的中心化和集中化程度的改变。 当媒介制度集中化引发的分配冲突影响制度的稳定性和运行效率时，就会发生媒介制度的变迁，而国家权力介入则会加快制度变迁的进程。

在国际传播中，国际话语权的地位与其媒介制度的发展和变迁轨迹息息相关，国际话语权的地位变化依赖该国的媒介制度在社会权力场域中的位置变化以及在国际媒介制度体系中的等级变化。

新闻对政治的高度依赖决定了其话语权力。 19 世纪末 20 世纪初，美国的新闻业迎来镀金时代，这是美国报业作为政党报纸为政治和党派斗争服务的结果，是一个充满政治色彩的新闻黄金期。 在这段时期，美国的政治文化和政治制度从根本上影响了新闻的日常生产和话语实践。 当时的报纸威望和权力获得要取决于它为领袖政治人物发表官方声明的能力，报纸对美国社会现实的报道也都有赖于它与政党的友好关系，党派报纸为其支持的党派发声并对反对党进行口诛笔伐。《纽约论坛报》在 1876—1910 年间是美国最有声望和权威的报纸，因为它是当时共和党改良派的准官方报纸。《纽约论坛报》的记者和政治人物的边界已经模糊，他们常常会为总统进言献策，他的出版商还于 1892 年被提名为美国副总统。 此外，美国政治文化中融合的一整套复杂的政治经济机制也强化了新闻对政治的忠诚和奉献（Kaplan，2002）。 作为以迎合大众口味为生计的美国报业，依赖其受众的爱好和信仰程度颇深，读者乐于见到新闻中党派之间的口舌之战，这也推动了记者对政府和党派新闻源的持续追逐。①

1896 年的美国总统大选和 1900—1919 年的美国"进步时代"的反政党政治改革，成为美国媒介制度变迁的历史节点。美国报纸与所有政党关系决裂，重塑自己的制度功能和职业规范。将"新闻独立"和"新闻客观性"作为更新版的新闻话语生产规范，并以此为标准建构媒体的话语价值体系。

20 世纪 70 年代，西方资本主义社会刚刚经历了一系列社会危机和社会动荡，为了缓和社会矛盾，美国开始实行降低媒体管制政策，加快私有化步伐，并协助本国传播产业向国际扩张。私有化政策导致世界媒介体系出现了大规模的经济休克，在近 20 年的时间里，美国形成其超级商业化的媒介制度逻辑。通过经济资本累积以及转化为经济资本的文化资本的增值，美国成功站上国际媒介体系的霸主地位。其国际通讯社和大型媒体集团的跨国扩张使美国控制了国际话语权，并借由话语控制影响了世界政治经济以及媒介制度的发展进程。

制度的路径依赖还有另一种表现形式，即现行的制度传统和"游戏规则"会限制制度变迁的范围。20 世纪 70 年代，受到美国私有化浪潮的波及，法国媒体也开始发生结构变迁，公立电视台私有化和电视频道的商业化运作使法国媒体出现了"美国化"趋势。尽管如此，法国的媒介制度传统却依然保持不变。例如，广告收入在媒体总收入中所占比例与私有化之前无多大改变，20 世纪 80 年代中期，法国电视广告占其国内生产总值的比例为 0.6%，仅有美国同期广告收入水平的 1/4；报纸整体的广告收入一直维持在总收入的 40%，其中主要的国家级报纸的广告收入占总广告收入的比例不足 1/3，而美国大部分报纸的广告收入都要占到 3/4 左右。法国国家政府对广电和报纸的监管也一直保持不变。1970—1990 年间，法国媒体得到的政府补助占其总收入的 10%—15%，在欧洲国家的媒体中位列政府补助的最高水平。这些补助可以保证一些国家级报纸在低广告收入和低发行量的情况下依然保持其新闻

---

① Richard L. Kaplan：*The News About New Institutionalism*：*Journalism's Ethic of Objectivity and Its Political Origins*，*Political Communication*，2006(23)：173-185.

话语的多元性。① 政府的介入使法国媒介制度变迁的进程放缓，同时也保障了其新闻话语权地位的持续性。 在对法国媒介制度变迁的研究中还发现，由美国引领的新闻技术变革，并没有成为美国主导的全球媒介融合的技术驱动力，而是被法国"拿来"作为其媒介融合欧洲化的手段。 这是因为网络媒体打破了以往以美国为首的信息垄断媒介格局，法国的传统文化制度和"游戏规则"又对"美国化"媒介制度变迁形成了结构限制，因此使变迁进程放缓，并经过其制度适应（类似于跨文化适应），折射成其"法国版"制度，在保持其新闻话语形式的同时，也强化了其国际话语权力。

1.3 媒介话语体系形塑国际传播话语权

社会学家指出，人类通过分类、组织和诠释其生活经历来积极创造世界的意义，而这种特定的解释框架就是可以查明、感知、认同和归类的信息系统（Goffman，1974）。 媒介制度框架为信息或话语的对外传播、诠释和评价提供了核心组织概念或概念工具。 媒介制度对新闻话语的形塑是通过"选择或强调事件或者议题的某些方面，并在这些选定的视角之间建构联系以便于宣传某种特定的阐释、评价或者解决方案"（Entman，2004）。 媒介制度结构与社会权力结构具有同源性。 在媒介化社会，媒介话语对社会权力场域的影响日益深远，在国际形势与国际关系复杂多变的今天，媒介话语对国际传播影响力的形塑也受到越来越多研究者的关注。

1.3.1 媒介制度语境下的国际传播话语权

政治传播学倾向于将国际传播话语权理解为新闻向境外流动过程中所传达或介导的国家或政治话语的控制力或影响力，是通过国家话语生产所行使

---

① Rodney Benson，*The Political/Literary Model of French Journalism*：*Change and Continuity in Immigration News Coverage*，1973—1991，*Journal of European Area Studies*，2002，10(1).

的社会控制，话语背后的力量主体是国家介入的媒介话语，它能够在特定的制度情境中建构话语生产能力，并通过话语建构过程提升社会管理效率、积累社会凝聚力；与此同时，话语的生产能力也代表了媒介话语的社会结构地位。

在国际传播话语权的选择性建构中，其媒介制度语境主要是指对外传播的国家话语与制度情境因素之间的关系，包括政治立场、经济关系、文化趋同、社会距离以及地理位置（Chang et al.，1987）。媒介制度情境因素主要分为两个维度，一个是直接制度情境，另一个是间接制度情境。直接制度情境是指媒介制度自身的制度惯习与传统，包括记者的职业道德规范，如社会规范和价值观、意识形态和政治导向等；行业实践，如新闻价值观和受众考量；组织影响，如组织的经济压力和政治限制等。间接制度情境是指来自媒介制度外部的社会权力关系压力，通常是指来自政策制定者、利益集团、广告商等（Shoemaker，Reese，1996）的压力。

国际传播话语权是在国际传播的制度情境中观念生产行为即话语建构的结果，其内涵解读需分为两个部分，一部分是国家或政治话语的生产传播机制，另一部分是国家或政治话语的影响控制机制。前者涉及新闻组织的制度能力，是国际传播话语权的建构基础和前提条件；后者涉及国家媒介话语的结构地位，是媒介话语体系建构的结果，这是对外传播话语对社会现实进行建构的动态过程。在国际新闻流动中，特定国家的新闻话语生产、选择及其对外传播影响力受该国媒介制度环境的影响，媒体在报道国际新闻时，通常倾向于严格遵循本国的制度优先顺序（Bennett，1990）。

我国部分学者基于国家软实力的概念，将国际传播话语权直接称之为"国家话语权"，认为国家话语权就是特定国家在世界上"说话"的影响力，并且将这种影响力分为政治、经济、文化、军事、外交和舆论话语权等（鲁炜，2010）。20 世纪 90 年代，美国哈佛大学教授约瑟夫·奈根据英国现实主义学者卡尔（E. H. Carr，1939）对国际权力的类型划分（军事权、经济权和话语权），提出了"软实力"这一概念。他在卡尔的"话语权"基础上，将一个国家通过吸引和说服而获得更优结果的能力概括为"软实力"，这一概念的内涵包括一个国家的文化、政治价值和对外政策。将国际话语权理解为特定国家在国际事务中设置议题、制定标准和规则以及判断是非曲直的综合能力[①]，只是对国际话语的控制能力和行为质量的解读，却忽略了这一产出意义的制度情境形态及其变化对话语建构过程的作用。

西方学者对国际传播的制度研究通常采用较为宏观的视角，在媒介制度研究的文献中很难找到关于"什么形塑了话语权"的明确回答。对国际新闻传播秩序下的话语权研究大多是从"媒介流动"和"全球化"等概念切入的信息不平衡问题。例如，西方学者常常将"全球化"与"美国化"和"文化霸权"联系起来，认为文化霸权是指与美国大量倾销其商业和媒介产品相关的对外传播霸权行为，也有学者将全球化与"西方化"等同起来（Boyd-Barrett，1997），以解释世界媒介制度秩序下话语权的西强东弱局面。

新制度主义新闻理论就"什么是新闻"及其"哪些因素形塑了新闻"进行了较为直接的研究，并将影响国际传播话语权的制度因素归为新闻组织制度层面和社会制度层面两个维度。新闻组织制度语境下的国际传播话语权主要受到媒介组织政策和使命的制约，同时其成员的偏好和态度也会影响话语的内容生产。社会制度维度的影响主要来自政治和经济制度的影响力，例如，哈林和曼西尼（Hallin、Mancini，1984）在比较了美国和意大利对总统选举的电视报道之后认为，新闻报道的差异源自国家政治文化的不同以及经济结构的影响，而非媒体自身的差异。赫尔曼和乔姆斯基（Herman、Chomsky，1994）在他们的宣传模型中指出，媒体反映的是国家统治阶级的利益，其功能是意识形态的再生产，舒德森（Schudson，1989）将其称为新闻研究的"文化学"方法。新制度主义新闻理论对媒介制度的研究路径更有利于解释国家间新闻实践的差异，解释不同国家的政治制度、经济制度、法律制度和历史文化背景等对话语权的影响。

在世界信息传播制度秩序下，国际传播话语权呈现三种共存的动态过程，即（西方）话语霸权、（全球）话语同质化、（本土）话语差异化。首先，西方的对外传播话语优先权是媒介流向由强权的发达国家流向发展中国家的一种霸权表现，在一系列有关国际新闻和电视节目资料的实证研究中已经指出

---

① 张忠军：《增强中国国际话语权的思考》，《理论视野》2012 年第 4 期。

国际传播中存在的失衡和单向性问题（Varis，1985）。 其次，国际新闻出现了全球层面的同质化问题，传播科技的发展和媒介渠道的增加为新闻的全球化提供了硬件基础，而新闻的全球化却窄化了公共话语空间，削弱了话语多元化的民主根基。 最后，国际传播话语权的本土建构和国际信息的本土化诠释成为反抗话语霸权的文化融合力量，也有学者将其称为文化杂糅的碎片化与融合过程。 传播科技和国际通讯社的发展的确造成了新闻话语的同质化，但本土媒体的新闻选择和差异化解读却形成了对外传播话语在本土层面的差异化。

1.3.2　媒介话语体系建构对国际传播能力的影响

1.3.2.1　话语与社会建构

（1）话语控制系统

福柯认为，人类社会是一套自发的由制度管理的话语系统。 话语形成有其内在和外在的规则控制系统，内在规则系统决定了"要说什么"和"什么能说"，而外在规则系统则框定了话语的"什么最重要"。

话语的内在控制系统界定了话语的生产规则，主要包括话语实践者自身的作用、学科间的界限以及对知识权威的尊重等。 在福柯的话语研究中，话语的内在控制系统通常被认为是正向的权力建构系统，而外在控制系统通常被认为是权力建构的负面控制系统。 事实上，话语的内在控制系统为社会行为人提供的是与社会权力关系配置相一致的自我建构技能。 因此，行为本体并非一个固定的社会"认同"，而是隐含在权力统治下的一种"建构认同"。话语的外在控制系统会以界定权力的社会合法性的方式将某些"认同"排除在外，即以强制的制度权力关系配置来建构话语的社会认同。 从社会或国家管理视角来看，话语的内在控制系统和外在控制系统不存在绝对的正负面之分，话语的内在与外在控制系统只是共同建构了社会"真理"的两个方面。

（2）话语的体系建构

话语建构过程并非一个完全遵循内在规则的结构，而是一个内外联动的结构。 它在特定的制度（权力关系）情境中建构组织内部的话语生产，同时，遵循制度逻辑的话语实践规则在建构社会现实的同时也可以用来解释制度变迁与存续的理由。

制度是在特定的社会情境下，通过建构和维持社会规则框架来影响和定义社会行为，最终实现社会利益目标的社会权力关系。因此，在媒介话语系统中，媒介制度及其社会制度权力关系决定了新闻话语的结构及其"框架"。福柯还认为社会制度的功能就是行使权力，这种权力通过建构的真实成为社会生活中的"普遍存在"（Brigg，2002）。因此在一定时期的话语实践中，（外在的）社会制度权力决定了"什么最重要"。

话语的权力传播可以支持和引发国家的权力传播。在对制度权力是如何通过社会实践建构话语的研究中，福柯发现对话语的制度控制首先是以政治制度的形式出现的（Peet，Hartwick，1999），国家的权力行使者把他们所信仰的"普遍真理"合理化，并运用他们"建构的真理"去框定他们的行为。因此，对政治制度的研究实际上变成了对制度过程或行为的研究。因此，对制度研究的关注主要是制度工具或政策如何影响权力行使，以何种方式界定、控制或者规制社会行为人并使之服从社会的权力分配。福柯对政治制度的研究是一种由下而上的去中心化研究，他试图分解自由主义和马克思主义的制度整体性和权力主导性本质，呈现后结构主义的研究导向。福柯对制度权力的研究为制度权力的多样化研究提供了导向基础，也为本书的制度分析概念框架的建构提供了理论路径。

社会制度是话语的权力建构过程中的实施者，社会制度的权力传播决定了话语建构的结果。制度（权力关系）通过话语（符号权力）所进行的社会现实建构是一个从想象认同到实施制度化、职业化和同化，最后完成建构社会现实的过程。话语建构的制度化过程是指话语主体的产生和主体行为的出现过程。这个过程包括在话语使用情境中的话语实践和规则的发展，也指话语实践的结构化或常规化。话语建构的结果既有可能是正向的，也有可能是消极的。制度对话语建构的概念模型（见图1-5），又称话语关系模型，它既可以用来解释社会制度内部的权力关系对话语的建构，也可以用来解释国家间，尤其是发达国家对第三世界国家的话语控制（Brigg，2002；Escobar，1995）。在这个过程中，制度权力是社会现实建构的实施者，也是话语建构结果的决定因素。

```
┌──────────────┐
│    权力关系    │
└──────────────┘
        │
        ▼
┌──────────────┐
│     表征      │
└──────────────┘
        │
        ▼
┌──────────────┐
│     框架      │
└──────────────┘
        │
   ┌────┴────┐
   ▼         ▼
┌──────────────────┐
│       实施        │
└──────────────────┘
   │      │      │
   ▼      ▼      ▼
┌──────────────────┐
│    现实的社会建构    │
└──────────────────┘
```

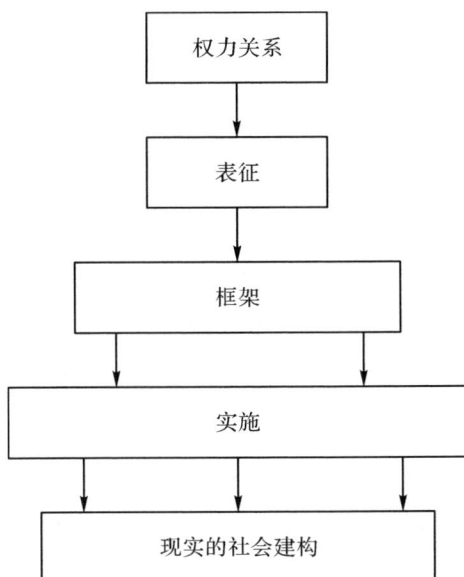

图 1-5   制度对话语建构的概念模型

资料来源：译自埃斯科瓦尔（Escobar）的发展话语的概念模型（Conceptualization of Development Discourse）①

1.3.2.2   媒介话语体系的权力结构与国际传播话语权

班森（Benson，2004）在研究媒介制度对政治话语的影响时，将新闻的政治话语影响因素归纳为三个方面：国家或者政治制度、经济制度和媒介组织制度。② 他在影响因素中没有继续将国家文化因素作为独立变量进行分析，而是分别与其他三个结构因素融合，作为考察这三个因素产生的历史文化背景来进行检验。 这种分类虽然强化了政治和经济制度权力对媒介话语的影响，却忽视了文化权力场域是新闻场域权力的最直接制度环境。 话语权与政治和经济资本的比重的确有着必然的因果关系，但是文化生产场域中不断进行的自主与他律的争夺战为媒介体系建构的话语效果提供了解释和依据。 文化资本的累积和转化为符号权力，是话语体系建构的社会结构前提，在因果关

---

① 话语关系概念模型为埃斯科瓦尔（Escobar）的发展话语的概念模型，Peet，R.，& Hartwick，E. R.：*Theories of development*，Guilford Press，1999.

② Rodney Benson：*Bringing the Sociology of Media Back In*，*Political Communication*，2004(21).

系上应必须作为独立的影响因素变量进行思考。

一方面，国家或政治制度权力对政治话语生产的制约，主要体现在官方对新闻事件报道的有意介入（Gan，1980），对新闻内容的政府控制（Shoemaker，Reese，1991），国家对媒体的审查、规制、颁发许可和权威发布等（Kuhn，1995）。 与美国的"超商业化"①媒介制度相比，西欧的媒介制度使新闻生产的国家话语更加理性、更多批评性辩论以及多元化思想，它不是单纯的欧洲文明的产物，而是国家制度权力（包括多党议会制政体、对媒介市场的介入等）影响的结果。 另一方面，媒介差异化的程度越高（如美国），公共思想以及对社会问题的敏感度越低，当然这不只是媒介制度的问题，还与政治制度结构相关（Alexander，1981）。 因此，媒介政策以及媒介的政治化程度是构建政治话语"质量"的显著要素。

商业对政治话语的影响主要分为四个方面的压力：媒体所有权的独占或垄断、媒体商业竞争的强度和水平、与所有权相关的利润压力、资金类型。所有权的垄断降低了竞争却限制了思想讨论（McChesney，1999；Bagdikian，1992），但独占或垄断实际上也可能会建构更具批判性更深入的政治报道（Bagdikian，1992；Baker，2002）。 媒介市场的商业竞争压力可能会提高新闻报道的话题和思想的多样化，但同时也可能导致新闻报道的哗众取宠和简单肤浅。 媒介公司对利润最大化的追求压力，会导致政治报道的思想同质化、取悦受众和丑闻导向以及犬儒主义（Castells，1997；Patterson，1993；Fallows，1996）。 对广告商的更大依赖会导致对商业化新闻的偏好，消费主义和新闻的去政治化倾向和狭隘思想（Bennett，1983；Curran et al.，1986；Schiller，1989；Tasini，1990；Baker，1994）。 在世界媒介体系都因受制于过度的商业压力而趋于寡头独占的今天，商业竞争和垄断对政治话语的影响会因各国社会制度的不同而产生差异化影响，因此，跨国分析在制度效果研究中的解释力更强。 新闻社会学的媒介制度分析模型为解释媒介话语及其内在逻辑，重建媒介制度及对外传播话语体系提供了有效的策略分析方法。

---

① 超商业化：哈林和曼西尼在《比较媒介制度：政治与媒介的三种模式》中对美国媒介制度模式的界定。

1.3.2.3 媒介话语与国际传播话语权的自主建构

在政治传播学中，关注媒介制度的结构特征对国家或政治相关的国际新闻话语生产的影响研究较少，究其原因主要是理论基础和理论影响的不足。社会学和政治传播学领域中一些有影响力的学者，如哈贝马斯、卡斯特尔[①]、甘姆森[②]等对媒介制度都只做过概略的论述，对媒介制度分析都没有充分解释。新闻社会学研究模型（舒德森总结的三大研究传统）在媒介制度分析上也存在过于偏向宏观或微观的嫌疑。新闻社会学的新制度主义理论为我们厘清国家国际传播话语权概念的维度和内涵提供了标准，为国家权力介入的制度及其变迁的分析以及在制度语境中政治话语空间的控制力和影响力问题提供了动态的方法和分析框架。

传播学者卡斯特尔指出，媒介发展使当代的国家或政治辩论越来越多地发生在"媒介空间"[③]内，在这个空间里，"国家"或"政治"是按照媒介制度的内在逻辑所建构的。他还认为，媒介主导的政治空间并非由媒体主导，它是一个开放的社会和政治进程，但媒介制度的内在逻辑和媒介组织的确架构和建构了政治（话语）。卡斯特尔的"媒介空间"论深受哈贝马斯"公共领域"学说的影响。通过"公共领域"概念，哈贝马斯明晰了民主辩论的标准，为相关的实验研究也提供了规范化标准。然而从历史分析的角度来说，哈贝马斯是对18世纪末政治爱好者盛行的"新闻黄金期"的公共领域与新闻媒体关系进行研究，他将"媒介制度"作为研究中的已知项，并对假定不变的"媒介逻辑"进行相关的影响策略分析。哈贝马斯将"协商民主"的美好愿景寄托在媒介的自我规制即"媒介自律"和客观中立上，没有考虑媒介制度如何在国家框架内联合其他社会结构力量共同建构传播行为和政治辩论领域。事实上，媒介制度和媒介逻辑并非不变的已知条件。布尔迪厄的场域理论在

---

① 曼纽尔·卡斯特尔(Manuel Castells)，美国南加州大学传播学院教授，著有《信息时代：经济、社会和文化》等著作。

② 威廉·甘姆森(William A Gamson)，美国社会运动理论家，著有《谈论政治》等著作。

③ Manuel Castells：*The power of identity*；*Volume II*：*The information age*：*Economy, society, and culture*，Blackwell，1997.

对 100 年以后的法国新闻场域所做的分析以及国家导向的新制度主义理论对媒介制度的分析都证明媒介制度是半自主的社会制度环境，是在与其他社会制度相互作用过程中不断发展和变化的可变因素。 新闻场域既是社会各制度权力冲突和互动的平台，又能以其自身的制度逻辑影响和建构政治（国家）话语的内容和形式。

媒介话语是新闻场域整体的结构权力，是社会制度空间的权力因素斗争和互动的结果。 新制度主义理论将国家因素带回到媒介制度分析模型中，增加了制度约束的正式化因素以及有意制度变迁的可能性。 越来越多的研究表明，新闻的制度权力越大，与国家政治制度关系越密切，对外传播的国家或政治话语的质量就越高、影响力越强。

1.3.2.4　新闻知识权力的社会现实建构

（1）新闻知识形成与社会建构

新闻作为知识的价值立场是对知识与未知的本质的判断和解释。 人类的知识系统是由哲学来解释和组织的数据结构。 每一个理论或解释都是不完整的理论或解释，为了判断这些数据结构的显著性，或从现有的混乱数据中找出相关性数据，人类的价值偏好因其可以为目的指明方向，则开始发挥作用。每一个理论亦是由知识和未知领域复合而成的。 在这些未知领域，价值观最有可能发挥作用并影响数据的解释和评估，不确定知识的价值偏向影响着人类对社会现实本质的解释立场及其建构。

知识是人类文化所固有的本质，它既包括构成客观世界的真实存在，也包括人们为了达成特定目标而配合使用的特有方法和技术。 所谓的"知识"系统是社会制度权力的持有者（或群体或民族国家）建构、传播以供人们应用的一整套社会标准（Rules）和规范（Norm）体系。 以知识应用来规定人类事务就是权力的行使过程；对于客体来说是一种统治的行为。 在特定的社会制度情境中，话语实践的权力关系模式形成了正式的"知识"系统（Peet，Hartwick，1999）。"知识"系统具有动态流通的特性，它呈现从"强权力"群体向"弱权力"群体流动的趋势，并且大多呈现单向流动的特征。 弱权力群体对强知识权力的适应和内化既是一个获得认同的过程，也是一个接受权力控制的过程。 因此，知识系统是社会权力系统不可分割的一部分，"知识"也是"权力"。 知识系统是社会制度系统的一部分，因此一样存在路径依赖，知识能力越高，其拥有的社会权力越大。 知识的接受是一个从感知到认知，从接受到适应并最后内化成价值观的过程。 因此认知度越高，知识的有效性越高。 知识系统生成于特定的社会制度关系系统，因此有其情境特性。知识对社会建构的效果受制度情境影响。

制度是社会行为人用来建构和维持社会的行为过程。 媒介制度对话语权的建构过程在特定的制度情境即权力关系中建构话语生产，并通过遵循制度逻辑的话语实践来建构社会现实，行使其制度权力。 只有完成话语的制度化建构过程才能够真正建构话语权，即构建制度主体所希望建构的社会现实，在这个流程中，首先要建构社会对话语的想象和认同。 在话语传播中，建构想象实际上是制度权力的拥有者行使其权力，并将权力转化为权威的社会规则即"知识"框架的过程，而认同则是话语传播者利用他所生产的知识教育和建构他人的认知的过程，话语的框架过程塑造社会认知，这是一个连续的统一体。 不同社会制度关系结构所建构的"知识"框架也存在很大差异，不同结构的"知识"系统在跨国语境中的不同解读会增加国家或群体间交流的不确定性。

（2）知识权力对社会的建构流程

从社会制度权力的行使到知识系统的建构再到社会的建构是一个不断放大和扩散的过程，如同一条河流从源头到建立分支到最后的百川入海（见图 1-6）。 当知识系统在群体间流动时，会受到接受知识群体一方的反抗，这种反抗力量来自接受群体固有的文化惯习和其他话语知识选择。 其他或全新知识系统的建构对"强知识权力"的反抗需通过解构和重建"知识系统的标准或规范"来实现，这种反抗的社会成本较高，需要足够的社会经济资本和文化资本积累才能实现。 媒介话语既是知识系统的参与建构者同时也是"强知识权力"流动的传播系统，因此在传播知识和建构社会现实中承担着重要的角色。

当技术消弭了知识和信仰之间的垂直边界，知识与价值在媒介场域融合为复合立场，较量谁更能够建构具有自主真实的社会现实。 媒介技术的发

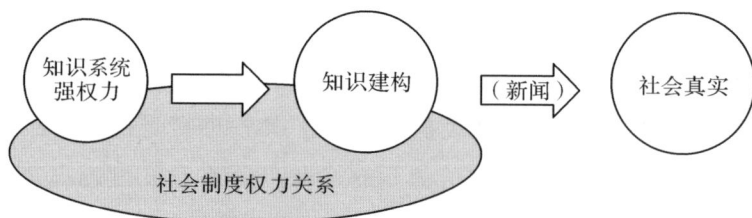

图 1-6　知识权力对社会的建构流程

展也使媒介传播的客观实在及物质性发生了质的改变，作为社会知识生产及传播行动的媒介场域更是成为多元社会行动者建构和争夺话语权力的复杂场域。

1.3.3　媒介场域关系与话语能力的概念模型

依托场域理论和新制度主义新闻理论，本书将媒介场域与其所处的社会场域之间的权力关系结构化为社会场域资本环境，并分析其对媒介场域的影响，将媒介场域资本概念化为媒介话语体系的建构能力，搭建媒介场域关系建构话语能力的概念模型（见图 1-7）。其中，媒介场域的话语建构能力是知识体系建构能力，也是媒介话语对社会现实的专业化建构能力。

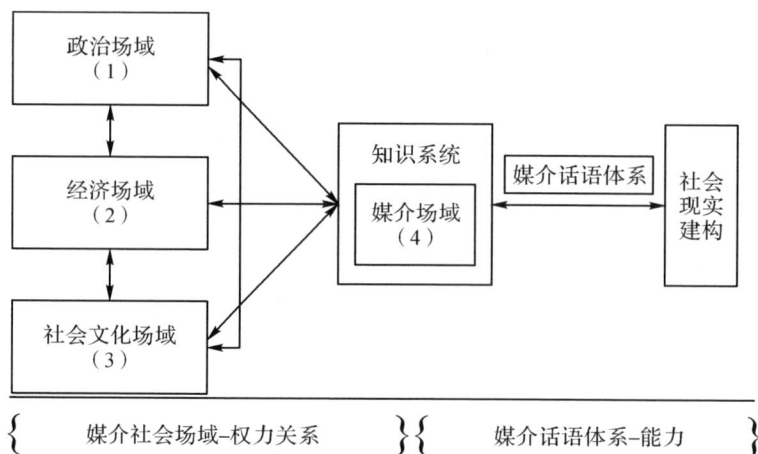

图 1-7　媒介场域关系与话语能力建构的概念模型

新制度主义理论和场域理论一致认为，当代社会是由若干相互竞争和半自主的制度秩序或场域构成的。媒介场域作为介质与其他社会场域相互作用且不断竞争，在与其他社会制度场域的互动中不断调整自己的场域权力位置。国家（政治）场域（1）、经济场域（2）和社会文化场域（3）构成媒介话语体系建构的权力关系要素；媒介社会场域各要素之间相互影响、相互重叠，共同作用于媒介场域。 媒介话语的生产语境是一个竞争博弈的空间，所有场域权力都高度受制于国家政治经济制度。 媒介话语体系是一个由政治、社会科学和知识系统组合而成的专业话语体系，其特有的"介质"功能使它可以进入和积极影响整个社会场域的权力关系作用机制。 媒介话语体系是媒介场域（4）在与其他社会场域的相互作用和影响下，通过社会组织间互动生成的，是以知识体系为本质特征的媒介话语生产逻辑、规范和惯习。 媒介话语体系是媒介场域的符号生产能力，本书将媒介话语的能力结构分为文本能力和内容能力，其中文本能力是指话语的意义建构能力，内容能力是指话语的意义接受程度。对社会场域权力关系的依赖决定了媒介话语体系的变迁，也不断形塑其对变革的社会现实的叙事和阐释。 因此，媒介场域关系与话语能力的概念模型搭建了社会权力关系对媒介场域话语建构能力的影响关系框架。

　　新制度主义理论和场域理论为新闻的制度变量对媒介话语的影响研究提供了理论依据和研究框架。 新制度主义新闻理论也为以国际社会场域变迁和发展为语境的国际传播秩序的不平衡提供了较为恰适的制度层面的理论和概念分析框架。 本书将运用媒介场域的权力关系-能力模型，通过跨国比较分析来研究国际传播话语体系的差异建构，透视国际传播秩序中的制度权力差异及其对媒介话语体系建构的影响。 对国际传播话语体系及话语权的研究既是新制度主义新闻理论对媒介话语体系研究的理论拓展，也是对新制度主义新闻理论在国际传播实践方法与路径的检验和阐释。

2 中国对外传播话语体系的建构历程

伴随着新中国社会制度的建设进程，中国的对外传播已走过 70 多年的风雨历程。 在国际媒介制度环境不断发展和变迁的影响下，我国的对外传播也经历了从国际话语权的缺失到话语权体系建构的尝试与不断调整，再到近十年来我国国际话语权体系建构的快速发展期。 中华人民共和国成立以来，我国的对外传播制度基本上是依托特定时期国家或政党政策的制定和实施建构和发展起来的。 我国的媒介话语体系建构以国家新闻传播政策为主、以行业规范为辅，主要是对我国对外话语传播的活动主体即对外传播媒体的制度形式做出界定，并会根据特定历史时期的国家政治制度以及其他社会权力关系的变化做出实时调整。

无论是福柯对制度与权力的研究方法，还是布尔迪厄以及新制度主义理论对制度的研究都将制度和权力的行为主体作为关注对象，通过考察制度或权力关系建构行为主体的方式，以及通过行为主体建构社会行为的能力来判断制度和权力对社会建构行为的效果。 福柯认为任何制度行为主体本身都不具备自主基础，其自我定义能力微乎其微，行为主体的形成都是特定社会情境下的社会制度权力关系以及主体自身的共同策略建构的结果。 因此，本章对我国对外传播话语体系的考察则主要通过对媒介制度及其权力关系共同建构的传播行为主体的形式以及话语建构过程进行梳理，来评估中华人民共和国成立以来我国媒介话语体系建构的效果。

制度发展阶段依据制度路径的时序即周期性来划分，对制度的权力关系变化影响最大的历史节点往往是重大的经济和政治进程。因此，根据与我国对外传播相关的社会制度变革的重要历史节点，将我国对外传播发展历程划分为：萌芽期（1949—1978 年）、形成期（1979—2000 年）、发展期（2001—2007 年）和成熟期（2008 年至今）。三个关键历史节点分别是：1978 年 12 月召开的中共十一届三中全会所做出的"改革开放"决策让中国媒体开始正式面向世界；2001 年 12 月，中国加入世界贸易组织，标志着中国媒体开始正式加入国际传播秩序的权力竞争体系；2008 年，北京奥运会的举办标志着中国"官媒共建"的国际传播新格局形成并步入高速发展期。

2.1　中国国际传播话语体系建构的萌芽期（1949—1978 年）

2.1.1　改革开放前媒介话语体系建构的制度环境

1949 年中华人民共和国成立之初，政府就开始着手建立国有国营制的社会主义媒介制度，对新闻事业实行统一管理。到改革开放之前，中国的对外传播（严格来说，是"对外宣传"）因受国家政治制度权力的强大压力一直呈现显著的党派和政治宣传导向。国家权力的介入使新闻对政治制度形成高度依赖，制度自主性过低导致了国际传播话语权的相对缺失。

中华人民共和国成立初期，巩固政权、恢复经济和社会主义改造成为我国政府的首要任务，新闻媒体作为党和政府的"喉舌"，除了接受政府部门直接管理外，也成为国家政治制度的一部分。我国对新闻业制定的总政策是，新闻机构必须在思想上和组织上绝对服从中国共产党的领导，在政治上与党中央保持绝对一致，必须按照党中央的路线、方针、政策从事新闻宣传报道活动。

1949 年 7 月，中国政府开始着力加大对外传播媒介制度的建设，在取缔外国在华设立的新闻机构的同时，禁止国外通讯社在华的新闻传播活动。为加强新闻所有权的集中，1949 年 10 月，当时的中央人民政府政务院成立新闻总署，负责统一管理对外新闻传播工作，后经机构调整，新闻总署撤销，将对外传播业务归口新华社负责。 1963 年 9 月，经国务院批准，中国外文出版发行事业局正式成立，归国务院直属，负责对外书刊的规划、出版、发行等工作。① 1950 年 4 月，我国成立了中国国际广播编辑部，专门负责对海外的广播宣传工作。 1952 年 8 月 7 日，中共中央《关于国际时事宣传的决定》，着重强调了国际报道必须完全集中于中央管理，经中央审查后方可统一由新华社和《人民日报》发布和传播，其他报纸刊物只能转载。②

与政治权力场域的高度重叠也为新中国的对外传播体系建构提供了来自政府补贴的经济保障。 1978 年以前，中国公有制经济占到国民经济的 99% 以上，政府一直推行计划经济体制，由国家专门机构"计划委员会"来规划和制订经济发展各个领域的目标。 新闻业作为文化生产的公共事业享受政府公共财政补贴。 与"二战"后的英国媒体一样，经济上的辅助为我国对外传播的发展提供了物质前提。 截至 1966 年，我国对外传播的专门报刊已达 40 多种，对外广播的语言种类已多达 32 种，全天播音时间长达 132 小时，对外宣传节目编排包括新闻、国际问题、评论和介绍中国基本情况的专题节目。 在当时 BBC 的世界广播排名手册中，中国的对外广播已进入世界排名前十强（仅次于苏、美两强）。③

从 1949 年到改革开放之前，我国文化生产场域主要作为国家公共事业，由政府进行统一管理。 依托计划经济体制，新中国的文化制度主要是仿照"苏联模式"和沿袭"解放区"文化制度模式，以社会阶级结构改造和政治阶级斗争为纲领而建立的文化制度，其实质是国家和政府导向的文化资本及其权力的再分配。 公有制的经济和文化体制为新中国的文化"事业"带来了文化的"繁荣与复苏"（至少在"文化大革命"之前），文学、艺术、科学和教育等文化生产子场域都在政治场域的权力引领下快速积累其文化资本。 1952 年，我国开始实行的普通高等教育入学考试成为提升国民受教育水平的主要渠道，1965 年"文化大革命"前高考中断。

---

① 甘险峰、刘玉静：《60 年对外传播的进展》，《对外传播》2009 年第 12 期。
② 蔡鹏举：《新中国前 30 年对外传播的理论与实践》，《新闻传播》2013 年第 5 期。
③ 蔡鹏举：《新中国前 30 年对外传播的理论与实践》，《新闻传播》2013 年第 5 期。

2.1.2　对外宣传导向的媒介话语体系建构

中华人民共和国成立后到"文化大革命"开始之前，我国对外传播事业的组织制度已初步构建。对外传播的报刊、广播、通讯社等媒体发展迅速，对外传播的基本规则和实践开始建立。其中，于 1949 年中华人民共和国成立后即被确定为中国国家通讯社的新华社，在强化国家通讯社职能的同时，将其发展目标定位为国际性通讯社。到 1966 年，作为我国对外传播的专业（国际）通讯社，新华通讯社和中国新闻社在对外传播报道方面已取得了较大发展。

1957 年，新华社制定了建成世界性通讯社的 12 年规划，并迅速建设及发展其海外分社。到 1965 年，新华社的驻外分社已经迅速发展到 51 个，并同 22 个外国通讯社签订了无偿交换新闻或图片的合作协议。[1] 当时的新华社已基本可以满足亚、非、拉等"第三世界"国家或地区对新闻稿的需求，打破了西方通讯社对这些地区的新闻垄断局面，为新华社建设世界性通讯社打开了局面。1958 年 3 月，中国历史上第一本时事政策性英文周刊《北京周报》正式创刊，该刊的发行扩大了我国对外传播的覆盖面。[2] 1952 年 10 月 1 日，前身为国际新闻社的中国新闻社开始正式对海外播发电讯通稿。1958 年 5 月 1 日，北京电视台试播，同年 9 月正式播出。1978 年 5 月，北京电视台正式更名为中央电视台。北京电视台的成立标志着中国电视事业的诞生，成为中国对外新闻传播的又一渠道和载体。

20 世纪 60 年代发生在世界范围内的政治和社会动荡对世界新闻传播体系都产生了极大影响，发生在我国的"文化大革命"也持续了近十年之久。在此期间，中国的整体对外宣传任务被限定为"宣传毛泽东的最新指示"。自此，我国对外新闻传播实践基本停滞，因我国政治斗争的矛盾加剧而成为政府单向的宣传工具和平台的对外传播新闻话语，也逐渐远离了世界新闻话语体系。

---

① 吴冷西，《在世界性通讯社的征途上》，载于《历史的足迹——新华社 70 周年回忆文选》，新华出版社 2001 年版，第 8 页。

② 蔡鹏举：《新中国前 30 年对外传播的理论与实践》，《新闻传播》2013 年第 5 期。

总体来说，从中华人民共和国初期到"文化大革命"之前，我国新闻场域权力因向政治场域权力偏移并高度重合而出现了显著的场域权力集中化。以政治宣传为导向的对外传播制度权力关系框架基本搭建，并因其文化资本的迅速积累而尝试探索其国际话语权的建构。

2.2　中国国际传播话语体系建构的形成期（1979—2000 年）

2.2.1　市场经济与民主政治：制度环境的变迁

20 世纪 70 年代，在刚刚经历了一系列社会危机和动荡之后，西方资本主义社会为了缓和社会结构矛盾，开始推行私有化政策，并降低媒体管制，大型传播产业开始向国际扩张。随后，世界媒介等级体系开始发生结构性变迁。

1978 年，中共十一届三中全会的召开标志着中国改革开放国策的正式实施，中国国家管理制度体系的改革也全面启动，其实质是在不改变国家根本政治经济制度的前提下进行的管理体制改革。改革重心是将以往以政治驱动的社会场域权力建构转移到围绕着经济场域权力和资本积累而进行的社会空间建构。中国政府在否定了"文化大革命"时期"以阶级斗争为纲"的社会体系建构基本路线后，提出"改革开放"的历史性决策，将体制改革中心放在经济体制改革上，并确立了"实事求是"的思想观念导向。

改革开放国策的制定和实施与当时的真理标准讨论制造的观念解放氛围密切相关，也标志着民主政治观念重回中国社会的政治思想体系。因此，中国的经济体制改革从一开始就是在民主政治推动下起步的。党的十一届三中全会对我国经济体制改革的政策目标是从过去的政府指令性的计划经济导向转而建立社会主义市场经济体制，其核心是将"市场"重新引入我国的经济体制，遵循经济运行规律，发挥市场在经济场域中的根本功能。为适应经济体制改革的深入，1987 年 11 月召开的党的十三大把政治体制改革提上了议事议程。政治体制改革的目的在于调整部分社会结构关系，提高政治与行政管理工作的效能，将政府管理从行政指令向政府指导转变。民主政治和市场经济的理论概念和实践原则不但促进了我国社会管理制度的变迁，还将我国的国家管理理论和思想价值观念与世界理论价值体系重新联系起来。到 20 世纪 90 年代，中国开始实施全面对外开放和全面参与国际社会的国家战略。

2.2.2 向"他律"一端的迁移：文化场域的变迁

改革开放的政府决策为中国文化场域带来了制度模式的变迁。文化体制改革的核心是将文化事业推向市场，实行文化事业与产业的"双轨制"，这与英美国家的文化产业制度已经大体相似。从改革开放到加入世界贸易组织之前，我国的文化生产场域迎来繁荣期，并且由于启动市场化导向的体制模式，整个文化生产场域出现了向社会权力场域中的"他律"，即经济制度权力一端的迁移。

我国文化场域的整体迁移大体可分为两个阶段：第一阶段是文化体制改革的初级阶段，主要确立文化产业的市场地位；第二阶段为文化体制改革的快速成长期，正式明确了"文化产业"的概念，确立了文化产业化经营的管理政策和原则。

1983 年，文化体制改革正式在国务院政府工作报告中提出，并将文化体制改革的主要任务确定为调整文化场域的社会定位，确认其文化产业和市场地位。推行以承包经营责任制为主要内容的体制改革，并开始实行"双轨制"，即全民所有制与多种所有制共存的文化产业所有制改革。① 此后，"文化市场"的概念由文化部等部门正式提出，并于 1989 年，由国务院批准专门设置文化市场管理局，这标志着全国文化市场管理体系的正式建立。

1992 年以后，我国文化体制改革进入了一个全新阶段，文化事业的市场化改革也得到进一步深化，"文化产业"的概念在政府文件中的明确提出，也标志着我国对于文化产业及其市场地位的认可，这对于文化生产场域有着十分重大的意义。

2001 年，中宣部、广电总局、新闻出版总署共同颁发了《关于深化新闻出版广播影视业改革的若干意见》，对文化体制改革的发展主题、结构调整和建

---

① 选编自《2005 年：中国文化产业发展报告》，社会科学文献出版社 2005 年版。

设重点以及宏观与微观的管理体制都做出了规定，并着重强调要提高新闻传播的竞争力和影响力。该意见仍然明确强调党对新闻传播业的绝对领导地位，即严格掌握对重大事件的决策权、资源分配的控制权、新闻审核权，以及组织任免权等。①

这一阶段文化体制改革的根本任务是发挥市场自身的调节作用，建立和规范市场竞争机制，增强市场活力。十年间，我国的文化产业在市场机制带动下得到快速发展。据文献资料统计，从 1990—2002 年的 12 年间，我国报纸种类增长了 34％，报纸总印数已达 351 亿份；期刊种类增长了 46％；广电机构以及电视节目套数均翻了两番（见图 2-1），广播和电视的人口覆盖率分别从 73％和 80％增加到 90％以上；截至 2001 年，我国音像市场的销售总额已达到 200 多亿，较之改革开放初期增长了近 1000 倍。②

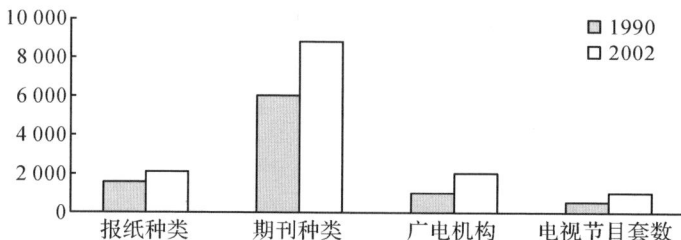

图 2-1　1990—2002 年报刊广播电视增量统计图

到 20 世纪末，在政府指导和市场化运作下，我国文化产业开始了集团化运作的产业整合。截至 2002 年，我国共成立了 70 多个文化产业集团，其中报业集团就多达 38 个，还有出版发行集团 15 个以及广电集团 12 个。③

受商业化和市场经济影响，从改革开放到加入世界贸易组织之前，我国新闻场域的权力位置开始从政治制度权力一端向经济制度权力一端迁移，逐渐改变了改革开放前新闻与政治制度权力高度重叠的制度权力关系状况。我国的媒介经济增长迅速，2001 年，整个媒介市场的规模已超过 1000 亿元（见图

① 选编自《2005 年：中国文化产业发展报告》，社会科学文献出版社 2005 年版。
② 童兵、张涛甫：《关于中国传媒体制改革创新的观察与思考》，载于《新闻传媒与社会发展论坛·2007——中国新闻业发展现状与趋势论文集》，2007 年。
③ 选编自《2005 年：中国文化产业发展报告》，社会科学文献出版社 2005 年版。

2-2)。 从 1998 年起，我国传媒业已经连续三年保持了 25％的增长速度，利税总额已超过烟草业，成为国家第四大利税产业。①

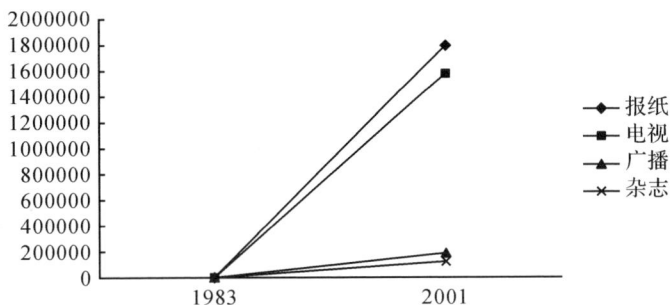

图 2-2　1983—2001 年媒介广告收入增长示意图(单位:万元)

改革开放后，我国的教育和科技水平不断发展。 到 20 世纪末，国民文化教育水平明显提高，文盲率大幅下降。 1964—2000 年间，每 10 万人口中具有大专及以上学历的人口从 416 人增加到 3611 人，高中和中专学历的人口从 1319 人增加到 11146 人，文盲人口大幅度下降；到 2000 年，文盲率从中华人民共和国成立时的 80％下降到 6.72％。 中国的科技水平同样取得了快速增长，特别是信息技术的发展提高了我国媒体新闻生产的效率，也提高了媒体的渗透力和影响力。 信息技术的发展成为我国新闻体制改革的技术动因。

2.2.3　国际传播话语权的制度化与专业化建构

1979 年 3 月，我国新闻界召开了改革开放政策实施后的首个全国新闻工作座谈会，会议对新闻工作的重心转移和思想统一提出了指导性意见。 同时，中国新闻界开始将"实事求是"的思想导向和价值观念落实在新闻理论和实践中，重新将"真实性"和"客观性"的新闻规律引入新闻生产实践，遵循新闻规律，恢复报纸的原有社会功能，将新闻宣传的任务由阶级斗争工具手段转移到为经济建设服务的信息服务功能上。

改革开放后，我国政府对媒体的对外传播政策做出了相应调整。 1980 年

---

① 胡鞍钢,张晓群:《中国传媒普及率追赶的实证分析》,《新闻与传播研究》2004 年第 4 期。

9月16日，中共中央正式发出《关于建立对外宣传小组加强对外宣传工作的通知》。该通知对我国对外传播的根本任务做出了明确调整，即从促进世界革命调整到建构世界对中国的认知，为中国的现代化建设创造有利的国际舆论环境。

1994年4月15日，中央外宣办、国务院新闻办共同下发《进一步做好新形势下对外宣传工作的意见》的通知，再次强调我国对外宣传的基本任务是，"向世界全面介绍中国，建构国家想象以及为我国的改革开放和现代化建设创造良好的国际舆论环境"①。并且首次将构建国际舆论环境作为我国对外传播的基本政策正式提出。

在国家对外传播政策的指导下，依托经济体制改革和文化体制改革的制度环境，我国对外传播的新闻组织架构也开始了积极恢复重建，并加快推进对外传播领域的新闻生产工作。改革开放后重新架构的我国对外传播的媒体组织网络主要包括新华社、中新社两个国家级世界性通讯社，中国国际广播电台、中央电视台、外文局、中国日报以及网络媒体等其他对外宣传渠道。这一时期，我国对外传播的新闻话语框架仍然是介绍中国基本情况、展开国际舆论斗争和报道国际问题。随着改革开放步伐的加快，对外传播中经济报道的比重不断增加。

从20世纪80年代我国对外传播的纸媒建构到20世纪90年代依托电视媒体架构的国际传播网络，我国的对外宣传工作逐渐转型成为对外传播的新闻生产实践，在增强我国对外传播的新闻话语生产能力的同时，逐步在国际舆论环境中建构中国话语权。

2.2.3.1　纸质媒体国际传播话语体系的建构

《人民日报·海外版》和《中国日报》是中国实行改革开放国策之后兴办的以对外宣传和信息传播为主要功能的国家级报纸。1981年《中国日报》创刊，这是中国第一份，也是目前唯一的国家级英文综合性日报。《中国日报》

---

① 戴延年、陈日浓编：《中国外文局五十年大事记2》，新星出版社1999年版，第263—264页。

的办报宗旨是"让世界了解中国，让中国走向世界"。 1991 年 10 月，隶属于中国日报报系的《北京周末版》创刊，成为我国对外传播的报纸中第一份娱乐性周报。 到 21 世纪初，《中国日报》报系已发展成为国内最大的对外传播英文报系。 截至 2001 年，《中国日报》已经在世界 150 多个国家和地区发行，日发行量超过 30 万份，另有月均 2000 万人次通过互联网查阅中国日报。 据调查资料显示，《中国日报》的海内外读者中大多数是精英阶层，包括政府官员、商业人士、新闻界同行、学界的研究人员等主流群体。《中国日报》也是目前中国被境外媒体包括各大通讯社等转载率最高的中国媒体，是唯一进入西方主流社会的中国报纸。《中国日报》是"亚洲新闻联盟"中唯一代表中国的成员报纸，在国际上传达"中国声音"，被公认为是中国最具权威的英文报刊。①

1985 年 7 月 1 日，中国最大党报《人民日报》创立海外版，该报每周出版 6 期，每期 8 个版面。《人民日报·海外版》的办报定位仍然是党中央机关报，主要读者对象是海外华人及国外来华的各界人士，报纸内容则以传达党和政府的方针、政策以及报道读者关心的最新中国信息为主。

20 世纪 90 年代，报业经历过市场的自主调节期后，很多对外传播报刊停办。《华声报》是 20 世纪 80 年代中国第一份民办的全国性报纸，于 1983 年 1 月正式创刊，后因经济等原因于 1994 年 12 月 31 日停刊。"报道公正、言论自由、服务第一、读者至上"是《华声报》的办报宗旨，该报是在专业标准中明确提出"报道公正"和"言论自由"的第一家对外传播报纸，在海外华人中具有一定的影响力。 1995 年 4 月，《华声月报》创办，它侧重对中国新闻进行深度报道，且印刷精美，全部用铜版纸彩色印刷。 但由于《华声月报》出版周期长（月刊）、制作成本高（铜版纸印刷）、海外订阅手续烦琐等原因影响了其发展，1997 年 5 月该报主办的《华声报》电子版开始网络运营，并很快成为在国内外有一定影响的网站。 该网站设有九个分类新闻专栏，每日更新，有重大新闻时做即时播发。

---

① 中国社会科学院新闻研究所、中国新闻学会联合会编：《中国新闻年鉴 2002》，中国新闻年鉴社 2002 年版，第 24 页。

到 20 世纪 90 年代中后期，一些精于市场化运作和商业化经营的对外传播报纸创办并且在国际市场运营良好。 1994 年 11 月，《新民晚报·美国版》在美国创办发行，成为我国第一份在国外编辑出版的报纸。 1996 年《新民晚报》成立美国记者站。 截至 2013 年底，新民晚报已创办 27 张海外版。

从改革开放到 20 世纪末，我国传统报业经历了恢复重办、国有体制改革、国内国际市场化竞争和专业技术转型等外在压力，报业的结构调整加剧了我国新闻场域的内部竞争。 在内外合力驱动下，我国传统报业的对外传播实践也逐渐从政治宣传导向的话语传播转变为兼具对外宣传和信息传播"双轨制"的对外传播话语生产模式。 党报与市场报并存的所有制体制创新以及商业化经营为提升媒介制度的自主性和新闻话语框架的多样性做出了有益的探索，并为其他媒介形式提供了可操作的权力关系模式。 报业在对外传播中的实践和努力为我国媒体走出国门，参与世界媒介体系的竞争打开了局面。

2.2.3.2 广播电视媒体国际传播话语体系的建构

（1）中国国际广播电台

中国国际广播电台虽然成立时间较早，但是一直存在管理体制模糊且不具备自有对外传播新闻采访制度的问题。 中国国际广播电台驻各地方记者站隶属中央人民广播电台，国际广播电台没有管理权限，且各地记者站大多是以采写专稿为主，很少采写对外新闻，中国国际广播电台播发的稿件主要是依靠新华社提供的国内和国际新闻源。 改革开放以后，中国国际广播电台首先开始建立和发展其国内外记者站，完善其新闻采访系统。

1984 年 4 月和 11 月，中国国际广播电台先后被中国外交部和中共中央办公厅确认为可以采访党和国家领导人的中央新闻单位之一。 1984 年 11 月 20日，中国国际广播电台正式成立外事采访组，并从各语言组遴选 30 名兼职外事记者，其主要任务是负责对外联络和收集信息，协调外事采访、编发通稿以及为外事采访资料建档等工作。 1984 年 10 月，中国国际广播电台召开了首届地方记者和通讯员会议，会上明确提出了"内外并重"的方针，决定加强对外报道的组织力量。

1980 年 4 月，中国国际广播电台受当时的中央广播事业局（广播电影电视部前身）委托，开始筹建驻海外记者站，先后在日本东京、南斯拉夫贝尔格莱德、法国巴黎、巴基斯坦伊斯兰堡、墨西哥城等地建立记者站。1983 年 11 月，中国国际广播电台建立驻美国华盛顿记者站。1984 年 8 月，驻香港地区记者站成立。从 1986 年 4 月建立驻联邦德国波恩记者站，一直到 1989 年，中国国际广播电台又先后建立了 17 个驻外记者。① 驻外记者站的建立从根本上解决了国际广播电台对外报道的海外新闻源问题，对增强我国国际广播的话语竞争力和影响力具有重要的作用。

1986 年 6 月 18 日，原属无线局管理的播控中心低周部分（节目的录制、传送）正式归口由中国国际广播电台管理。自此，中国国际广播电台有了自己独立的技术系统，并形成了"采、编、译、播"制播技术一体化的生产结构。截至 20 世纪 90 年代末，中国国际广播电台的中短波广播节目已通过卫星传输基本实现了全球覆盖。

1991 年，中央文件正式规定广电部和新华社、人民日报社拥有同样的国际新闻和专稿的采编权，这为中国国际广播电台加大国际新闻信息采编、向世界级大台标准靠拢提供了政策基础。中国国际广播电台在海外先后建立的 29 个记者站也从根本上改变了过去单纯依靠新华社和《人民日报》等主要媒体的国际和国内新闻源的被动局面。

（2）中央电视台

改革开放后的第一个 10 年，随着我国经济的高速增长（1978—2000 年，年均 GDP 增速为 9.5％）和电子技术的迅猛发展，我国的电视机普及率大幅提高，千人电视机拥有量从 1965 年的 0.1 台增加到 1990 年的 156 台，到 2000 年已达到 293 台②，电视已逐渐成长为我国对外传播的主要技术载体。1983 年，我国召开首次全国电视对外宣传会议，决定加强电视的对外宣传工作。1984 年，中央电视台在原国际部的基础上成立"对外部"，专门负责对外传播工作。最初几年，中央台的对外传播工作主要是和各国媒体进行一些有限的

---

① 胡耀亭主编：《中国国际广播大事记》，中国国际广播出版社，1996 年版，第 305、309、316 页。

② 胡鞍钢，张晓群：中国传媒普及率追赶的实证分析，《新闻与传播研究》2004 年第 4 期。

项目合作。 到 20 世纪 90 年代，中央电视台通过租用国外电视频道时段、支持海外电视台、节目上星等方式初步实现大面积覆盖的对外传播。

1991 年 7 月 1 日，中央电视台第一套节目送上俄罗斯静止卫星，同年 9 月 1 日又用 NTSC 制式送上了亚洲一号卫星播送。 1992 年 1 月 1 日，中央电视台把每天一小时的中、英文对外节目，通过国际卫星送到美国，由美国芝加哥新世纪电视台再将节目送上美国的 Ku 波段和 C 波段卫星。 这样，中央电视台第一套节目实现了对整个北美、澳大利亚、印尼、东南亚、中东、东非、东欧等国家和地区的覆盖，但技术手段和节目制作的落后仍然阻碍着中央电视台的对外传播工作。

1993 年初，中央电视台制定了一手抓"天上"，一手抓"地下"的上星落地目标。 1992 年 10 月 1 日，中央电视台第一个国际卫星电视频道 CCTV-4 对外开播。 1993 年 1 月 1 日，通过国际卫星，中央电视台首次实现向北美传送电视节目，同年，中央电视台向欧洲播出中国新闻。 1993 年 8 月，中央电视台与美国 3C 集团在美国的合作建台不但实现了其海外建台的发展目标，也打破了有台湾背景的"北美卫视"从 20 世纪 70 年代开始一统北美的局面。1993 年，《今日中国》英语版在美国播出，法语版《今日中国》在法国电视二台定期播出，由此填补了中国电视在欧洲地区传播的空白。 之后，中国国际频道 CCTV-4 也实现了对大洋洲国家和南美、东南亚等国家的新闻覆盖。①

1997 年 6 月 27 日，中央电视台英语频道 CCTV-9 开始对外试播，2000 年 9 月 25 日正式开播，成为我国第一个以非母语播出的国际新闻频道。 该频道的定位是世界"了解中国的窗口"，以新闻及新闻性节目为主，强调"中国视角"的新闻报道导向。 从此，中央电视台对外传播实现了与国际电视新闻体系的语言对接，这对中国电视尽快加入国际主流社会和媒介体系具有重要意义。 到 1997 年，中央电视台的节目通过国际合作已经实现了全球落地。

"现场直播"的报道方式的运用是中央电视台迅速成为我国最有影响力媒体的重要途径，也标志着我国电视新闻报道的成熟和与国际对接。 现场直播

---

① 杨伟光主编：《中央电视台发展史》，北京出版社 1998 年版，第 567、568、581 页。

报道方式在国际上创始于 20 世纪 60 年代。 1984 年，中国国际广播电台和中央电视台运用该报道方式首次直播了中华人民共和国成立 35 周年阅兵式。到 20 世纪 90 年代末，现场直播的报道方式已经在对外传播中大量使用，并已成为一种常态化的电视新闻报道方式。 我国电视媒体在对外报道中的现场直播是从最初的传统描述和记录式直播到后来的深度报道式直播，在丰富对外报道内容的同时，实现了报道形式的全方位和立体化，大大提高了我国电视在对外报道中的可信度和竞争力。

20 世纪 90 年代，中国的对外传播进入电视时代。 除了中央电视台这一国家级电视台已形成对全世界的大面积传播外，地方电视台也开始尝试其对外传播实践。 上海的华声电视台和 18 省联办的中国黄河电视台先后走出国门，并通过与当地电视台合作的方式成功进入北美和欧洲电视传播市场。 中央与地方电视台在对外传播中逐渐形成合力，增强了我国电视对外传播的影响力。

2.2.3.3 新华社国际传播话语体系的建构

20 世纪 80 年代，新华社率先试行新闻体制改革，在以事业体制为主导的前提下，尝试市场化经营和多元体制并存的经营发展路径。 1980 年 7 月，经中央批准，新华社党组社决定成立总经理室，正式开展经营活动。 1985 年，经中央批准，财政部开始对新华社实行定额包干、事业收入全留归新华社使用的政策，这一政策的实施给新华社带来经营压力的同时也成为其商业化运作的动力。 从此，新华社的海内外经营活动不断扩大，舆论引导能力和国际传播能力也不断提升。

改革开放后，新华社继续坚持"把地球管起来"的世界性通讯社功能，迅速恢复并新建其国际通讯信息网络。 截至 2000 年，新华社已先后建立了 5 个总分社，有驻国（境）外分支机构 103 个，派出人员 500 多人，全面负责组织指挥所辖地区各分社的采写报道工作。 除了向当地用户播发外，还将采集的新闻发往北京总社，再由北京总社向全世界播发，以此形成集合发布网络。海外新闻采编网络的形成和集合发布大大提高了新闻稿件的时效性，增强了新华社对世界范围内发生的重大事件的快速反应能力[①]。 进入20世纪90年代，新华社开始加大与世界几大通讯社和美、俄、英、法、澳等国主流媒体的合作力度，通过签署供稿协议和新闻交换合作协议等方式，新华社将新闻触角辐射到世界各大主流新闻媒体，通过信息集合与信息扩散两个话语传播过程，成功搭建国际信息网络架构，有效提升了我国的国际传播话语权。

在新闻生产上，新华社除了注重对重大事件的准确和及时报道外，还及时表达对国际重大突发事件以及国际热点问题的立场和观点，增强其国际新闻报道的竞争力。 在新闻营销上，新华社也极其注重用户分析和报道内容的调整，针对国际受众关心的中国话题，如中国的经济改革问题，加大采编和对外报道力度，不断扩大其海外用户媒体的数量和范围，在促进中国同世界各国的话语互动的同时，也增强了其生产和传播的国家话语对国际舆论的影响力。

2.3 "官媒共建"国际传播话语权的对外传播新格局(2001年至今)

21世纪的第一个十年是我国改革开放的第三个十年，中国社会场域权力整体向经济资本即"他律"一端迁移的速度增快，中国媒介话语体系建构也开始进入稳步发展期。 这一时期也开始呈现"官媒共建"国际话语权的对外传播新格局。

2.3.1 加入全球公共领域,建构国家话语新空间

（1）媒介话语体系建构的国际竞争标准

2001年12月，中国加入世界贸易组织。 世贸协定的签署，为我国媒体参与国际间竞争与交流，加快信息自由流动设定了时间表，中国媒体开始零距离面对国际新闻体系的市场竞争。 世界贸易组织协定将新闻业定位为服务贸易领域，规定服务提供形式包括跨境交付、境外消费、商业存在、自然

---

① 新华社大事记编写组:《新华社大事记1977—2001》,社内材料,第62页。

人流动。

　　在加入世界贸易组织前，我国的新闻出版以及网络电信业不允许外国商业组织和公司存在，即政府在上述产业实行垄断和部分垄断经营，禁止外资进入，并且对国内投资者也实行严格的资质审查制度。当然，除比较敏感的新闻业以外，电信和出版业在入世之前都已经有海外资本的尝试介入。实际上，目前在美国资本市场上市、几乎占有中国相关电信增值服务的绝大部分份额的互联网公司，其中的海外资本，都是签署世贸协定前进入中国资本市场的。①

　　世界贸易组织的三个基本原则即非歧视原则、自由贸易原则和公平竞争原则为我国在国内和国际上的对外传播服务提供了原则和标准。

　　自加入世界贸易组织以来，中国政府已经按照承诺逐步向境外资本开放图书出版的零售市场、有限制地开放了境外传媒娱乐类广播电视节目的落地，目前已在某种程度上首先允许国内民营企业进入无编辑权的传媒经营市场，如报刊发行、广告代理、活动发布以及商业运行等。②

　　（2）文化生产场域的整体加速迁移为媒介话语体系建构提供了有利环境

　　文化生产场域是媒介话语的直接环境，是媒介话语变化的社会结构因素。进入21世纪，我国经济体制改革进入深水区，文化体制改革也在政府领导下积极推进。2002年召开的党的十六大首次将我国的文化事业分成文化事业和文化产业两个场域概念，强调要积极发展文化事业和文化产业，在接下来出台的政府政策中还对文化产业提出了集团化和转企改制的改革目标。文化产业与公共文化事业开始了真正意义上的剥离，文化产业的市场化进程加快（见图2-3）。

　　借鉴经济改革中的有益尝试，文化体制改革主要对文化事业进行部分转制和整体改制。报业集团的部分转制和整体改制成为改革的先行者和试验区，党的十六大以后，文化企业的股份制改造，将私人资本注入文化领域，私有化的资本运作进程推动了文化生产场域向经济权力资本一端的整体迁移。

---

　　①　蒋亚平：《WTO环境下中国网络媒体分析》，《中国记者》2002年第5期。
　　②　夏春平：《世界华文传媒年鉴2005》，世界华文传媒年鉴社2005年版，第176页。

中国权力场域：2000年前

经济资本−	经济资本+	经济资本+
文化资本+	文化资本+	文化资本−

政治

新闻

经济

文化

经济资本−
文化资本−

中国权力场域：2000年后

经济资本−	经济资本+	经济资本+
文化资本+	文化资本+	文化资本−

政治

经济

新闻

文化

经济资本−
文化资本−

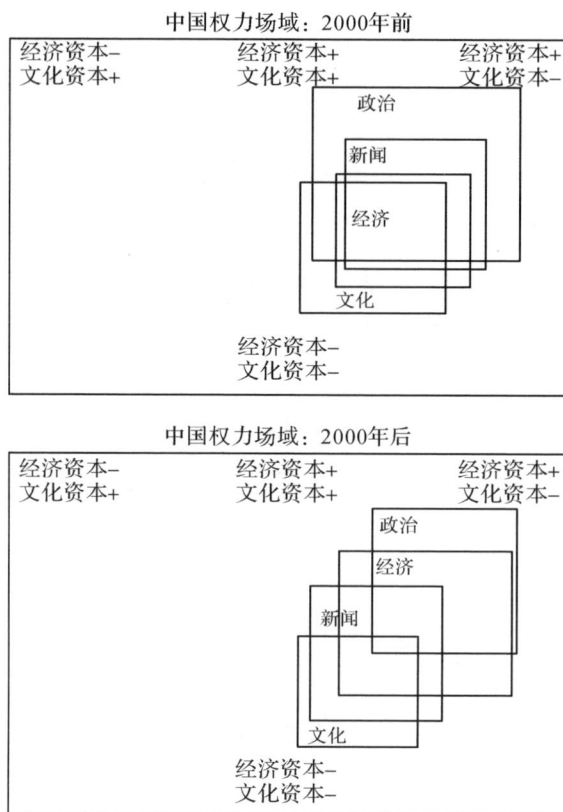

图 2-3　2000 年前后中国文化场域的变迁

　　2000—2010 年是中国高等教育发展最快的十年，据 2011 年公布的第六次全国人口普查结果显示，与 10 年前的调查相比，我国人口统计数据中学历结构发生了显著变化。大学以上学历人数占总人口数的 8.93％，是 10 年前（3.61％）的 2.5 倍。另外，由于义务教育的普及，文盲率（15 岁以上的文盲人口占总人口的比例）从 2000 年的 6.72％下降到 2010 年的 4.08％。从总体上来看，我国人力资本质量显著提高。

　　（3）互联网时代的到来加速了中国国际传播话语权专业化建构的进程

　　如果说从改革开放到 20 世纪末由商业化和市场拉动的文化生产场域的整体迁移主要是经济制度权力即"他律"力量的外部控制，那么 2000—2010 年这十年则是由文化场域中专业知识场域的转型所产生的内部原动力所引发的向"经济场域权力"一端的加速迁移。这个原动力就是科技发展所引发的专业技术场域内部的社会分化。新闻场域作为社会权力场域中的介质权力，在这场迁移中起到了极大的推动作用，并且成为文化场域变迁的受益者。这与20世纪70年代法国新闻场域的变迁路径非常相似，只是引发文化场域自主迁移的原动力即专业知识子场域的分化各不相同。法国的专业知识子场域分化是来自文学、哲学等社会科学，而这一时期，中国文化生产场域的自主变迁动力来自科学技术子场域。当科学技术存在于文化场域中的有限生产场域时，其文化资本增加而经济资本减少；当处于规模生产场域时，即成为为大众服务的规模生产时子场域处于与经济资本一端最近的位置。专业技术子场域与经济一端越接近，越容易成为拉动文化生产场域整体向经济资本一端迁移的动力。

互联网在20世纪90年代就已经成为中国对外传播的主要技术渠道。到21世纪初，作为一种互动式信息传播的载体，互联网已经开始深刻影响我国的新闻业，尤其是对外传播事业的发展进程。

2000年，中宣部和国务院新闻办共同制定了《国际互联网新闻宣传事业发展纲要（2000—2002年）》，对我国重点新闻宣传网站的建设提出了若干管理意见并明确提出加大资源支持的力度，确定将中国网、人民网、新华网、中国日报网和国际在线这五大重点网站和中央电视台网站共同搭建成中国对外传播的网络系统。

依托传统媒体的对外传播组织架构建立的互联网对外传播网络系统不但是对传统媒体的补充，也因其传播平台的开放性打破了东西方舆论不平衡的状态。网络的即时性和互动性也有助于我国对外传播媒体在国际新闻传播体系中占据更大空间，发出更多声音。

网络时代的对外传播将意义生产空间从政治传播领域拉入更广泛的社会传播的公共领域，多元模式的超文本架构的传播网络以其不断变迁的传播技术将传播媒介延伸至社会生活的所有领域，不断变换的网络传播模式也将全球和地方、通用和定制的传播媒体集中于无处不在的网络社会公共领域之中，网络传播空间的延伸不断形塑着全球公共领域的权力关系及反制度化权力关系的进程。在我国的媒介转型期，国家介入的媒介话语体系建构加速了新闻场域权力关系变迁的进程。

2.3.2 政府新闻发言人制度的建立和发展

政府新闻发言人制度建立的实质是对新闻话语生产的一种国家介入，是国家行使其政治制度权力进行新闻管理的一种政府新闻管理策略。 在我国的对外传播中，新闻发言人制度作为一种国家制度权力参与到国际传播话语权力建构中，对新闻的话语内容进行架构和统筹，并通过其官方声音的媒介传播增强我国对外传播话语在国际舆论中的公信力和影响力。

1983 年，我国正式建立政府新闻发言人制度。 自 20 世纪 80 年代开始，伴随着改革开放政策的全面实施，我国的政府新闻发言人制度建设逐渐步入正轨，其建设历程基本可分为两个阶段。

第一阶段是以政府新闻宣传为重心的政府新闻发言人制度建设。 这一阶段的政府新闻发言人制度基本上是以政府本位、行政主导为导向的体系建构。1983 年，中共中央对外宣传小组颁布《新闻发言人工作暂行条例》，对新闻发言人制度的制度原则和组织实践方式做出了明确规定。 1988 年发布的《新闻改革座谈会纪要》对我国政府新闻发布工作的制度化建设提出了积极建议，并进一步明确要求加快新闻发布制度的建立和完善工作。 1993 的《关于国务院新闻发布工作的会议纪要》进一步确定了国务院的新闻发布工作要由国务院新闻办公室专门负责，并确立了以国务院新闻办公室主持召开的记者招待会为主、新闻吹风会和集体采访等形式为辅的新闻发布制度。

第二阶段是以政府传播与公共关系管理为重心的政府新闻发言人制度建设。 在这一时期，我国政府新闻发言人制度建设开始从政府行政主导的新闻宣传向政府公共关系管理进行战略转移。 2003 年暴发的大范围非典疫情成为我国政府新闻发言人制度改革的导火索，媒介使用与政府传播的重要性充分彰显。 这一阶段，我国社会改革开放进一步深入，新闻媒体进入了快速发展期，政府、媒体与社会公众之间的关系发生着显著变化。 在政府的强力推动下，我国政府新闻发言人制度的组织形式开始具有了相对稳定性，组织管理和制度化进程开始步入正轨。

我国政府新闻发言人制度是以行政立法为依托，将透明政府与舆论监督相结合，建立和发展的新闻发布制度。 其中，政府信息公开和政务公开是政府新闻发言人制度的立法原则和实践基础。 2008 年 5 月 1 日，《中华人民共和国政府信息公开条例》正式颁布实施，该条例的颁布实施使公众知情权和媒体对政府信息的报道均得到了立法保障，标志着我国政府新闻发言人制度在法律上的认可和完善。 2009 年 9 月，我国开始建设党委新闻发言人制度工作。 至此，我国政府已经基本完成了较为系统的党政组织建制和功能体系架构齐备的政府新闻发布和新闻发言人制度体系建设。①

2.3.3　主张以媒介话语体系建构为核心的国际传播能力建设

21 世纪的第二个十年，国际社会呈现出"前所未有的大变局"。 受到国际传播环境不断变化的影响，我国对外传播的话语逻辑正式开启了以媒介话语体系建设为核心的国际传播能力建设的逻辑推进。 这一时期，新型主流媒体尤其是党媒的融媒体建设成为主体行动诉求，政府公共传播的协同建设行动也在对外传播中呈现制度化效果，以增强媒介可供性为核心的融媒体传播创新为构建新型媒介话语体系，建设政府、媒体和公众的协同传播为导向的国际传播能力建设成为这一时期我国宣传思想工作的重要主张。

2011 年 10 月 18 日，中共十七届六中全会通过的《中共中央关于深化文化体制改革推动社会主义文化大发展大繁荣若干重大问题的决定》提出，要发展现代传播体系，加强国际传播能力建设，打造国际一流媒体，提高新闻信息原创率、首发率、落地率。

2013 年 8 月 19 日，习近平总书记在全国宣传思想工作会议上的讲话中指出："宣传思想工作创新，重点要抓好理念创新、手段创新、基层工作创新。"

2016 年 2 月 19 日，习近平总书记在党的新闻舆论工作座谈会上的讲话提出加快构建舆论引导新格局。 要加强国际传播能力建设，增强国际话语权，集中讲好中国故事，同时优化战略布局，着力打造具有较强国际影响的外宣旗舰媒体。

2018 年 8 月 21 日至 22 日，习近平总书记在全国宣传思想工作会议上的

---

① 罗以澄、赵平喜：《我国政府新闻发言人制度评价机制建构的必要性与可能性评价》，载于《中国媒体发展研究报告》，武汉大学出版社 2012 年版，第 143—151 页。

讲话指出，要把握正确舆论导向，提高新闻舆论传播力、引导力、影响力、公信力，巩固壮大主流思想舆论。要加强传播手段和话语方式创新，让党的创新理论"飞入寻常百姓家"。在此次会议上，习近平总书记就我国的国际传播话语体系建设做出了顶层规划和全新设计。他强调，新时代中国特色社会主义的对外传播要走出一条文化复兴的发展之路。这确立了我国对外传播话语体系建设的文化和人文导向。他还对文化产业及从业者做出重要指示，要求以"坚持政府主导、社会参与、重心下移、共建共享"为原则，推动公共文化服务体系的建设。

从"政治话语"到"媒介话语"，再到"公共话语"逻辑的转型，如何推进我国国际传播能力建设，构建国际传播话语体系，建构和呈现"文化强国"的国家形象，提升我国的文化软实力和国际影响力成为当下我国新闻传播学界及业界亟待应对和解决的问题。

2.4　我国国际传播能力建设的现状及问题

面对 21 世纪第二个十年国际社会的巨大变革和人类共同面临的各种挑战，2013 年习近平总书记在莫斯科国际关系学院发表演讲时首次提出"构建人类命运共同体"的中国方案。2017 年，"构建人类命运共同体"被写入联合国决议。2018 年，"人类命运共同体"被写入我国新修订的宪法。该理念的提出不但标志着中国以"人类命运共同体"重构世界传播话语体系"新图景"的开端，也标志着中国开启主动构建国际信息流动新秩序、重构世界传播新格局的诉求。

然而，我国的国际传播话语体系建设仍然面临着"自建"体制屏障的问题以及"他建"之局难破的困境。

2.4.1　我国媒介话语体系建构的路径依赖

新制度主义理论认为，制度演化有其路径依赖即制度的"黏着性"，路径一旦形成，整个制度就会趋向于被隐性的"规则"或者"行动原则"所控制，且很难发生颠覆性变革，但调整和改革可以成为有序的制度化过程中的协议行为。

在新闻传播与国家发展策略之间建立有机且合理的联系是任何国家的新闻传播政策制定的核心问题。中华人民共和国成立以来，我国新闻传播事业的发展一直是与国家的发展计划相结合的，从传播设施的构建到新闻传播活动都与国家建设和发展目标结合在一起。我国的媒介制度框架是以国家法规和政策的规制为自身制度权力的基础，媒介制度的核心目标是国家政治制度权力的行使，权力结构呈现显著的等级化特征。我国媒介制度的立法基础是广泛意义上的新闻传播法律法规，主要包括宪法、基本法、行政法规、行政规章、地方性法规与规章、特别行政区的法律与法规、法律解释、国际条约与协定等。① 目前，我国尚未制定专门适用于新闻传播活动的新闻法。

我国的媒介话语主要源自国家政治制度权力的建构，对政治制度权力的路径依赖使话语建构模式呈现显著的政治偏好。在这种权力关系模式下，媒体与政府之间形成了稳定的政治传播文化。我国的对外传播媒体作为国家对外宣传政策的载体，除了偏重国家政策的解释和宣传以外，还会随国家政策制度的变化不断做出功能调整。国家权力的介入使媒介话语对政治制度形成高度依赖，媒介话语的自主性较弱，且制度自身缺乏稳定性。

我国媒介话语体系的建构一直以来严格遵循"党性原则"，长期以来形成的以政府为中心、"绝对服从党的领导"的新闻惯习影响着我国对外传播的新闻话语模式及其功能。我国对外传播新闻媒体的功能实现多以依赖国家权力的行使为主，在新闻话语图式的运用中也一直注重意识形态框架且回避政治游戏框架。随着我国经济体制改革的不断深入，社会整体制度权力场域的变

---

① 我国宪法规定了国家的政治制度、经济制度、公民的基本权利和义务等根本问题，为新闻事业的规范性文件制定提供了法律依据和来源；刑法和民法通则等基本法中含有为数颇多的有关新闻传播活动的规定；行政法规是由国务院批准制定的、指导国家行政管理活动的规范性文件，大部分称"条例"，如《出版管理条例》《广播电视管理条例》等；行政规章是由国务院各部委以及其他直属机构根据现行的法律法规、在自己的职权范围内、按照法定程序制定并发布实施的规范性文件，例如，国家新闻出版广电总局颁布的《报纸管理暂行规定》《有线电视管理规定》等；我国香港特别行政区的《诽谤条例》隶属地方性行政法规。

化也使新闻体制逐渐发生结构变化，新闻体制改革以及产业化市场经营的逐步展开和深入提升了新闻话语生产的功能性。虽然对外传播对制度路径的依赖很难发生改变，但随着我国在变动不居的世界发展格局中不断扮演越来越重要的角色，我国对外传播话语体系也不断做出相应的话语调整：从"对外宣传"到"国际传播"的概念定位，从"舆论斗争"到"舆论监督"的功能转型，从"党的喉舌"到"公共服务"制度标准的探索，从"对抗霸权"到现在的"人类命运共同体"的话语体系建构方略，都展示出我国在对外传播有序制度化进程中的行动协调。

在国际传播中，国家话语权的地位与其媒介制度的发展和变迁轨迹息息相关。制度变迁中历史关键节点对媒介制度在社会权力场域中的位置建构影响该国的国际话语权地位及其变化。我国对外传播话语体系的权力关系主体一直是国家力量，作为话语权的专业化建构行为主体的新闻媒体，其建立和发展均受到国家制度和政策的关键历史节点的影响。从中华人民共和国成立以来我国对外传播机构的专业化建设情况来看，无论是报业还是广播电视，抑或是现在的网络传播，其组织建制和日常生产实践都有赖于特定时期国家政策的介入，对外传播机构也积极参与协同行动。

2.4.2 我国对外传播话语体系建构进程中的历史节点与专业化协同行为

中华人民共和国成立初期，巩固政权、恢复经济和社会主义改造成为我国政府的首要任务，新闻媒体作为党和政府的"喉舌"，除了接受政府部门直接管理外，也成为国家政治制度的一部分，政府对新闻媒体实行"事业"制的统一管理，媒介所有制形式是国有国营制的制度形式。按照国家发展规划，从中央到地方，各类媒体各有侧重、相互结合，构成整体宣传架构，为加强新闻所有权的集中，政府设立专门机构对我国的对外新闻传播工作进行统一管理。1978 年以前，我国实行计划经济体制，公有制经济占到国民经济的 99% 以上，新闻业作为文化生产的公共事业单位享受政府公共财政补贴，政府补贴制的媒介制度使新闻媒体对市场的依赖降低。这一时期，我国形成了政治极化的媒介话语关系模式，国家功能的强化、媒介制度与党派政治的整合以及对商业媒体发展的否定使媒介制度与政治制度权力高度重叠。

改革开放国策的实施成为我国对外传播体系建构的另一个重要历史节点。 围绕着经济场域权力和经济资本积累而进行的社会权力空间重建的经济体制改革在给媒体带来所有制改革压力的同时，也成为其商业化运作的动力。 我国对外传播媒体的海内外经营活动不断扩大，国际传播能力和舆论引导能力不断提升。 受商业化和市场经济影响，我国新闻场域的权力位置开始从政治制度权力一端逐渐向经济制度权力一端迁移，但由于对外传播的国家行为属性，国家政策介入仍然成为我国媒介话语体系建构的主导权力力量。"双轨制"文化产业政策的制定和实施使对外传播媒体的所有制形式和组织建制都发生了结构性调整，但我国媒介体系建构的"自上而下"的权力关系原则并没有改变。 尽管如此，政府管理功能的转型使媒介话语关系模式也发生了制度化协议微调，我国政府主导型的媒介话语关系模式逐渐形成。 媒体与政府之间形成稳定的权力互动模式，并通过与政府或政治家的不断互动来寻求自身的制度权力空间。 媒介制度形式仍然是以国家法规和政策规制为自身制度形式的基础，国家或政府权力虽然不是媒介话语的唯一来源，但却是确定媒介话语结构位置的最显著控制权力，媒介制度的核心功能仍然是政治制度权力的行使。

2.4.3　我国对外传播话语体系建构的内在控制模式

话语的内在控制系统为社会行为人提供了与社会权力关系模式相匹配的自我建构技能。 我国的媒介制度体现为制度外部的一致性，即媒介制度整体所表达的思想上的统一，话语建构过程的制度化与专业化程度也受到我国媒介制度关系模式影响，对国家政治制度形成高度依赖，媒体的自我建构技能也呈现对国家政治经济制度的高度依赖。 我国的对外传播媒体大多属于享受国家财政补贴的公营事业媒介体制，对广告商并不形成高度依赖。 按照观念市场的规律，这种公有媒体的原子化程度应该很高，且能够较好实现观点多元化的话语体系建构模式。 但我国的对外传播媒体是配合国家的外交政策，以文化新闻生产推动国家对外传播的行为主体，其国家功能和政治诉求也成为话语内在控制的系统模式。

社会"事实"是通过具化记者与新闻源之间关系，运用专业化权力进行的话语建构，新闻功能标准和规范是建构话语权的重要手段和专业权力。专业化话语建构是考察媒介制度中的文化资本的总量及其符号权力行使的组织文化模式，它涉及话语建构实践中的新闻功能标准的建立与议程设置的专业知识能力，因此在实践层面上更应受到重视。我国对外传播媒体的自主新闻功能标准并未建立，对国家政策的依赖使我国的新闻专业标准呈现很大程度的不确定性和非专业化状态，这也影响着我国国际传播话语权的专业化和制度化建构进程。

事实上，文化知识系统所构成的新闻判断要远远大于简单的意识形态标签，知识的制度模式深深植根于人类意识并且比其他任何一种社会组织制度都更为广泛地分布于人类社会。中国媒体需要在了解西方的话语建构规律的同时，建立自己强大的知识传播系统，遵循体系建构规律进行科学有效的话语建构。从我国对外传播媒体的新闻话语生产模式中可以看出媒体存在的"拿来主义"现象，虽然我国对外传播的新闻功能与文本结构都已经和西方国家的"主流"模式从形式上越来越接近，但媒体自身的话语生产能力不足以及新闻话语使用模式的偏狭都使我国的对外传播话语建构缺乏公信力和影响力。因此，如何以"新概念新范畴新表述"来建构中国特色的对外传播新知识体系，科学地进行媒介话语体系建构是我国媒体亟须解决的问题。

3

西方国家媒介话语体系建构的发展历程

　　人类社会的根本斗争是思想的斗争，人类的思维方式决定了社会建构的标准和规范。　无论是国家的制度化标准以及价值观还是正式的法律法规，只要是以强权制度结构和绝对控制作为统治意志的主要权力关系来源，那么一旦该权力关系受到多数社会行为人的反对，其制度效率就会降低，制度变迁就会随之发生，尽管任何制度变迁都不一定会满足发起制度变迁的行为主体的愿望。　西方国家国际传播的历史从根本上来说一直是权力和反权力关系、社会控制与社会变迁的历史进程。

3.1　从国际宣传到全球传播：西方国家话语优先权的体系建构

　　现代西方国家的对外传播源自两次世界大战期间的战争宣传。"二战"以后，世界进入二元对立的冷战格局，东西方国家以政府为对外宣传的行为主体开始积极从事国际宣传活动。　跨越国界，以政治目的和利益来散播本国的观念和态度以影响他国的意见和/或态度是"国际宣传"的概念界定。　冷战时期的话语权体系建构是以政治或国家宣传为导向的权力关系建构，其核心是意识形态的斗争。　20 世纪 60 年代中期，西方社会经历了形形色色、诉求各异的"新社会运动"①期，西方社会整体结构以及国际政治生态开始发生变迁。为了缓和社会矛盾，从 20 世纪 70 年代开始，以美国为首的西方发达国家开始实行降低媒体管制政策，在传播政策上开始向私有化倾斜。后冷战时期的话语权体系建构是以商业化为导向的权力关系建构，在近 20 年的时间里，美国的报纸新闻以及后来的商业电视新闻一直占据着国际新闻体系的霸主地位，其国际通讯社和大型媒体集团的跨国扩张形成了全球传播体系的垄断格局。

3.1.1 国际宣传中的话语权之争：从两次世界大战到 20 世纪 60 年代末

新闻是国际宣传最重要的工具。新闻的宣传功能不是为了告知公众，而是要在议程设置过程中利用公众的心理图式或情感因素来影响和调节公众对概念或思想进行评估和决策的过程，即政治的媒介诱因。当人们对政治问题没有详尽的认知而且也不知道在做政治决定时该如何运用他们已有的认知时，媒介通过提醒人们注意政治的某些方面而屏蔽掉其他，从而促进公众建立政治判断的标准，包括对政府和政治人物的评价。成功的国际宣传常常是将有利的新闻混入不利的新闻中，并在编辑的过程中贬低或忽视不利的新闻，使有利的新闻自然凸显；在宣传自己的意识形态或主张的同时，指出对方（政府）的弱点，以引起其人民的极度不满。在国际宣传时期，各国对外传播新闻的真实性和可信度都受到过其他国家的质疑甚至否定。

系统的国际宣传始于第一次世界大战期间各交战国的无线电广播战，这一时期，大部分国家都拥有广播发射台，对外进行国际广播，无线电广播可能是国际宣传中应用最普遍的媒介工具。"一战"后，以国家名义在他国进行宣传已成为司空见惯之事，国际宣传的发展以苏联和德国最为迅速和广泛。德

---

① "新社会运动"是 20 世纪 60 年代中期以来席卷整个西方社会的社会民主运动，欧洲的新社会运动理论认为这种"新社会运动"是"二战"以来西方发达资本主义国家社会结构转型的结果，是一种根本不同于工人运动的、全新的社会运动。"新社会运动"主要以新中产阶级为运动主体，持反现代主义价值观、以相对温和的行动方式进行的社会运动。

法两国利用对外宣传争论"鲁尔问题"①，苏联和罗马尼亚为了"比萨拉比亚问题"②展开无线电广播战。 国际宣传泛化为殖民宣传始于1927年的荷兰，该国首开先河启用短波对殖民地进行宣传；1931年，法国也运用无线电广播，以法语或当地语言对殖民地进行殖民宣传。 通讯社也成为国际宣传的有效工具，当欧洲各国大肆进行国际宣传时，美国显然处于劣势地位。 美国的广播业都属于私人所有，而且美国的《宪法第一修正案》规定政府不得干预传播事业、破坏言论自由的传统。 因此，直到第二次世界大战以前，国际宣传的主战场基本上都限于欧洲国家。 1942年，美国总统罗斯福设立了战时信息办公室（OWI），由当时的一个电台播音员埃尔默·戴维斯（Elmer Davis）来负责进行全球性的国际宣传。 战时信息办公室（OWI）是在第一次世界大战时设立的公共信息委员会（CPI）的基础上进行的技术升级并开展大范围的国内外宣传活动。"二战"期间，针对美英两国对陷于苏联军队严密包围之中的西柏林所实施的"柏林空运"行动，美国开展了整体宣传，美国之音、美国新闻处和新闻纪录片相继将这一事实公之于众。 自此，美国正式加入国际宣传的竞争行列。

1946年，美国设立国际信息与文化事务办公室（Office of International Information and Cultural Affairs），由公共事务助理国务卿班顿（William Benton）负责。 该处的主要任务是要使他国人民了解美国人的生活，对美国政府的目标和政策有完整而客观的印象。 1947年秋天，美国公共事务联合小组委员会对其设在海外22个国家的新闻处进行对外宣传的效果考察，结果发现，很多国家的反美宣传甚至比美国的对外宣传更为积极。 借此，1948年1月27日，美国正式通过《1948美国信息与教育法案》（*U. S. Information and Education Act of 1948*），该法案旨在促进世界其他民族对美国的深刻了

---

① 鲁尔问题："一战"以后，按照《凡尔赛和约》，德国作为战败国需赔偿协约国的战争损失。1923年，因德国未按照和约履行赔偿交付义务，法国和比利时军队占领了德国鲁尔区，引起的国际争端称为"鲁尔危机"。

② 比萨拉比亚问题：罗马尼亚与苏俄之间历史遗留的领土争端问题，由于比萨拉比亚地区独特的地理位置和民族构成，历史上该地区的领土争端和民族矛盾被称为"比萨拉比亚问题"。

解，加强和谐的国际关系，美国国务院的对外宣传从此拥有永久性的合法地位。 1953 年，在艾森豪威尔执政期间，根据信息法案美国成立了独立的对外宣传机构——美国新闻总署（U. S. I. A），该署将对外宣传方法集中化，并要求在国际宣传中避免使用宣传语气。 到 1956 年，美国新闻总署已向西方国家的 150 家电视台供应电视节目 640 多种，同时其国际报业服务也为外国报纸供应漫画、图片和照片等资料。[①] 1956 年，美国之音已经以 43 种语言向欧洲、拉丁美洲、近东、远东、南亚和非洲进行国际宣传。 美国陆军在德国境内的美军占领区设立的 R. I. A. S. 无线电发射台成为冷战时期西方最好的宣传武器。

政府利用新闻传播积极从事国际宣传活动引起美国私人传播业的不满和抵制。 1964 年，美联社和合众社在传播界领袖的支持下拒绝出售新闻给政府。 联合国也出面谴责战争宣传，认为其对世界和平构成威胁，并且呼吁采取行动制裁国际宣传中的不实或虚假新闻。 然而，因各国在国际宣传中的理论基础和立场解释各不相同，很难实行全球性控制；各国亦均不愿放弃以自己的意识形态武器影响他国的观念和态度，直至今日，国际宣传仍很难做到全面禁止。

国际宣传是在特定历史时期，二元对立的世界格局的特殊产物，其政治导向的制度化建构使对外传播的话语权制度已经偏离媒介制度本体，呈现非媒介制度特征的政治话语建构的特质。

后冷战时期，大部分欧洲国家的对外宣传依然由政府统一管理和实施，但政府新闻业务的主要目的和功能发生了明显变化。 以英国政府为例，成立于 1946 年 4 月的英国信息委员会（COI）在战时负责政府的新闻和公共关系业务，在和平时期则只作为提供宣传资料、服务与建议的中央服务机关。 英国信息委员会雇佣公共传播事务方面的专家负责专业化的国内国际传播，其海外报道业务的人力配置占整个委员会的 3/4。 到 20 世纪 70 年初，英国信息委员会共有雇员 1500 多人，其中新闻、影视、艺术等方面的专家就达到 650 人。 信息委员会的海外报道业务完全是为了服务于对外与联邦事务办公室

---

① Martin, J. L: *International Propaganda*, University of Minnesota Press, 1958, pp. viii + 284.

（Foreign and Commonwealth Office）的政策需要，海外业务部本身并不设置专门人员直接传播资料给大众媒介，而是通过对外与联邦事务办公室设在海外的 60 多个专任新闻官对 100 多个国家进行对外宣传。政府新闻业务经费每年需由委员会提交国会进行审查，1969—1970 会计年度，整个新闻工作预算达 4400 万英镑，其中 3000 多万英镑用于海外新闻业务[①]，包括 BBC 海外业务及信息委员会的新闻工作。20 世纪 70 年代，英国信息委员会的海外新闻产品有 2/3 是和工商业和科技发展有关的资料，其主要目的在于强调工业英国的特性，对外传播的功能已经转型为帮助建立英国工业、技术的信心，支援英国工商业的海外扩张。转型后的英国政府对外传播的主要特点是"非政策制定型"（Non-Policy-Making）、"非新闻关系"（Non-Press-Relations）、"非政治的"（Non-Political）国际传播。[②]

3.1.2　世界信息流通新秩序建构的西方话语优先权：20 世纪 70 年代至今

3.1.2.1　世界信息流通新秩序的构想

从军事竞争到商业垄断，西方的国际传播一直标记着传播霸权和信息不平衡的符号走到 20 世纪 70 年代末。至此，东西方国家均认为传播问题，不论在国内或国际都是一个重要的问题，需要全世界各国家间共同合作建立传播新秩序加以解决。1976 年，联合国教科文组织（UNESCO）在肯尼亚首都内罗毕举行第十九届年会，出席会议的代表国共有 136 个国家，其中有 81 个发展中国家正式发表声明，要求政府对大众媒介的使用进行管理。该声明发表了管理新闻媒体的使用、加强和平、促进国家间了解，以及反对战争宣传、种族主义与种族歧视的基本原则。此项提议尝试界定新闻从业人员的义务与责任，但有意促成政府对新闻业加以控制的目标。因该声明是由苏联赞助提出，西方国家认为该项议案极易不当地敦促政府延伸其对媒介的影响力会导

---

① Sir Fife Clark：*The Central Office of Information*，George Allen & Unwin Ltd.，1970：35-36.

② Sir Fife Clark：*The Central Office of Information*，George Allen & Unwin Ltd.，1970：155-156.

致 "奴役报业"（伦敦《泰晤士报》的声明），且已远远超出联合国教科文组织的任务范畴，故而以退出该组织相威胁，最终该项提议并未付诸表决。①

从系统论的观点来说，新闻传播牵动着社会整体制度，对世界新闻传播体系问题进行研究需要从政治、经济、社会文化等制度关系视角以及个体、国家和世界的不同层面进行广泛的研究。1977 年，联合国教科文组织聘请 16 位世界著名的新闻与传播专家组成国际传播问题研究委员会（International Commission for the Study of Communication Problems）。国际传播问题研究委员会由曾任爱尔兰外交部长、国际特赦组织创始人及诺贝尔和平奖得主的马克布莱德（Sean MacBride）负责，因此该委员会又称马克布莱德委员会（MacBride Commission）。联合国教科文组织指派马克布莱德委员会对当时世界的传播状况加以研究，主要考虑各国社会经济状况的分歧以及社会发展程度及其类型，针对 "自由和平衡的世界信息流通等有关问题" 进行分析，并确立以建构国际经济新秩序的视角，来进一步建立 "世界信息流通新秩序"。1980 年 11 月，在南斯拉夫首都布尔格莱德举行的联合国教科文组织第二十一届年会上，马克布莱德委员会向联合国教科文组织提交讨论其研究报告②（MacBride Commission Report，1980），该报告的正式名称是《多种声音，一个世界：传播与社会，现在与未来》③，并获得通过。

3.1.2.2　建构西方话语优先权的传播新秩序

存在于国际政治制度空间内的国际话语体系建构不只受制于某一特定的主权权力，而是由各国之间不断变化的权力关系来形塑。无论是 1975 年签订的《赫尔辛基协定》（美苏限制战略核武器条约）中对加强信息合作和信息交换的规定还是马克布莱德委员会对世界信息流通新秩序的提案，都是建立在东西方国家（主要是美苏两国）相互妥协的权力关系原则基础上。

---

① 李瞻:《孙中山思想与新闻政策之研究》,《新闻春秋》2014 年 3 月。

② Gamal El Oteifi: *The MacBride Commission Report*: *Threat or Portent*, World Media Conference,1981.

③ Sean MacBride: *Many Voices*, *One World*: *Communication and Society*, *Today and Tomorrow*, UNESCO,1980.

按照马克布莱德委员会所采用的政治经济视角的世界媒介制度分类原则，东西方国家的媒介制度理论原则依然是"极权理论"媒介制度与"自由主义"媒介制度两种截然不同的理论原则对立。该委员会在调研报告中称，在第三世界的许多国家，媒体依然是在极权制度下运作，媒体支持并鼓吹政府政策，严格避免批评当权者。报告还特别指出，在共产世界（特指苏联）中存在着真正的极权制度，所有的信息媒介都集中控制在政党及由政党控制的政府手中，其媒介功能是激发和动员人民完成某一社会目标，对信息流通的观念是寻求正面且无争议的意见之交流。报告对西方国家（尤指美国）的自由主义媒介制度向社会责任论的发展也作出判断，认为西方国家采取信息自由的观点，并配合私有化的政治和经济制度发展其媒介企业；然而媒介不可以任意报道，而需担当其社会责任，扮演社会建构者的功能角色。

尽管马克布莱德委员会在成员构成上"力求"西方世界、共产主义世界和第三世界的平衡（它的成员中既有美国哥伦比亚大学新闻研究院院长，也包括苏联塔斯社社长）；尽管该委员会考虑到成员对信息和新闻的角色有着截然不同的概念，其研究报告仍然试图在相当冲突和矛盾的观点之间寻求共同的基础。例如，当委员会在建议有关媒体采访报道等专业化制度标准的主题时提到，"记者自由采访新闻源是正确、忠实及平衡的报道不可缺少的要素，它必须包括对官方和非官方信息来源的采访，是对任何国家中所有意见层面的采访"，委员会中的苏联成员就此予以反对。苏联代表认为这一项与《赫尔辛基协定》的最后条款不相符，对该项建议应做出不同的解释，即强调对国家主权和当事国人民对自己国家的认同应受到应有的尊重。

事实上，马克布莱德委员会的研究报告依然带有明显的西方倾向性。在该报告最终获得通过后，美国代表哈利（William Harly）说："美国对马克布莱德报告的正式被接受感到相当满意……当然我们对有些特殊部分有强烈的保留，但总体来说，报告包含了美国所坚决深信的信念，例如，谋求一种更加广泛的自由以及对自由价值的重视，该报告对此理念有很好的陈述。"[①]哈利

---

① Gamal El Oteifi：*The MacBride Commission Report*：*Threat or Portent*，World Media Conference，1981.

所提到的广泛的"自由"和"自由价值"是报告中的核心观念，它包括传播权利（获取信息、传播信息、隐私权及公众参与的权利），传播自由（新闻的言论自由、信息自由和集会自由），传播责任（新闻从业人员的社会责任和专业道德规范），以及取消新闻检查和信息控制（特殊地区的合理限制需要在法律限制内进行）。

马克布莱德委员会在研究报告中提出了发达国家和发展中国家在传播设备方面的差异以及信息流通不平衡的证据和发展趋势。报告建议在白报纸生产、修改国际通讯关税、无线电和人造卫星的平均使用等方面做出国际性努力，发达国家需对发展中国家引入传播技术、培训专业人员、建立国家传播网络以及跨国技术合作等方面提供资源和援助。美国代表还强调为了传播的发展，应建立国际性项目计划，协助第三世界国家的传播建设。这一美国发起的"国际性计划"，实际上成为马克布莱德报告的最终具体结果。

信息是世界发展中不可缺少的部分，然而建立世界信息新秩序却是一个似乎永远没有正确答案的问题。第三世界国家抱怨西方国家报纸对他们国家灾难和丑闻的过度报道，对他们立场和形象的歪曲，对他们发展和建设所需的正面报道的忽视；并且让他们感到无能为力的是，国际新闻的流通都控制在西方的几个主要通讯社手中，他们在国际传播系统中感受着严重的新闻报道"不平衡"。而西方的反驳观点则认为，所谓的世界传播不平衡，就是指责西方通讯社骗取第三世界国家来购买他们自己在国家内传播的新闻，这是非常讽刺的说法。第三世界的媒介大多由政府控制，他们根据自己的政府目标及其所服务的受众来选择媒介内容，选择的结果就要由自己来承担，岂可怪罪到西方通讯社的头上？此外，西方的批评观点还认为，发展中国家站在自己的立场上主张世界信息流通的秩序平衡是行不通的，因为即使在他们本国范围内也无法保证信息流通的平衡，在他们的城市和乡村、少数民族地区间也存在着严重的信息流通不平衡。事实上，信息流通不平衡以及新闻歪曲的现象是一个普遍存在的问题，在西方发达国家同样会发生。发展中国家之间一样会存在新闻歪曲和信息不平衡的问题，而不一定是发达国家与发展中国家之间固有的矛盾表征。很多发展中国家认为政府应该对新闻进行规范，以公共利益来要求报道的标准和规范，这是无可厚非的；西方国家要求媒体的独立表达和社会责任也同样具有制度建设性,只是立场不同,看到的媒介制度结果自然也就相去甚远。 对于某些人来说是"新闻",对于另外一些人就是"宣传";对于某些人看到的是"合法的战争报道",对于另外一些人来说就是"对侵略战争的支持",凡此种种。 由此看来,媒介制度的自主性似乎才是最终的权力平衡之保障。

3.2 国际传播新格局下的西方媒介话语体系建构

媒介制度是介于政府与社会公众之间的制度领域,媒体是社会政治组织的重要组成部分。 社会政治制度与媒介制度之间的权力关系,定义了特定国家政权的结构动力。 在工业化社会,媒体更是公共话语空间的主要构成(Thompson,2000)和建构者,它不仅为社会互动提供空间场域,同时也是公共话语空间观点和表达的源泉。 一方面,社会政治制度设定了媒介制度的宪法规则,也为新闻生产的组织实践标准提供制度基础;另一方面,通过媒介传播的不同形式的公共话语互动也最终会影响国家决策。 正是这种通过媒介传播的国家与社会公众之间的互动,才保证了在社会公共事务管理中,社会稳定与社会变迁之间的平衡。 社会表达机制和决策机制之间互动渠道的畅通是保障社会政治制度与政府管理合法性的关键,由于渠道不畅所导致的管理危机,最终必然会导致国家权力关系的重新定义(Sassen,2006)。

20 世纪 80 年代,国际传播的制度与秩序已由战后政治主导的国际宣传转型成为由世界经济新秩序主导的世界传播新格局。 国际政治经济体系的整体结构决定着每个特定国家的发展路线。 国家、媒体、社会公众之间的矛盾所引发的国家话语空间的建构危机也会影响到国际话语权的建构。 国际关系和形势的复杂多变使国际话语空间的建构形式和过程一直呈现不确定性,虽然西方媒介制度的自由主义基本法则一直未曾改变,但其经济运作方式却会随着不同的文化传统和组织结构而呈现多样化态势。

3.2.1 美国媒体的跨国传播对国际信息市场的垄断

20世纪60年代中期，西方社会经历了形形色色、诉求各异的"新社会运动"期，西方社会整体结构以及国际政治生态开始发生变迁。为了缓和社会矛盾，美国政府率先实行降低媒体管制政策，其传播政策也向私有化倾斜，包括降低对公共媒体的补助、减少国家支出、放宽对私人媒体的规范等（Garnham，1990，p.105）。1985年，美国政府松绑媒体所有制的管制，允许私人资本对新闻业的扩大和兼并（Jin，2007a，p.186）。美国的私有化政策导致世界媒介体系出现了大规模的经济休克，在近20年的时间里，美国已形成其超商业化的媒介制度逻辑。20世纪70—80年代，美国的报纸新闻以及后来的商业电视新闻就已经成功占据国际新闻体系的霸主地位。其国际通讯社和大型媒体集团的跨国扩张使美国报业在20世纪70年代就几乎形成了世界的新闻垄断。

美国的跨国媒体直接参与国内和国际的信息生产与传播。为了达到公司商业利益的目标，在公共信息渠道的使用上都是以最简单直接的方式进行，无论是传统媒体还是新技术媒介都整体与市场销售系统结合在一起。20世纪50年代，电视媒体的问世使美国的商业媒体及其广告信息通过各种媒介手段向全世界进行广泛传播。20世纪70年代之后，美国的私人媒介企业开始扩大其海外市场的投资和兼并，跨国媒介集团的世界扩张计划迅速形成了广告业的国际化，并对本土媒体形成了垄断和独占，媒介消费主义文化开始逐步形成。美国的这种通过庞大的私人资本进行市场和商业传播的方式与政府或国营的方式截然不同。

在美国的私有化政策压力下，国际传播媒体整体出现了商业化趋势。在其他一些先进的西方资本主义国家，如欧洲一些传统的媒介强国，其历史悠久的公营的公有制媒体也开始了私有化的媒介变迁。到20世纪80年代，除了丹麦、瑞士、挪威等几个北欧国家以外，欧洲国家的商业电视大多已经开始依赖广告的支持。欧洲国家的工商业发展早已有四百多年的历史，其深厚的商业底蕴为美国跨国媒体的商业化扩张和兼并提供了良好的商业背景，使其无法继续维持其自主的公营制媒介制度，而发展中国家则更加无力抗衡美国跨国媒介集团的压力。 随着美国跨国媒体经济活动的不断扩展，其商业化垄断所形成的市场压力呈现愈演愈烈之势。

在美国等西方发达国家，文化产品的生产与自然资源的生产制造同样都会形成市场独占，多数文化产品都集中在少数文化生产企业，如电视网、电影公司、出版社以及"一城一报"的报业集团等都是打着"信息自由流通"及"传播的权力"等旗号来掩饰其市场独占和扩张的野心。 将全国的媒体转变成商业体系的一部分，并通过私人资本的国际化在国际商业媒介体系中不断输出其媒介消费主义是美国构建现代世界媒介体系的最典型方式。

除此之外，美国的国际信息传播还通过一些中立或者无党派立场的中介渠道流向权力控制较为集中的国家或者组织。 这类信息的国际传播因其中立色彩可以自由自主地流入其他国家的公共传播机构，该中介渠道就是"公共关系"的运用。 1970—1990 年间，包括政府在内，美国每年的公共关系经费约为30 亿美元，其中约 10 亿美元出自大型私人企业，如伟达（Hill&Knowlton）等40 多个公关公司。[①] 随着跨国媒介集团中大型广告与公关公司的出现，美国的市场调查和民意测验企业逐渐产生并迅速将其业务范围扩展到全球。 这些企业以最新的统计学抽样技巧将被访者的媒介和消费诉求详细提供给广告商作为其市场设计和控制的资料，从而谋取其企业市场份额。 到 20 世纪 80 年代，美国的市场调查和民意测验企业已经有 2/3 的业务来自海外市场。

美国的跨国媒介集团与美国政府之间一直有着相互利用政治经济资源优势合作进行海外扩张和垄断的传统。 以南美的智利为例，1973 年智利总统萨尔瓦多·阿连德因在执政期间坚持维护本国经济和政治主权，反对美国在南美洲的霸权地位，而遭到美国政府和跨国媒体的反对，并通过资助其当地反政府武装发动军事政变推翻了阿连德政府，阿连德本人也死于军事政变。 美国政府与媒介合作的干预与控制力量在 20 世纪中晚期达到高峰，许多媒介集团甚至与当地国家的政治力量合作，通过政治腐化对当地媒体进行政治渗透和利用。 除商业性电视节目外，很多驻当地的外国新闻机构和出版公司也同样受

---

① Sean MacBride：*Many Voices*，*One World*：*Communication and Society*，*Today and Tomorrow*，UNESCO，1980.

到渗透。 这种新闻垄断在很大程度上形成了对当地社会的"非真实"建构。

传播科技的快速发展对国际信息的传播产生了相当大的影响力，网络科技为美国的媒介垄断带来了更加便捷的渠道。 美国信息技术的指导性控制加速了全球传播系统对美国的技术依赖，其中工业化程度较低的国家对其依赖程度则会更高。 网络传播以其高效的信息送达、即时互动的传播方式以及可巧妙规避检查和机构控制的技术优势，助力美国的跨国传播媒体形成了新一波的媒介垄断。 从电子商业系统的建立到文化的塑形，网络媒介的影响力已开始逐渐超越传统媒介机构。 值得深思的是，除了这些运用网络技术的大型跨国媒介公司会对媒介市场形成的独占和依赖以外，掌握着这些高科技技术的利益集团和美国政府机构应是媒介社会发展研究中更需关注的因素。

美国跨国媒体的发展是世界信息资源再分配的重要因素，究其实质是美国商业企业私有化市场运作的过程和牟利手段，然而这些跨国媒介集团的海外扩张对当地社会整体制度的影响却是无法估量的。 对于本土传播媒体来说，新闻独立与文化自主性是对抗媒介跨国垄断的重要途径。

3.2.2　国际传播新秩序下欧洲公共媒介制度的发展与变迁

欧洲国家的媒介发展大多是在言论自由和民主理想的哲学体系及文化传统中衍生出的新闻传播模式，该模式在对媒介控制的同时，通常还会综合公众与商业的权力。 与美国对外传播媒体的私有化媒介所有制不同，欧洲国家的国际传播业务大多由其公营媒体负责生产和传播，公有制媒介制度也是欧洲媒体中较为典型的媒介制度。 欧洲的公共广播制度最早起源于英国。 1927年，英国广播公司（BBC）由皇家宪章许可成立，其宗旨是为公共利益服务，通过电视、电台和其他媒体服务的方式提供信息、教育和娱乐功能。 公共广播制度的特征是实行特许独占，以征收执照费为经费来源的非营利性公共事业。

"二战"以后，欧洲经济快速恢复重建，英、法、德等国的公共媒介制度也得以迅猛发展，尤其是战后德国公共广播事业的建构更是可圈可点。 20世纪70年代以后，美国私有化经济政策对欧洲市场的冲击使欧洲整体呈现市场独占或寡头独占的趋势，利益团体变得越来越集中化。 这种趋势对欧洲大部分国家的公有制媒介制度都造成了巨大的冲击，也挑战着欧洲媒介的传统文化权威。

3.2.2.1 德国偏政党型媒介制度的建构历程

20世纪90年代以前，德国新闻传播政策的制定都会小心翼翼地回避两点，一个是过去纳粹时期的政治文化，另一个是东德、西德的分裂历史。德国的政党制度早于国家的发展，因此，在德国的社会结构中，国家并非民众信任的权力，社会联盟的力量主要来自政党，政党政治在德国媒介及公众生活中的影响可谓无处不在，德国的媒介文化更被视为政治权力的特殊范畴。而对国家或政府介入，媒体却通常采取保守态度。

德国是"分权制"政治结构，其立法权分属各联邦，隶属文化范畴的新闻传播政策的管辖权也多归属于各联邦。德国政府只拥有宪法所赋予的广泛意义上的"框架权力"，即只能管理一般性的法律关系，无权涉猎管理制度的细节。例如，德国宪法第七十五条第二款规定，政府有权通过有关出版与电影的一般法律框架通则，而事实上，该类法律因受到压力集团的反对几乎从未获得成功通过。[①]

在这种历史文化背景下，德国的媒介话语结构受到各联邦的民主要求，社会各利益集团的经济利益、政治党派的政治利益和公众利益的影响及权力制衡。公众利益与政治经济利益之间的冲突亦是德国新闻媒体讨论的重点议题。

（1）战后德国自由报业制度的集中化发展趋势

德国《基本法》第五条第一款明确规定了新闻媒体的独立地位和表达自由，并且规定不得设立新闻检查制度。德国各联邦的新闻法同时规定"需保障广播电视事业不被个别社会集团所控制，各相关社会力量对节目总体均享有发言权，保障新闻自由不受伤害"。战后德国的报业制度正是基于上述立法建立和发展起来的。

报业自律与国家介入一直是媒介制度的关键矛盾。德国报业从加强内部

---

① Ed Wittich：《德意志联邦共和国的传播政策》，田秀萍译，《新闻学研究》1986，第4期，第330页。

自律入手，强调建立"专业标准"，以期获得公众信任同时规避国家介入对报业的控制。 自 20 世纪 50 年代起，德国经济迅速恢复并进入高速发展期，到 20 世纪 70 年代初，由于生产成本和科技进步，德国报业的市场结构发生变迁。 相较于广播业，德国报业更偏向私有企业性质，其所有权集中程度更高，与经济利益集团结合更紧密，作为大众媒体的德国报业比其他媒介手段更加依赖广告生存，而报业与广告的密切关系则导致报纸的政治倾向被私人利益集团所操纵和控制。 例如，右翼倾向的斯普林格报业（Axel Springer AG）是德国乃至欧洲报业市场上首屈一指的媒介集团，旗下拥有德国最大的日报（《图片报》）、晚报（《汉堡晚报》）、周报和广播杂志。 斯普林格报业属跨国媒介集团，该集团在海外尤其是拉丁美洲有着重要的商业利益。 凭借着雄厚的商业实力，斯普林格集团将自己的政治主张付诸政治行动，甚至介入海外国家的政治运动。 在经济与科技的压力下，德国报业的集中化现象日趋严重，尽管有德国报业评议会等自律组织，但由于行政管理权威的缺乏和实际制裁的法律权力使自律组织丧失管制力量。

（2）德国公共广播电视制度的发展历程

德国早期的广播业实行公商并营制度，两次世界大战期间，德国的新闻业尤其是广播业则完全沦为战争武器。"一战"期间，德国建立了新闻审查制度，由德军司令部的"作战新闻局"负责实施对德国新闻媒介的控制和利用。 1919 年，德国在第一次世界大战中战败，成立了历史上第一个立宪制政体魏玛共和国（德语：Weimarer Republik），同年制定并通过了《魏玛宪法》（Weimar Constitution），该法继承鲍尔教堂宪法的传统，对个人基本的社会与政治权利提供实质性保障，规定了言论与新闻自由。 1933 年，希特勒出任德国总理，德国正式进入了纳粹时期。 1933 年 3 月 13 日，约瑟夫·戈培尔（Joseph Goebbels）以纳粹党宣传部负责人身份出任新设立的"国民教育与宣传部"部长一职，负责纳粹德国对媒体及文化的控制。 同年，德国开始以英语、德语向北美洲做国际宣传广播。

1945 年，战后德国在盟军监督下，仿效英国的 BBC，开始建立自主运营的德国公共广播制度。 其建制原则有：第一，为避免纳粹政权下的极端政治宣传活动的重现，新闻界应为独立自主的领域，不受政府控制；第二，新闻传播应为公共事业，不应依赖广告生存，或受其危害；第三，德国公共广播机构的建立均需以德国宪法①、德国各联邦的广播法及国家广播法为依据；第四，公共广播为超政党性的中立组织，需提供客观的新闻报道；第五，拥有行政自主权。设立广播委员会，负责人事安排与工作分配；第六，经费来源为各联邦规定的执照费以及各公司的广告收入，不得以营利为目的。②上述原则的确立，为德国现代新闻传播事业，尤其是公共广播业提供了坚实的制度基础。

　　自 1948 年开始，在德国各界推动及盟军协助下，德国各联邦纷纷成立广播公司。除德国之音与德国广播公司是依照联邦政府法律设立外，其余九家广播公司都是按照各地方政府立法成立，不受联邦政府的控制。其中，德国之音是面向全球各地区进行的国际广播电台。

　　德国在电视方面的发展丝毫不逊于英国。事实上，德国的实验电视台远远领先于世界，但"二战"的爆发阻碍了其电视事业的发展。"二战"以后，德国电视业在英国的协助下重新开展建设。与广播业的"分权"制度不同的是，电视节目的巨额制作费用要求各分立的广播公司开始思考联邦合作的电视制度。1950 年，德国政府与民间相关代表商讨成立德国公共广播事业协会（ARD），该协会成员包括当时的 9 家公共广播公司，其组织原则为"独立"与"合作"原则，意在避免行业垄断，并保持各自的独立地位。1954 年11 月，德国公共广播事业协会正式开播，这标志着德国的电视业进入一个新的历史阶段。其成员公司不但可以彼此分享利益，共同设计制作和交换节目，还可以在经济上相互支援。这样各成员公司不但可以葆有自己的特色，还可以通过联播网提高自己的节目质量。此外，德国公共广播事业协会也是各成员公司对国外的共同代表，通过该协会与其他国家广电业和国际传播组织进行密切而有效的联络。

　　基于德国公共广播事业协会的成功经验，德国的一些政党（如基民党）和私营企业希望借由建立商业电视台来谋求其政治权力和资本利益。1958 年，

---

　　①　于 1949 年 5 月生效的《德意志联邦共和国基本法》是在 1919 年的《魏玛宪法》的基础上修改和制定的(1990 年 8 月两德"统一条约"对《德意志联邦共和国基本法》某些条款又作了适应性修订,10 月 3 日起适用于全德国)。

　　②　庄正安:《西德的公共电视》,《新闻学研究》1984 年第 2 期,第 275—278 页。

由私人投资的商业电视台——自由电视公司成立，该公司原以广告营利为目的。 1960 年，在以阿登纳为首的基民党政府要求下，由联邦和司法部共同出资，经立法程序将自由电视公司收归国有，更名为"德国电视公司"。 联邦政府的行为严重威胁了各联邦的文化与传播的独立权，使私人资本侵入公营电视体系，因此遭到各邦的强烈反对，并向联邦宪法法院提出控诉。 这就是德国新闻史上著名的"电视审判"，该审判最终裁定联邦政府收购自由电视公司为"违宪之举"。 这次审判不但是德国各联邦的胜利，对德国的公共广播事业也具有历史性意义。 它再次确立了广电事业归各联邦所有，杜绝了联邦政府的干涉和参与企图（Williams，1976）。 为了巩固这项历史性判决的胜利成果，各联邦精诚合作，决定成立一个非国营、也不属于任何联邦的公共电视台，主要制作全国性的电视节目，不做广播，这就是德国第二电视台（ZDF）。它与德国公共广播事业协会的不同之处在于，德国二台是建构在中央集权的基础上，由各邦总理共同所有；而德国公共广播事业协会则是一个各邦广播公司的合作机制，其结构为分权式权力结构，各邦均享有各自的独立权。 1963年，德国第二电视台开播；1964 年，德国公共广播事业协会又分别在 5 个地区增设第三电视网，播放地方性电视节目。 自此，德国公共电视事业呈现蓬勃发展之势。

战后德国媒介制度的形成与发展与其分裂的历史、战争的影响有着极大相关性，虽然德国媒体与政治文化权力关系密切，但在体系建构过程中仍然着力平衡私人商业利益与政治集团权力，并自觉建立分权制的媒介制度，这也是德国媒介制度与众不同之处。

3.2.2.2　法国公有制媒介制度的发展与变迁

法国的党派媒介制度模式有着近两个世纪的历史和文化传统，自发展之初就与政府控制有着密不可分的关系，与其他西方国家相比，浓郁的政府干预色彩是法国媒体的显著特征。"二战"以后一直到 20 世纪 70 年代，法国一直实行公有制的媒体所有制，其媒介使用权归国民所有，经营及节目政策均由国民代表所控制。 政府的国际传播政策采取强制的国家保护主义策略，防止国际信息传播对法国经济与国民的冲击。

作为公有事业，法国报业新闻生产的等级制度严格，为精英受众制作的"严肃"新闻和为大众生产的"通俗"新闻有着严格的制作区分标准。 廉价报纸直到 19 世纪中晚期才在法国出现，尽管不是全国发行，但廉价报纸的发行量仍然很广，只是其公信力很低。 尽管发行量对报纸很重要，但法国传统报业一直严格秉承其优秀的职业传统，即只有优秀的新闻加上发行量才是可以对政治制度权力产生重大影响的好报纸。"二战"以后，法国的《费加罗报》和《世界报》等严肃报纸成为法国新闻界最有权威的媒体，它们不关心付费读者和广告商的利益，只强调做好严肃新闻。 当时法国新闻界对"好记者"的界定就是要强调事实的准确性、获得同事的尊重以及拒绝哗众取宠和廉价新闻。 20 世纪 70 年代，尽管法国的广电媒体已经拥有大量受众，但仍然无法和强大的严肃纸媒相抗衡。

与报纸相比，法国的广电业发展相对迟缓。 1945 年 11 月，法国设立广电署（Radiodiffusion Television Francaise，RTF），负责行使公共服务的广电业运营宗旨，严格摒除商业竞争（1968 年以前，法国电视不允许播放广告），实行特许独占的媒介制度，其署长由总理任命，直接对总理和新闻部长负责；另设董事会作为公司的监督机构，经费有执照费收入以及国家预算。 广电署的工作人员拥有国家公务员身份。 法国的广播事业统一由法国广播公司（Radio France）负责，同样享有广播独占权，不播任何广告。 法国政府对 RTF 的控制极其严格，除新闻干预外，政府的官僚作风也导致法国的电视业难以有效运营，导致员工罢工频繁，政府与公众之间的矛盾日益加深。 1956 年爆发的阿尔及利亚叛乱事件使 RTF 的信誉跌至谷底。 因政府的严格新闻管制，该事件在法国电视上竟然未做任何报道。 RTF 的管理诟病受到法国严肃纸媒及各界公众的不断批评。 1964 年 6 月，法国国会通过电视改革法案，将 RTF 改组为 ORTF（L'Office de Radiodiffusion-Television Francaise，ORTF），又称法国广播电视局。① ORTF 享有了一定的自治权，但仍为政府公营机构，其人事任免权仍归总理所有，因此政府仍对其有极大影响力。 改组后的 ORTF 官僚作风依旧，再加上戴高乐政府对新闻的严格控制，使法国电视业的自治权极为有

---

① 庄正安:《西德的公共电视》,《新闻学研究》1984 年第 2 期,第 251 页。

限、运营效率低下。

20 世纪 60 年代中后期，法国的社会矛盾激化，学生运动和工人罢工不断爆发。 1968 年 5 月的学生暴动事件因政府对报道的严格管制引发法国新闻业的大罢工。 1974 年，吉斯卡尔·德斯坦当选法国总统，在其任期内继续进行已故前总统蓬皮杜未完成的新闻改革。 ORTF 彻底解体，取而代之的是 7 个新机构，包括 3 个电视台（其中法国三台负责地方和海外服务）、法国广播公司（RF）、1 个研究所（INA）、1 个独立的节目制作公司（SFP）以及代表政府负责整体运营和设备支持的管理支持部门（TDF）。 此次改组并未使法国电视业拥有自治权，反而将管理权归到总统手中。 至此，法国电视业真正的自治改革因内部动力不足和政府控制一直并未如愿实施。①

20 世纪 80 年代，受到美国商业化浪潮的巨大外部冲击，法国电视媒体的商业化运营状况才开始逐渐改善。 1981 年 5 月，密特朗代表的社会党在总统大选中取胜，密特朗的戏剧性胜出与其在竞选期间做出的新闻独立改革的承诺有着极大的关系。 1982 年，密特朗政府承诺欧洲整合，接受私有化市场经济，并开始积极推行法国新闻史上最大幅度的新闻改革。 此次改革的三个指导原则是：独立自治、整合和分权；设立最高决策委员会（其主席由总统任命）、全国视听委员会及在各地区设立地区委员会；准许成立新的商业电视台。 法国商业电视的开放达到顶峰是在 1987 年，法国电视一台的私有化彻底改变了法国媒介制度的力量平衡。 正如英国商业电视的出现结束了 BBC 的独占地位一样，法国商业电视的出现也结束了传统报业的垄断地位。 私有化制度提高了电视新闻的公众信任度，同时为了维持高收视率，电视媒体的商业压力也与日俱增，对广告商开始逐渐形成商业依赖。 比传统的便士报拥有更高公信力和更大受众群的法国电视媒体完成了过去大众报业无法做到的事：将强大的、"合法化"的商业化体制带到法国的媒介制度中来。 自此，法国开始实行公私兼营制的媒介所有制。

与"严肃"的印刷媒体不同，电视的权力不在新闻产品的内在质量上，而在于它广泛的传播力。 电视巨大的国际传播力不但引领了法国媒体的商业化

---

① 庄正安：《西德的公共电视》，《新闻学研究》1984 年第 2 期，第 252—253 页。

进程，也促成法国媒体所有制的转型。 它无与伦比的话语建构能力，也受到政治家的高度青睐。 在商业电视统治时期，法国电视记者的社会声望显著提高（例如，法国某电视台播音员后来被任命为某主流新闻杂志的编辑）；报纸（甚至《世界报》）对电视所报道的新闻也会投入好几个版面再进行报道；即使是报纸没有报道的新闻，只要出现在电视上就会成为有价值的"新闻事件"，报纸还需再次进行报道。① 尤其是，商业电视再也无须对严肃印刷媒体的"新闻裁判"俯首帖耳。

"好记者"的评判标准在商业电视时代变成了收视率和发行量，收视率和发行量对记者标准的重新划分也侵蚀着指导记者行为的法国传统知识分子标准的权威。 当然，这并不说明法国的严肃媒体再也没有影响力，也不代表法国对"知识分子"的定义标准已经消失，仅只证明电视已经成为最具竞争力和主导权的媒体。 总之，商业电视修改了法国媒体"信息传播"的定义，框定了法国媒体的媒介内容选择。 然而最重要的是法国电视私有化所引发的媒介话语变迁对法国的整个社会文化生产场域的颠覆性影响力量。 到 20 世纪 90 年代，法国社会的整体场域权力因私有化的冲击而出现向"经济资本"一端的整体迁移。

3.3 西方发达国家政府新闻发言人制度的发展实践

西方发达国家政府新闻发言人制度是西方现代政府制度的一个重要组成部分，是现代政府作为一种特殊的组织形式运行和管理的基本制度之一。 在西方发达国家，政府新闻发言人制度普遍规定了政府新闻传播机构及其成员的职责和职权，以及必须遵守的行为准则；也明确设定了这一新闻传播机构的组织指挥系统，以及机构各部门和成员间的分工与协调关系。 西方发达国家政府新闻发言人制度，一方面是政府控制新闻传播的手段，另一方面也是政府

---

① Benson：*Field theory in comparative context：A new paradigm for media studies*，*Theory and Society*，1998，vol28，pp.463-498.

和新闻界，并通过新闻界和公众进行沟通的方式；在制度职能上主要是实现其政府公关的诉求。

从西方发达国家的政府传播实践来看，政府新闻发言人制度不仅作为一种有限的信息源，合法化引导公共舆论，同时也是一个协调者，调解着政府、媒体及公众之间的关系。从政治传播学角度来说，政府新闻发言人制度是通过议程设置对舆论进行控制，体现了政府或政治家从自身的立场出发，根据国家的需要、公众的需要及政治运作过程的需要来设定政策议程，以此影响媒体议程，并进而设定公众的议程。西方发达国家新闻发言人制度建设的依托是以信息公开为主旨的健全的法律法规，是以提高政府公信力为目标的完善的现代服务型组织管理制度，以及以政府公共关系利益最大化为基本诉求的政府公共关系管理。西方发达国家政府发言人制度的评价机制大多是从政府公关管理的绩效评估着手，也有将新闻发言人的个体绩效评估作为衡量政府新闻发言人制度的直接显性因素。

3.3.1 西方发达国家政府新闻发言人制度建设概况

西方发达国家政府新闻发言人制度的萌芽出现在 19 世纪上半叶的美国，它是伴随着美国两党制的初步确立，以总统竞选活动为动因、媒介发展为条件而率先设立的。在萌芽期的政府新闻发言人制度，多表现为随机性和非制度化特点。到 19 世纪末 20 世纪初，随着现代政府制度的发展和职能的转变，以及新闻传播业的快速发展，政府与媒介的互动逐渐形成，在少数传媒业高度发达的国家，如德国和意大利，经常会举办一些以政治宣传为主要内容的记者会和吹风会，虽然这还不是严格意义上的以新闻信息发布为主要内容的新闻发布制度，但却为 20 世纪下半叶现代的新闻发言人制度在全世界范围内的建立和发展打下了基础。到 20 世纪末，新闻发言人制度已经成为许多西方发达国家的一个较为完善的政府管理制度。美国是最早设立政府新闻发言人制度的国家，相比其他国家而言，其体系较为完善，制度也较为成熟，并且拥有配套的法律保障体系。此外，德国政府新闻发言人制度的建设过程与运行方式有着自身特点，也可供借鉴。因此，以下将主要介绍美国和德国的政府新闻发言人制度的建设概况。

3.3.1.1 美国政府新闻发言人制度建设的历程与现状

（1）美国政府新闻发言人制度的起源和建立

美国的政府新闻发言人制度出现于 19 世纪初。 从 19 世纪 20 年代开始，美国进入了稳定发展期，政治经济、文化教育和新闻传播都得到了快速发展。1833 年 9 月 3 日，世界上第一份成功的便士报《纽约太阳报》问世，标志着美国进入廉价报纸时代。 在这一时期，美国的民主政治崛起，民众获得了选举权；而美国的政党制度也开始完善，政党开始介入总统选举。 政府新闻发言人制度正是诞生在这样一个政治改革、经济增长、传媒大众化的年代。 1828年的总统大选，平民军官出身的安德鲁·杰克逊（Andrew Jackson）通过舆论造势和声势浩大的竞选运动，赢得了大选的胜利，成为美国第 7 任（1829—1837）总统。 认识到媒介使用在竞选胜利和执政中的重要性，杰克逊总统上台后，将当时的《纽约问讯报》编辑莫迪凯·诺亚，《华盛顿环球报》的实际操控者阿莫斯·肯德尔（后出任邮政部长）、主编弗朗西斯·布莱尔及业务经理约翰·里夫斯等这些自总统选举始就与其关系密切的媒体人请进了白宫，成为他"厨房内阁"的骨干力量。 正因如此，《华盛顿环球报》开始拥有了独家新闻源而销量大增。 杰克逊以及后面几位总统的新闻发言人都是以"私人秘书"身份出现，不占用政府编制，不领政府的薪水，也没有专门的组织机构和正式的"官衔"。 直到 1857 年，第 15 任（1857—1861）美国总统詹姆斯·布坎南（James Buchanan）入主白宫后，美国国会才正式明确设立了"白宫私人秘书办公室"这一机构，并拨付给当时的"白宫私人秘书"2500 美元的工资。 第一个拥有该官方身份并领取政府工资而非由总统本人支付工资的"白宫私人秘书"是詹姆斯·布坎南的侄子亨利（J. B. Henry）。 1860 年，美国第 16 任总统林肯（Abraham Lincoln）上台后，聘用了专门处理新闻事务的私人助理约翰·尼古雷（John Nicolay）。 在为林肯工作之前，他曾是伊利诺伊州一家报纸的编辑和老板。 从此，林肯通过他多次举行记者招待会。 美国第 18 任（1869—1877）总统尤里西斯·辛普森·格兰特（Ulysses Simpson Grant）当政时，"白宫私人秘书"办公室官员增加到三个人。 1897 年，美国第 25 任（1897—1901）总统威廉·麦金利（William McKinley）上台时，美国的媒体环境发生了显著变化：报纸刊物的发行量增加，日报从约 37 家增至超过 1200 家，月刊杂志更如雨后春笋般出现。 新闻业的快速增长，使从事总统活动报道的记者数量迅速增加，从而也加重了政府新闻发布的任务。 为此，1900 年，美国国会决定将总统"私人秘书"的职位提升到"总统秘书"。 当时，白宫总统秘书办公室除了总统秘书外，还有两名助理秘书长、两个行政文员、一个速记员和其他七个办公人员。 第一个担任总统秘书的是约翰·艾迪森·波特（John Addison Porter）；但由于健康问题，他很快就被后来称为白宫"新闻秘书第一人"的乔治·B.科特柳（George B. Cortelyou）替代。 科特柳为麦金利总统工作期间所承担的很多工作实际上就是现代政府新闻发言人应尽的工作职责。 例如，及时为记者提供刚刚发生的事件信息，提供为总统准备发言的预印本，并确保记者们收到总统外出时发表的随机言论，等等。白宫的记者们对科特柳的响应能力的赞赏，也和现代政府新闻发言人对记者的响应能力能够影响其积极和消极的评价是相类似的。 自此，美国政府新闻发言人逐渐进入政府制度系统，这也标志着美国政府新闻发言人制度的日渐形成。 美国第 30 任（1923—1928）总统小约翰·卡尔文·柯立芝（John Calvin Coolidge, Jr.）执政时，白宫总统秘书办公室的员工已经将近 50 人。 柯立芝任职期间，先后通过新闻发言人召开过 529 次记者招待会，会见记者的次数比之前和之后的历任总统都多。 柯立芝还数次创造美国总统运用广播这一新媒体的历史。 比如，他的就职是美国历史上首次通过广播进行现场直播的总统就职；1923 年 12 月 6 日，他成为第一个发表全国广播的国会演说的总统；1924 年 2 月 22 日，他首次通过广播发表总统政治演讲。

美国政府新闻发言人制度的建设进程是和白宫新闻发布制度的确立、成熟密切相关的。 美国第 27 任（1909—1913）总统威廉·霍华德·塔夫脱（William H. Taft）当政时，安排了每周两次的记者招待会，定期发布新闻。由此，塔夫脱成为美国第一位定期举办正式的记者招待会的总统。 但是，这一制度没有坚持下来。 新闻发布制度的正式出现是在美国第 28 任（1913—1921）总统威尔逊（Thomas Woodrow Wilson）任期内。 20 世纪初，随着广播电台的问世和媒体对白宫报道的增多，美国总统开始扩大总统秘书的职责范围，强化其与记者打交道，并为媒体提供每日新闻简报。 1913 年，威尔逊总统上任后，恢复了定期的新闻发布会，但却没有任命相应人员，而是自己担任了政府新闻发言人的角色。 直到发生了著名的"卢西塔尼亚号邮轮事件"后，迫于舆论压力，威尔逊总统正式任命他的总统秘书约瑟夫·P. 图马尔蒂（Joseph P. Tumulty）担任政府的新闻与公共关系长官，负责与新闻界沟通，定期举办主持记者招待会。 这一职务即为现在的白宫幕僚长或称白宫办公厅主任。 这就是现代政府新闻发言人制度的正式发端。 1929 年，美国第 31 任（1929—1933）总统胡佛（Herbert Clark Hoover）上台后，将总统秘书增加至三个人，第一个是他的立法秘书（即高级秘书，按媒体的非官方称谓是总统的"第一秘书"），第二个是他的机要秘书，第三个是他的新闻秘书。 这是首次正式在白宫办公室设立新闻秘书一职。 当时，胡佛任命记者乔治·埃克森（George Edward Akerson）担任白宫新闻秘书，这标志着政府新闻发言人在美国正式成为一种政治制度。 美国政府新闻发言人制度和新闻发布会制度的真正固定和逐步建立要从美国第 32 任总统富兰克林·罗斯福（Franklin D. Roosevelt）上任算起。 1933 年到 1939 年，为了应对"大萧条"，罗斯福极大地扩大了联邦政府的政策和权力范围。 到 1939 年罗斯福的第二个任期时，现代的白宫工作人员的基础结构模式正式创建。 当时，罗斯福得到国会批准创建了包括白宫办公室在内的白宫行政办公室，直接向总统负责。 罗斯福不仅任命了斯蒂芬·厄尔利（Stephen T. Early）担任白宫专职的新闻秘书，还专门设置了白宫新闻办公室、新闻发言人，制定了新闻办公室制度和新闻发布制度，定期发布新闻。 从此，美国政府的新闻发布制度正式建立起来。 罗斯福之后的历届总统延续了新闻办公室制度和新闻发布制度，白宫的新闻官员也开始迅猛增加。 1950 年，美国第 33 任总统哈里·S. 杜鲁门（Harry S. Truman）在行政办公楼修建了有 230 个席位的新闻发布厅。 1969 年，理查德·米尔豪斯·尼克松（Richard Milhous Nixon）担任美国第 37 位总统时，又下令翻修了白宫的新闻发布厅。 与此同时，为了弥补白宫新闻办公室仅仅是面向白宫记者团的不足，尼克松还下令设立了一个通信办公室，以便向华盛顿以外的所有新闻机构提供消息并协调政府各部门新闻办公室的工作。 至此，美国的新闻发言人制度逐步走向完善。 现在，美国政府新闻发言人制度的机构设置情况是，白宫新闻发言人隶属于美国总统行政办公室（EOP）的白宫新闻秘书办公室和通信办公室，在白宫的行政职务为"新闻秘书"，负责每天为媒体提供白宫信息以及总统的活动和日程的新闻简报。 在白宫的西翼，坐落着白宫记者团的办公室，白宫记者团负责美国总统的报道、白宫活动和新闻发布会的报道。

（2）美国政府公共关系的演进与新闻发言人制度的建设

据美国全国政府传播者协会估计，截至 2000 年，美国各级政府大约有 4 万名政府新闻发言人。 美国白宫、国务院和五角大楼是新闻发布会最为频繁的地方，几乎每天都有新闻吹风会，不定期的随机发布会更是不计其数。 这些部门的政府新闻发言人也成为记者们争相追逐的重要信息源。 政府新闻发言人成为一种制度普遍在美国各地建立起来，除了政府对新闻传播控制的需要外，还得益于政府公共关系发展进程的影响。

众所周知，美国是政府公共关系实践的领导者之一，但有趣的是，美国的政府机构设置中却从未设立过信息部，也从来没有政府主办的国家报纸、电台或电视台。 美国政府的公共关系实践主要是依赖其新闻秘书和政府新闻办公室来进行。 从 19 世纪 30 年代起，时任总统安德鲁·杰克逊就聘用新闻记者来担任他的新闻助理，帮助他向社会公众传达消息。 实施政府公关这一做法一直沿袭至今。 由此，我们可以发现，美国模式的政府公共关系实际上就是政府借助政府新闻发言人和独立的私营媒介组织向公众发布信息的实践过程。

20 世纪初，最早由美国农业部官员将政府公共关系的功能机构化。 当时，美国农业部在它下属的林业司设立了一个新闻关系办公室，这让一些亲木材公司的国会议员很是不满；美国国会（立法部门）也一直对行政部门的公共关系运用持怀疑态度，担心总统会利用公共关系机器来达成其政治宣传的目的。 美国政府公共关系演进的主要跨越是在"一战"和"二战"期间。 1917 年 4 月 13 日，威尔逊总统设立了公共信息委员会（CPI），由新闻记者乔治·克里尔（George Creel）担任会长。 在没有出现商业电台或电视之前，CPI 主要通过制作电影、组织战时贷款活动和战时说明会等，负责公众舆论的动员。CPI 的出现，不仅让美国公众对宣传的力量有了新的认识，也让不少美国人的商业意识有了觉醒。 当时有很多在 CPI 工作的人，例如，"公关之父"卡尔·

拜尔（Carl Byoir）和德高望重的爱德华·伯内斯（Edward L. Bernays），后来都离开政府部门，将他们在 CPI 学习到的知识运用到商业世界。

1942 年，在第二次世界大战期间，总统罗斯福设立了战时信息办公室（OWI），这个办公室由当时的一个电台播音员埃尔默·戴维斯（Elmer Davis）负责。OWI 在 CPI 的技术基础上，大范围开展国内外的宣传活动，为战时动员发挥了很大的作用。

总而言之，在"一战"和"二战"期间，美国政府主要是通过 OWI 和 CPI 的工作，开始真正将公共关系机构化、规模化、职能化，并大量聘用全职员工。战时的很多工作人员在战后留任，成为公共关系部门的核心成员。现在美国是世界上拥有政府公关人员最多的国家之一，大约拥有一万多名公共信息或公共事务的工作人员。

政府公共关系的利益相关者是广大的不同群体、不同议程的社会公众，这些利益群体既包括政府机构及其各分支部门，以及立法、司法、行政部门的领导人及雇员，也包括公共利益群体，如政党领袖、政治行动委员会、各州及地方长官等；还包括职业利益群体，如私人工商业者、新闻媒体从业者等；此外，还包括作为广大普通公众的各种利益个体。这些人中的一些既得利益群体，必然会严密监视着政府的公共关系议程，不时会对政府活动施加预算控制和公众舆论的影响。

实质上，在任何类型的政府中，它的公关活动的目标和功能都与它的领导人的个人领导风格密切相关，同时也与其独特的文化因素和正式与非正式的政治体系结构相关联。即使是在那些公众可以自由选举其领导人的民主国家里，政府公共关系的本质与实践也大相径庭。如 1966 年，美国《信息自由法案》的出台，就是为了赋予公民相关的信息公开接近权，让公民有权接近政府大部分信息和档案。它要求每个联邦机构公布详细规章，保证公共信息的自由流通。而英国于 1911 年经国会通过的《公务员保密法案》则严格限制了某些类别的信息向公民的自由流动。很显然，国家的政治体制以及高层政治领袖的个人沟通风格是政府公关实践的主要因素。其间，政府高层的更迭常常会显著影响到政府与公众的沟通方式。当然，在一届领导人的任期内，政府的沟通风格也会有所变化，这取决于在某些政治事件和变动中政府与新闻媒体之间的矛盾关系。例如，在美国，已经发展出一种独特的政府公关模式，即新一届的政府领导人与媒体之间通常都会有个简短的蜜月期，在此期间，媒体通常会正面报道新任领导人和他们的一些举措；但是当政治争斗拉开或一些政治事件发生时，媒体就会转向批判性的报道，与政府的关系也呈现出"恶化"状态。

正如政治学家托马斯·派特森（Thomas E. Patterson）所指出的那样，美国的新闻记者普遍对政治和政府持有一种负面看法。另外，美国的政府体制是在所谓的权力均衡原则指导下构建的，它要求政府的行政领导人要和立法领导人共享公共舞台与权力。和许多欧洲的首相不同，美国的总统和国会是分开选举的，而且任何一方也无权拥有绝对的政治权力。这就对公共关系的实际操作也产生了显著影响。政府的公共关系专家每天就要面对来自各方的信息客户的诉求，并且还要迅速对这些客户作出反馈和答复。当然这里就出现了一个答复的优先权问题。在任何一个民主政府中，这个问题的解决都取决于年度的"预算之战"。国会对政府公关的影响主要是通过预算控制来实现，例如，1913年，美国国会通过了"国会缺乏拨款法案"，就是为了防止行政部门的领导人利用政府公关来影响国内或国际的公众舆论（当然这也会影响到三权的权力均衡）。从那时起，与政府公关相关的拨款法案都严格限制了给公关部门及其人员的拨款，并要求公关部门对费用支出要严格上报。因此，每年的预算大战，公关部的秘书或者高层们都极力取悦国会，他们的业绩成败评估主要看其所在部门的预算或项目是否获得国会的通过。这已经是美国政府公关工作中的不争事实，信息获得的第一优先权就在立法部门，即国会。当然国会成员或工作人员在获得信息的顺序上也存在先后，这是因为他们对预算决议影响的重要程度各自不同。在美国，作为一项通则，国会的信息诉求会首先得到答复，其次是新闻媒体，最后才是公众。因此，有一些聪明的记者或公众，为了更快地拿到政府机构的信息或新闻就会向国会议员提出诉求，有时甚至会向不止一个议员发出同样的诉求。为了辅助立法部门和公关部门之间的协调，以便能够给新闻秘书们第一手的反馈，美国白宫每天早晨都会举行"列席会议"，新闻秘书、立法顾问、公关顾问等都会来参加。会议议程通常是从立法和公共关系的观点与立场对刚刚过去的24小时内发生的事件做一个非正式的回顾，再对未来 24 小时内预期开展的活动做出预报。

　　为了实现政府公共关系的职责，美国白宫公共事务办公室通常会把他们每天的工作关注在三个主要领域：公众和媒体关系、社区关系、内部关系。公众和媒体关系是指处理和协调各部门向公众和媒体发布的信息，由部门的媒体关系管理和普通公众查询办公室负责这项操作。 在大多数的政府公关办公室，媒体关系功能都是用来处理最敏感领域而且需要最高级别的协调工作。在政府公关计划、策略和技巧中，对媒体的使用是最重要的。 无论政府与媒体之间是怎样的一种既定的冲突关系，其底线是，不管你喜不喜欢，媒体对社会公众都是最主要的信息来源。 尤其是电视，对于当今大多数美国人来说，仍然是获得新闻的主要媒介。 政府领导人要想获得公众的支持，就不得不选择与媒体合作。 也正是基于这个原因，美国政府官员十分重视并积极参与塑造媒体话语。 正如沃特·卡普（Walter Karp）在他的《政府消息主宰了媒体的政府报道》一书中所指出的那样：绝大多数的报道都是基于官方消息——由国会成员、总统助手和政治家们提供的信息。 政府领导人及他们的发言人要想有良好的公共关系就一定要学习如何善用媒体。 因此，好的媒体关系是政府公关人员永远都要重视，并且永远也不能掉以轻心的。

　　美国的政府新闻发言人制度是政府作为新闻的主要施动者和信息源，借助媒体进行议程设置，影响和引导公众舆论的一种执政策略，由此合法化地实现政府作为公共机构的最大利益。 在美国，政府作为民选的公共事务机构，对公民负责，使公民了解政府的运行及其对事务的处理，本身便是民主政府的一个基本职责和间接述职，也是公民信息自由权的一个体现。 美国政府新闻发言人制度法律化的重要根基是保障公民信息自由权的一系列的法律，包括美国建国之初的《独立宣言》、1791 年颁布的《宪法第一修正案》、1967 年开始实行的《信息自由法》、1977 年的《阳光下的政府法》（即要求政府各部门公开一切属于讨论的会议内容）等。 这些法律要求每个联邦机构公布详细规章，保证公共信息的自由流通。 同时规定对拒绝提供情况的决定进行司法审查，对任意拒绝提供消息的官员实行罚款等手段，以杜绝来自官方机构的拖延和阻挠。 这一系列法典为公民的信息自由权提供了至高无上的法律保障，把满足公民的知情权确定为政府的基本义务。 美国政府实行政府新闻发言人制度实际上也是在履行对公民知情权的义务。 通过新闻发布会，通过媒体，与民众进行直接的交流沟通也昭示了美国式的民主和新闻自由。 因此，美国政府越来越以一种积极的公关策略和态度，寻求与新闻媒体的合作，完善自己的新闻发言人制度。 这对中国政府新闻发言人制度以公共关系管理作为制度建构的策略无疑是一个好的启示。

3.3.1.2　德国的政府新闻发言人制度建设的历程与现状

（1）德国政府新闻发言人制度的建立

德国的政府新闻发言人制度与近现代德国独特的政治体制的变革和新闻媒介发展息息相关。 其制度建设经历了从政府新闻宣传到新闻与公共关系管理的重心转移。 在第一次世界大战期间，西方很多国家都认识到媒介使用与政治传播的重要性，纷纷利用新闻媒体制造舆论、鼓舞士气、推动战争，因此很多国家设立了战时发言人和战时信息发布制度。 当时，德国建立了新闻审查制度，由德军司令部的"作战新闻局"负责实施对德国新闻媒介的控制和利用。 战时德国每周都会召开由各部门参加的记者招待会，主要以通报战况为信息发布的主要内容。 1919 年，德国在第一次世界大战中战败后，成立了历史上第一个立宪制政体的魏玛共和国（Weimarer Republik），同年制定并通过了《魏玛宪法》(*Weimar Constitution*)，它继承了鲍尔教堂宪法的传统，试图对个人的社会与政治基本权利提供实质性的保障。《魏玛宪法》对言论与新闻自由、政府实行民主选举、总统由大众直选、议会实行两院制、帝国议会（Reichstag）则由政党比例代表制选出等都做出了一系列规定。 由于当时德国的民主政治基础薄弱，再加上 20 世纪 20 年代末席卷全球的经济大萧条的冲击，魏玛共和国的统治也危机四伏。 1933 年，以希特勒为首的纳粹党通过政治手段获得了议会选举胜利，与德意志国家民众党组成联合政府，这标志着魏玛共和国的解体，德国正式进入了纳粹时期。 同年，希特勒被任命为德国总理；第二年，希特勒成为德国元首。 掌权后的希特勒和他的纳粹党立即取消了民主体制，收回了政治权利，清除了在野党和反对派人物。 1933 年 3 月 13日，约瑟夫·戈培尔（Joseph Goebbels）以纳粹党宣传部负责人身份出任新设立的"国民教育与宣传部"部长一职（兼任"全国作家协会"主席）。 国民教育与宣传部是纳粹党在德国强制灌输其意识形态并控制其社会及文化的部门，其部长则负责主导纳粹德国对媒体及文化的控制。戈培尔入职后负责的第一个重要的政治任务就是希特勒交给他的"反犹""灭犹"行动。为此，戈培尔不遗余力地鼓噪这一种族灭绝的宣传。纳粹的复仇主义和扩张主义最终导致了第二次世界大战的爆发。"二战"期间，时任德国宣传部长的约瑟夫·戈培尔更是成了臭名昭著的纳粹政府新闻发言人，不断地对国民展开战争宣传；即使在已经确定德国将要失败的时候，戈培尔还不忘通过收音机广播动员德国国民要进行最后抵抗。"二战"期间，希特勒还有一个密友也是他的狂热追随者——外事新闻秘书恩斯特·汉夫丹格（Ernst Hanfstaengl），他被称为希特勒的第一任新闻秘书，为希特勒写新闻稿，主要负责外国新闻发布会和记者招待会。

1949 年 9 月 15 日，康拉德·阿登纳（Konrad Adenauer）当选为战后的德国总理。第二天，他就成立了联邦总理府，当时称之为"联邦政府办公室"。这也是联邦政府的新闻和信息办公室（联邦新闻办公室）创建的那一天。

为了与当年的纳粹政权相割裂，联邦政府成立之初便明确提出要以魏玛共和国的治国理念与举措为导向，并依此组建联邦新闻办公室。于 1949 年 5 月生效的《德意志联邦共和国基本法》，就是在 1919 年的《魏玛宪法》的基础上修改和制定的。（1990 年 8 月两德"统一条约"对《德意志联邦共和国基本法》某些条款又做了适应性修订，10 月 3 日起适用于全德国。）阿登纳还明确表示，他不想要一个"在总理府里的新闻办公室"，而希望它是一个独立的部门。在当今德国，联邦政府新闻和信息办公室已发展成为一个现代化的服务型组织，借助新闻发布，为政府公关和媒体、公众的信息需求提供服务。

（2）德国政府新闻信息管理的宪法基础

德国政府新闻发言人制度建设是基于联邦政府议事规则所规定的政府执政原则和政策而实施的，并严格遵循着德国基本法有关条款的法律规定。德国基本法明确规定，民主意味着公民的自我统治，政府受公民委任行使管理职责，公民在政府选举中行使决定权，在监测主要政府机构的活动时拥有最终发言权。德国基本法对公民享有信息权也做出了明确规定：第 5 条和第 20 条分别规定了言论自由的权利、新闻自由权，并且规定民主原则是新闻和信息办公室工作的最重要的宪法基础。 民主决策（特别是选举）的前提是公民的知情权。 人人都拥有信息接近的权利。 所有的政府机构都有责任参与广泛的公开信息活动，其做法主要是通过新闻和信息办公室广泛派发和政府政策有关的文献出版物和小册子。 这还被视作评估联邦政府是否履行其告知公众的责任依据。

1977 年 3 月 2 日，联邦宪法法院进一步强调了政府致力于告知公众的重要性，并且指出政府有义务在关键问题上提供全方位的信息，只有这样，公民个人才可以充分了解政府的决策、采取的措施和提出的建议，进而才能够判断、批准或否决它。（联邦宪法法院第 44 号决议）

德国基本法的第 5 条第 1 款还规定，在德国，并不存在规制或监管记者的这种机构，因为新闻界是自由的、不受监管的。 为了保证新闻媒体的独立地位和表达自由，联邦政府和各州还制定了一系列法律，规定"必须保障广播电视事业不能为个别社会集团所控制，保障各有关社会势力均拥有对节目总体的发言权，保障报道自由不受伤害"。 联邦各州的新闻法还同时规定了国家和政府一切从业人员有法定义务向新闻媒体提供有关信息。

（3）德国政府新闻办公室的组织建制及其职能

德国的国家管理建制包括五大宪法机构：联邦议院和联邦参议院负责立法（立法部门），联邦宪法法院负责最高法院的判决（司法部门），联邦总统和联邦内阁负责执行任务（政府行政机关）。 联邦内阁负责政府业务的具体操作，它由总理和联邦部长组成。 德国基本法明确规定了联邦政府的三大原则，即"总理的政策指导方针原则""联合内阁决策的原则"和"部长自治的原则"。 与此同时，还具体规定了政府内的分工和职责。 比如，"总理的政策指导方针原则"便规定了总理负责制订、落实总的政策方针并承担实施责任。 更精确地说，总理是在经联邦内阁采用并经总统批准的联邦政府议事规则所规定的政策基础上执行政府业务。 基本法的规定构成了政府权力行使的基本框架，即政府的行政部门是由总理和联邦部长组成（基本法第 62 条），各司其职，又通力合作。 德国的联邦新闻办公室则是联邦政府的一个独立机构，其负责人也是政府发言人，直接对总理负责。

德国的联邦新闻办公室主要履行两个关键功能，即向公众提供政务信息和向政府提供社会信息。 联邦新闻办公室要告知媒体和广大公众由政府制定的政策、采取的措施、通过的法律，而且还要提供关于这些事项的背景资料。 众所周知，言论自由和选择自由的前提是信息的获取和知识的拥有，那些想参与政治决策过程的人理应需要被充分告知。 为此，联邦新闻办公室不仅要向媒体、公众发布各种有关政府的信息，还要以摘要、概述、简报等形式向总统和总理、内阁部长和国会议员，以及其他政府工作人员提供国内和国际的各种资讯，以便政府做出适当的和负责任的决定。

德国联邦政府新闻办公室的具体职能如下。

①告知政府。

新闻办公室要随时为总统、总理、内阁部长和国会议员等提供预先评估好和系统组织好的媒体信息，以便他们在必要时迅速做出反应。 有鉴于此，这些政府首脑即使在国外旅行时，新闻办公室也要为他们提供信息。 新闻办公室每天两次向总理提交新闻文件夹，里面刊载的都是从国内外的重要报纸和杂志上所筛选的文章。

与此同时，新闻办公室的另一职责便是制作电子新闻摘要，以供政府和议会成员以及部长和议的工作人员使用。 电子新闻摘要，是国内外最新的新闻、报告、评论的精粹汇集。 联邦新闻办公室为了履行"告知政府"这一职责，其新闻档案里保存了大约 2500 种国内和国外的新闻出版物；其收集的信息几乎覆盖了世界上各大主要通讯社、日报和周报上的报道、言论以及以调查和文献记录为目的的新闻杂志上的重要文章和观点。 此外，他们还要对大约 125 个国内外电台和电视台的时政类节目进行记录和评估。 毋庸置疑，遍布世界各地的所有主要的网络新闻源也会受到他们的监测。

②通知媒体。

通知媒体是联邦政府新闻办公室的又一职责。 新闻办公室每周三次定期举办新闻发布会，邀请德国记者团（Bundespressekonferenz）和其他国内外记者参与。 在新闻发布会上，不仅有新闻发言人发布新闻，回答记者提问，还常常有政府部长级官员到会就最新的政治发展问题与记者对话、互动。 平时，联邦新闻办公室还要负责向媒体发放由总理或政府其他成员发布的新闻稿。 此外，联邦新闻办公室还有一个专门为媒体人士建的网站，上面提供着政府官员活动的新闻、图片、背景材料以及政府政策的文件等。 联邦新闻办公室的图片库里保存着总统和总理在国内外的官方活动中所拍摄的 200 多万张照片。

③向公众宣传。

向公众发布信息，借以宣传政府的主张和诉求，这是联邦新闻办公室的又一职责。 近些年来，联邦新闻办公室主要是在 www. bundesregierung. de 和 www. bundeskanzler. de 两个网站上为公众提供最新的政府信息及其背景资料，也提供政府政策的原始文件。 这两个网站的点击率每月大约在两三万人之间，而且注册用户的不断增加也意味着希望通过网站了解政府相关信息的人与过去通过其他媒体获知政府信息的人数相比正在增多。 平时，联邦政府新闻办公室会还通过发放咨询手册等方式，为公众普遍关心的重要议题提供信息；或者通过办"见面会""游览"等活动，加强政府与公众之间的联系与沟通。 近几年，每年大约有 8.5 万人参加由 BPA 组织的政府游览项目，其中就包括参观 BPA 以及与议会成员和部长级官员见面。

3.3.2　作为政府管理制度的西方国家官方话语传播体系

政府对公共信息的处理方式已经从以政治家和记者之间的人际交流为基础的较为传统的新闻发布政策转变为控制新闻和信息流动的专业化和专门化的战略传播过程。 根据这一总体发展趋势，"新闻管理"成为西方各国政府通过策略传播进行信息管理、利用媒体进一步实现其政治和政策目标的一种切实可行的解决办法。 新闻管理的变化，其风格和结果跨越不同的政治制度，取决于一系列背景因素，起源于政治制度、媒体制度和媒体文化。

政治进程中的新闻管理要从政府传播的最终目标——公共舆论的作用说起。 在民主理论中，民意的显著性是与民主进程中的响应，以及政府的透明度和合法性相连的。 虽然在大多数现代自由民主制度中，民众主权的规范践行是通过竞争性的选举来实现的，但实际上，则是通过决策者对公共舆论的回应来实现的。 而决策者了解舆论的来源主要是民意调查的数据和媒体（Fuchs & Pfetsch，1996）。 研究表明（Linsky，1986；Fuchs & Pfetsch，1996），政府官员和决策者往往从媒介议程来推断公共议程，他们把媒体对某一议题的关注作为民意的一种间接表达。当然，对于处在激烈竞争和波动的政治条件下的政府来说，维护其任期内的执政合法性和政治权力，往往是其关注公共舆论监督的最重要动机。

在西方发达国家，政府的新闻管理制度可以概念化为公共信息传播的战略变革。它是政府通过新闻信息来控制新闻媒体的议程以影响公众舆论的传播管理过程；也是一个自上而下的沟通过程，即媒体只是这一制度的手段和目标，而管理策略则是由具体的政治人物按照其政治目标而制定的。就政府而言，新闻管理的做法旨在通过调适政府与新闻界的关系，实施政府的传播公关以影响媒体的议程设置，从而促进其政策决定的合法化。在美国和德国，从事政府新闻管理的组织和机构，无论是正规还是非正规的，也无论职业化、专业化程度如何，其新闻管理的功能都基本相似。

美国和德国都拥有高度发达的西方民主政治制度背景，然而政府传播环境却并不相同，即有着不同的政治体制（总统制和议会制），不同的执政机关构成（一党制政府和多党制政府），不同的政府传播机构（正式的和非正式的）。此外，它们的媒介体制的结构和文化也各不相同。

美国的新闻管理制度是在总统制的政治体制背景下建立的，其媒介体制又是高度的商业化，新闻传播通常会以对抗性新闻为主。从新闻管理的环境因素来考量它的新闻管理制度，美国基本上是以媒介为中心的管理体制。而德国的新闻管理制度是基于议会制政治体制设定的；与美国相比，德国有着较强大的政党政府，拥有政府自己的政治报刊和公共电视台，与此同时，德国媒体的商业化程度没有那么高，而且受相对传统的欧洲媒介文化影响，因此，德国的新闻管理制度则以政治性管理体制为主导类型，倾向于在政府和媒体之间建立较少对抗性的工作关系。

3.3.2.1　政府新闻管理风格

著名传播学家马佐莱尼（Gianpietro Mazzoleni, 1987）将政治新闻生产分为两种基本模型："媒介逻辑"和"政党逻辑"。"媒介逻辑"即遵循记者和媒介组织聚焦、处理和赋予事件与议题以意义的价值观和格式，该逻辑重点是促进一种特定的与媒体格式、新闻价值和新闻组织运作相兼容的类型呈现。"政党逻辑"即遵循控制传播和政党目标的结构与文化资产，其重点是加强各党派机构，将选民动员、整合到自己的亚文化关系中。 对于政府传播来说，信息生产的目的是告知公众、动员公众和获得政治支持；通过其表现建立信任并通过行政需要使其消息与政治进程的体制前提相兼容（Sarcinelli，1994）。在此框架内，重点是要保持政治权力和使行政决策合法化。

按照马佐莱尼对政治新闻生产模式二分法的理论应用到新闻管理，我们可以将以媒介为中心的新闻管理和政治性（或以政党为中心的）新闻管理作为当今西方发达国家新闻管理风格的两种基本类型。

政治性新闻管理风格：在政治性新闻管理中，管理实施的政治目标是以策略为中心，旨在策划政治精英之间的"政治游戏"，关注的是政府系统内的政治竞争。 政治性新闻管理的实际任务，在于强化媒体根据执政党的政治目标进行新闻生产并最大限度地强调政治新闻的生产。

以媒介为中心的新闻管理风格：相比之下，以媒体为中心的新闻管理宗旨在于直接并仅仅将重点放在创造媒体的新闻发行量以及受众的支持率上。"新媒体的运作使用的就是政治营销技巧。 它是面向战略目标群体，即作为媒介消费者的选民，为他们提供一个象征性的以选民的观点和情感的实践知识为基础构建和销售的产品。"（Plasser et al.，1996）。 这种新闻管理的实际任务，就是强调媒体的任何政治信息都要遵循媒介格式、新闻价值和媒体流程，以最大限度地提高新闻的发行，而不在乎其新闻生产的内容。

随着技术变革和全球化带来的商业化和媒体竞争，当今欧洲媒介体制也随之发生深刻变革；政府新闻管理的环境正变得越来越更加有利于纯粹的以媒体为中心的传播风格。 正如 Gurevitch/Blumler（1990）所界定的那样，德国的政府信息公开方式已经发展到了"现代政治宣传进程"。 它开始从过去传统的新闻发布政策，即从政治家与记者之间的人际传播发展成为控制新闻流动的战略传播阶段。 这是一种更加专业化和特色化的发展进程，政府新闻管理自然也呈现出不同的功能和表现形式。

尽管如此，德国政府的新闻管理模式与风格，仍不同于美国政府的新闻管理模式与风格。 这是因为，政治体制的不同（总统制的政治体制）决定了美国的政治传播策略更注重政治和领导人的个性化，受众更喜欢视觉化信息，媒体也更迎合受众的个人兴趣，因此，政治领袖常常被包装成政治明星，而政治被看成了政治人物间的游戏而不是政治竞争。 总统个人形象塑造和管理常常成为美国政府传播的主要任务。 因此，也决定了美国政府新闻管理的风格必然以媒介为中心。 而德国是议会制的政治体制，势必决定其新闻管理在涉及个人问题时，常常是针对媒介对负面新闻的偏好而展开的。 政府新闻管理者通常会借此攻击政治对手，置对手于不利境地。 在德国的政治进程中，当然会出现直接反对部长和反对议会领导人的情况，但这种公开批评对手的做法往往作为不公开讲话来散播。 总之，议会制的德国则因党派之争而将传播策略的重点放在议题管理上，这时媒介成为政府体制中的一个工具和载体。

3.3.2.2　政府新闻管理的政治环境

美国是立法机关政党凝聚力较低的总统制政体，它的政府传播主要集中在首席行政机关。 总统独立于立法机关，其政府信息政策没必要征得国会大多数成员的支持即可制定，并可独立使用白宫办公室内自己的团队或代理来开展政治营销活动，推行政策提议。 在美国，总统的政府战略传播就是直接动员群众。 美国政治学者 Kernell①（1986）认为媒介策略替代了行政机构和国会之间的协商，还有学者（Denton/Woodward，1990）甚至说，赢得公众支持是当代总统的核心指导目标。 公众支持的价值揭示着总统的管理动机，也控制着媒体对他的报道。 因此，总统周围总是围着一群传播专家为他进行形象管理，确保他的表现能获得公众支持。 总统和政府领导人的日常政治活动经过传播专家们策划，赋予其象征意义，这些活动以媒介格式进行报道，迎合受众兴趣，强调视觉化。

相比之下，议会制政体的机构设置倾向于支持协调党派间和议会内部矛盾的传播策略。 德国是由两个或更多的政党组成一个议会制的联邦政府，联邦总理要加强媒介议程设置，以确立他在联邦政府中的管理地位并与反对党

---

① Samuel Kernell，美国加州大学政治学教授。曾任教于密西西比大学，为布鲁金斯研究所高级研究员，研究领域为总统研究和美国政治史。

抗衡。 这种复杂的政治环境意味着除了控制媒体外，其传播策略还要解决两个问题：对内，要通过挑衅联邦政府内部的政治对手以突出自己的正面形象（Reineke，1988）；对外，其与在野党的政治较量也界定了新闻管理的策略。在这种强大的党派竞争情况下的新闻管理就更加将关注重点放在了议题管理上。 在德国，每天没有太多对民意数据的回应，电视上也没有太多主导新闻管理的伪事件出现。 相反，对联邦政府中的政治伙伴或政治对手的声明做出的政治回应成为传播策略的主要特征。 在这种政治体制下，媒体被用作一种载体或工具，来影响政府体制内的话语。

政治传播学者 Seymour Ure①（1991）指出，现代新闻秘书的功能可以分为四项：发言人、媒体关系顾问、代理人和管理者。 每个国家对政府新闻秘书的作用的解读都不同，对政府新闻发言人和媒体之间的非正式和人际交往的作用解释也各不相同。 传播顾问们负责制定政府新闻管理策略，对媒体提出的议题和观点做出回应。 尽管传播策略各不相同，但任何政府的新闻管理部门都或多或少会使用职业的政治营销手段来推行政府政策，这是新闻管理机构的主要作用。 这一功能，在美国由白宫的传播办公室来执行，在德国则由波恩的总理办公室来操作。

美国的新闻管理部门是白宫的新闻秘书办公室和传播办公室。 新闻秘书的作用是每天协助总统或由他自己在国家媒体上发布信息。 现在的白宫传播办公室主要负责通过长期的公关策划和策略进行总统的形象管理。 白宫记者团常驻白宫，以便随时收到政府的最新简报、声明或紧急消息等。 与美国相比，德国的新闻秘书办公室里的人员流动很频繁。 在科尔政府中，他的政府新闻发言人就从未获得公众知名度或政治意义。 德国总理的新闻秘书有两个功能：一是每周三次代表联邦政府正式回答国家记者团的提问；二是承担着联邦政府新闻和信息办公室的负责人职责。 德国的政府新闻办公室则是官方公共信息和政府情报的官僚运作机构，由于它的规模（700 名公务员）和官僚机构的性质，通常不能有效地进行积极的战略传播。 然而，德国政府的新闻秘书是新闻办公室里负责实施新闻管理决策的人，当然这些管理决策则是由总

---

① Colin Seymour-Ure，英国肯特大学政治与国际关系教授，研究领域为政治新闻。

理办公室里一群更有权力的人来制定的。 在德国总理的管理中心，一个由传播顾问、政治分析家和讲稿撰写人组成的团队每天负责监测民意调查工作、架构政治议题并决定对媒体的传播策略（Fuchs & Pfetsch，1996）。

3.3.2.3 政府新闻管理的媒介环境

（1）媒介体制

德国联邦政府除了由新闻与信息办公室作为官方正式的新闻管理机构之外，政府官员和记者之间发展起来的人际网络是另一种非正式的新闻管理维度。 和白宫西翼常驻有白宫记者团一样，波恩的联邦议院里也有被称为"Hintergrundkreise"的常驻记者团。 政府官员和记者之间的稳定的互动会在双方之间形成信任，并最终形成一种政治传播文化，即以宣传为目的的信息交换。 官员与记者之间的互动不仅是为信息的不断交换提供平台，也提供了非官方的社会化可能性。 对于政府官员来说，与记者交往不仅为他们提供信息并收到回馈，也是一个检测议题的契机。 媒介发展与政治传播的相互作用的结果，就是使政治人物认识到不断加强对新闻进行战略管理的必要性。 对于德国媒体来说，尤其是整体都有些右翼倾向的纸质媒体来说，加强与政治家的人际互动更是媒介体制的需要和媒介文化的一部分。 媒体在德国社会的政治传统影响下，在与政治家的互动中，媒介体制也在不断承受着政治规则的影响，因此看媒体是否显著政治化，就是看媒体是否报道具有高度党派倾向的新闻或者报纸是否有强烈的政治倾向。 至于电视，作为电子媒体系统中公共服务的支柱力量，其政治化的一大指标便是其对国家政治体制的逻辑遵循。

在对国际经合组织国家的媒介体制进行比较后发现（Voltmer，1997），如果我们把媒介体制当作新闻管理的环境因素，那么美国将别无选择，只能遵循报纸和电视的商业逻辑。 通过判断媒介体制的商业化程度和媒介竞争逻辑，可以明显看出其战略传播是跟随媒介体制导向的。 因此，商业体制下的美国政府新闻管理的主要模式就是以媒介为中心的方式。 相反，与美国相比，德国媒体强大的公共服务广播使媒介体制呈现强烈的党派偏见。 这意味着美国的商业化媒介体制推动的是一种个性化的媒介中心的新闻管理策略；而在德国的公共服务广播中则更加注重政治议题或者意识形态的地位。

（2）媒介文化

媒介文化被定义为国家政治文化的亚文化（Semetko，1996）。它为政治报道提供框架，为政治家和记者之间的关系提供形成情境。媒介文化的两个层面均会对政府新闻管理产生影响：一是政治领域中记者的角色定义。政治领域中记者的角色定义，意味着记者的行为受他们的专业组织环境影响以及社会定义的期望所支配（Blumler/ Gureviteh，1986）。因此，记者职业角色的范围可以从中立的政治报道模式到解释性新闻报道甚至公然对抗式风格的新闻报道中去界定。不同的角色定位自然彰显出记者在政治领域中的不同表现。二是对政治制度的记者导向，即记者对政治制度的导向形成。Blumler/ Gurevitch（1986）认为记者对政治制度或特殊群体的反应不仅来自新闻价值的判断标准，也来自主流价值体系判断下的对制度或群体的尊重程度。记者对政治体制的不同导向将导致他们对政治制度的评价或尊重和推销（即使个别职位的人也会受批评），或玩世不恭和不信任。

由上述媒介文化的两个层面，不难发现政府新闻管理的一般策略类型：在以媒介为中心的新闻管理策略中，一方面，记者对政治制度的评价越玩世不恭和不信任，政治家们就越要对新闻加强管理，而且如果从政治家的观点来看，进行新闻报道风险越高，他们越会采用媒体逻辑来进行信息发布；另一方面，记者越尊重政治机构，越遵守传统的中立报道的职业规范，就越能够使政治家与媒体进行合作，这也意味着政治性的新闻管理风格可能会更加有效。

如果将美国媒体对政治机构和官员的报道导向与德国比较，那么美国媒体更倾向于负面报道和反政治偏见的报道风格。解释性风格的报道使记者们扮演了政治分析者的角色，并通过新闻报道来行使他们的第四权力。从政府管理的角度来看，媒体对政府及领导人过多的负面报道会削弱政府的领导力，因此采用以媒介为中心的新闻管理风格的政府将不得不努力投入大量资源和人力来实施管理并影响媒体。与美国媒介文化不同，德国的新闻业早已被定义为一个政治职业（Donsbach，1993）。在德国，认为自己在积极参与政治话语的新闻工作者对政治机构的态度是双重的：一方面，记者对国家机关和政府言听计从。为此，有观察家甚至批评德国政治新闻对政府公告和官方声明报道的低三下四。另一方面，德国记者倾向于在报道政党内部及相互之间的政治冲突时采取政治立场，即选择站在其中一方的立场上，而不是隔岸观火或采取中立态度来报道。 关于新闻记者的角色定义，德国新闻记者往往表现出像传教士一样的专业动机（Donsbach，1993）。 其政治作用的解释，意味着他们主张自己的政治价值观和想法、支持某一政党或公开在政治辩论中加入个人信仰是合法的。

我们提出的中心论点是，一方面，以媒体为中心的新闻管理最有可能在美国占据主导地位，这是由于总统制度、高度商业化的媒体制度以及对抗性新闻的主导地位。 另一方面，政治新闻管理被认为是英国和德国战略传播的主导类型。 这两个欧洲国家不仅拥有共同的议会政治制度和强大的政党政府，而且还保持着政治媒体和相当强大的公共部门电视。 他们还倾向于在政府和媒体之间建立较少对抗性的工作关系。

3.3.3　西方发达国家政府新闻发言人制度的评价:原则与标准

包括美国和德国在内的西方发达国家，一般都根据各自不同的政府管理环境和政治目标制定了相关的新闻管理政策和措施，从法律、行业管理（公共关系尤其是媒体关系）、组织管理（新闻办公室及发言人）、公共事件尤其是危机事件等方面对政府新闻发言人制度进行监督和评价。 下文将主要以美国为例考察政府新闻发言人制度的评价原则与具体评价标准。

3.3.3.1　评价原则

西方发达国家政府新闻发言人制度的评价原则，通常遵循着这样五个原则，即信息公开原则、公共利益原则、新闻自由原则、国家利益原则和政府利益最大化原则。

（1）信息公开原则

西方发达国家的政府发言人制度是政府信息发布法制化的结果。 以美国为典型的很多西方国家都制定了专门的信息公开法，它规定了政府信息属于公共资源，既强调了政府信息公开的义务，也主张了公民向政府索取信息的权利。 政府信息公开是新闻发言人制度的基础，也是评价政府新闻发言人制度的首要原则。

（2）公共利益原则

按照《韦伯词典》的解释，公共利益是指人们的"共同福祉"或"普遍福利"，属于全民共同所有。 公共利益是政策辩论、政治、民主和政府本身性质的核心。 在美国，公共利益被视为"民主政府理论"的核心，并成为政府传播政策的关键标准。 全美政府传播者协会（NAGC）的章程要求政府新闻发言人"所进行的工作必须与公众利益相符，并且必须充分认识到我们每一个人都是公众信任的公仆"。 合乎公共利益是政府公信力的表现，也是对政府新闻发言人制度评价的基本原则。

（3）新闻自由原则

美国哈钦斯委员会在报告《一个自由而负责的新闻界》中提到，新闻自由是适用于所有文明社会的普遍真理之一。 当然，作为人类文化的一项基本行为准则和功能，新闻自由并非固定不变和孤立的价值观，它会随着社会变迁不断发展变化。 对新闻自由的理解和把握在和平时期和危机时期是不同的，在公众情感和信仰不同的国家也各自不同。 现代新闻自由是政府和新闻界博弈的结果，其本质是尊重和满足公众和媒体的知情权与传播权，这是政府新闻发言人制度评价的核心原则，也是新闻界用以评价政府新闻管理制度的普遍原则。

（4）国家利益原则

在西方发达国家的政府新闻发言人制度中，虽然各利益相关者都以自己所谓的专业精神为庇护在追求着各自利益的最大化，但是实际上，政府新闻发言人在坚持国家利益和政治立场上是绝不含糊的。 政府新闻发言人的国家安全保密原则也是其政治立场的延伸。 因此，国家利益是西方国家政府新闻发言人制度评价中必不可少的原则。

（5）政府利益最大化原则

美国政府新闻发言人制度是美国政府对新闻信息实行战略管理的一种现代政府管理制度，它是政府通过新闻管理来控制媒介议程以影响公众舆论的传播管理过程。 对于处在激烈竞争的政治环境下的美国政府来说，维护其任期内的执政合法性和政治权力是政府重视公共舆论和政府公关的主要动力。 政府新闻发言人制度旨在告知公众并且使其政策决定合法化，即通过政府的公共关系策略进行政治营销以架构和设置媒介及公共议程。因此，从政府管理视角看，政府利益最大化则自然是其评估政府新闻发言人制度的又一重要原则。

3.3.2.2 评价标准

（1）评价的法理标准

美国是世界上政府信息公开程度比较高的国家，在新闻发布方面已形成了一整套的相关法律制度。美国宪法第一修正案明确规定国会不得制定限制言论或出版自由的法律。与此同时，美国法律还明确禁止联邦政府援引版权法保护联邦政府信息，以防止联邦政府借版权为名垄断信息。1976 年的版权法更是具体规定版权保护不适用于美国联邦政府的任何文件。由此，联邦政府的任何文件都属于公有领域，任何人都可以加以复制并予以出售，也可以将联邦政府的公开数据上传网络。

1966 年美国颁布了《信息自由法》，这是一项旨在促进美国联邦政府信息公开化的行政法规。其主要内容是：联邦政府的记录和档案除某些政府信息免于公开外，原则上向所有人开放；公民可以向任何一级政府机构提出查询、索取复印件的申请；政府机构必须公布本部门的建制和本部门各级组织受理信息咨询的查找程序、方法和项目，并提供信息分类索引；公民在查询信息的要求被拒绝后，可以向司法部门提起诉讼，并应得到法院的优先处理；行政、司法部门必须在一定的时效范围内处理有关信息公开申请和诉讼。"水门事件"之后，为了进一步实施政府信息公开，美国于 1974 年对《信息自由法》进行了实质性的修改。这次修正缩小了执法豁免与国家安全豁免的范围，并在程序方面进行了扩充，如收费、时限、可分割性以及法院的不公开审查等。同年，美国还制定了《隐私权法》，为个人申请自己的信息保护提供了法律根据。1976 年，美国国会再次对《信息自由法》豁免的范围予以限制，减少其他法律禁止公开信息的范围。1978 年，《信息自由法》做了一次技术修改，对与行政机关的纪律程序有关的内容做了更新。1984 年，国会废除了《信息自由法》第 1 条第 4 款第 D 项关于法院快速审查的规定。1986 年，经过近 20 年的实践，人们意识到需要对《信息自由法》进行实体和程序两个方面的改革。这样，国会制定了 1986 年信息自由改革法，扩大了执法活动信息的豁免范围，增加了特殊执法活动记录的排除规定，并设立了新的收费与费率减免体系。司法部与其他政府机关纷纷采取措施，实施 1986 年信息自由法修正案。1996 年 10 月，国会经过对"电子记录"问题的几年讨论，制定了 1996 年电子信息自由法修正案。该次修正除对程序问题进行修改之外，主要解决的是电子信息的公开问题，以及电子信息阅读室的设立和行政机关积压信息申请等方面的问题。

《信息自由法》所要求的是政府信息的公开，不涉及政府的活动或者会议。1972 年的联邦咨询委员会法要求为联邦行政机关服务的咨询委员会的会议必须对公众公开；不过，该法同时规定了 9 类例外问题，咨询委员会会议在讨论时可以不公开举行。1976 年制定的《阳光下的政府法》（即《阳光普照法案》）也要求合议制的政府机关的会议必须对公众公开，除非有 9 种例外的情况。对于这两部法律实施中的争议，可以通过联邦法院解决。该法案明确规定 50 多个拥有两个或两个以上成员的联邦部门举行会议要公开，公众有了解和取得政府文件的权利。

《信息自由法》适用于联邦政府行政机关所拥有的文件，行政机关包括总统行政办公室、内阁各部、军事部门、政府公司、政府控股公司、独立管制机构及行政部门设立的其他公营部门。可以说，美国法院对"机关"所采用的是一种功能性的定义标准，即仅仅履行咨询与协助职能的部门不属于机关。除此之外，其他的部门则属于机关。《信息自由法》不适用于联邦政府选举产生的官员，包括总统、副总统、参议员、众议员，也不适用于司法机关、私营企业、私人组织以及联邦政府的合同方或受资助方、州政府或地方政府。

根据美国的《信息自由法》，"任何人"均可以提出信息申请，包括个人（本国、外国公民）、合伙、公司、协会、外国与国内的政府机关。"任何人"也可以通过律师或者其他代理人提出信息申请。根据法律，联邦政府机关不属于"任何人"之一。因此，联邦政府机关不能提出申请，但州与州政府机关可以提出申请。唯一的例外是逃犯，他们不能提出申请，也得不到法院的保护。

（2）评价的行业标准

学者沈国麟在他的《控制沟通：美国政府的媒体宣传》一书中将美国政府

的媒体宣传结构分为强制性结构与非强制性结构（P175—176），而政府公关人员与新闻界的关系就被定义为非强制性结构。 这是一种隐蔽性和或然性的规则和关系，也被称为"隐性结构"。 有研究认为，政府作为一种特殊形式的现代组织形式，其公共关系的信息功能尤为重要；而且政府公关部门在建立政府与媒体、公众的互动关系上发挥着重要的作用，并以此建立和扩大政府的影响力和引导力。 美国政府公共关系管理的成功实践以及与媒体之间的相互依存关系为政府新闻发言人制度的发展与完善奠定了坚实的行业基础，从而也为其评价制定了行业标准。

政府公共关系是在一个复杂的组织架构中进行的，它不但涉及组织架构的外部群体和成员，也涉及组织架构内部各群体及其成员。 任何成功的公共关系都极大地依赖于三种协调，即与本组织内部其他部门的协调、与本组织工作人员的协调、与本组织外部各部门的协调。 与此同时，政府领导人及其使命的显著优先权往往会界定和限制传播什么、以何种方式传播、传给谁、通过什么媒体传播，以及为了什么目的进行传播。 此外，在复杂的民主政府进程中，不少政治活动和行为是政府领导人无法控制的，政府难以在短期之内解决太多公共关系领域的诉求，而且预算的限制也会对其实际操作产生负面影响。因此，评价政府公共关系活动的优劣主要就是看政策票选的成败——无论是从立法还是舆论上，或者两者兼而有之。

对于政府公共关系来说，与媒体的关系十分关键。 新闻媒体是政府建立或丧失公信力的平台。 对媒体重要性的感知促进了政府传播机构的迅猛增长和专业化程度的不断提高。 美国白宫的媒体关系管理是由成立于 1969 年的传播办公室负责的。 与新闻秘书办公室不同的是，传播办公室主要负责接待华盛顿以外的媒体，包括地方性、专业性较强的媒体。 它的工作重点在于长期公关效果，即与记者长期保持联系，塑造总统的形象，设计总统的政策声明，并且争取获得公众的支持。 总之，传播办公室是白宫与媒体长期联络的纽带。

传播办公室下设四个办公室：媒体事务办公室（Office of Media Affair），负责收集总统和政府部门的信息并传递给媒体；演讲起草办公室（Office of Speechwriting），负责起草总统的演讲稿；研究办公室（Office of Research），负责研究白宫的传播策略；公共事务办公室（Office of Public Affairs），负责为内阁成员和行政官员与媒体沟通服务，指导他们如何与媒体沟通。 其间，公共事务办公室即政府公关办公室，它的日常工作主要关注三个领域：公众和媒体关系、社区关系和内部关系。 公众和媒体关系，是指处理和协调政府各部门向公众和媒体发布的信息。 在大多数的政府公关办公室，媒体关系功能都是用来处理最敏感领域而且需要最高级别的协调工作。 社区关系，是指处理和协调政府部门成员和公众直接的人际接触。 对于白宫来说，它还包括处理和协调与国内地方政府人员之间的关系。 社区关系的主旨就是通过一些例行的活动，如安排与发言人见面，为地方政府安排白宫开放观光活动以及一些社区合作项目，来获得地方政府和公众的支持，树立正面形象。 内部关系，则是指处理和协调政府管理层与内部员工之间的双向沟通。 内部关系的工作对象既涉及内部员工及其家属，也涉及退休员工及其家属。 内部关系的工作手段主要是借助内部信息来推动组织成员间的沟通和理解。 内部消息的内容涵盖了组织计划变动、人事政策、升迁机会、培训等主题的员工通讯、音像信息等。

在政府公关计划、策略和技巧中，对媒体的使用是最为重要的。 对于现代民主政府而言，媒体不仅是主要的信息来源，而且也是展现政府形象，争取政府公信力的主要渠道和平台。 如果政府领导人想要获得公众支持，他们没有选择，只能与媒体合作；如果他们做不到，那么他们就会被所有有价值的传播渠道围攻批评。 因此，政府官员们成为塑造媒介话语的主要一方，有关政府与媒体关系的记录在案的事实就是政府新闻源控制了媒体有关政府的新闻报道。 正如作家 Walter Karp 写道："绝大部分的报道都是基于官方来源——源于由国会成员、总统助手和政治家们提供的信息。"在民主社会中，服务公众、取悦公众既是新闻媒体的职责追求和生存法则，也是政府官员们的执政基石。 因此，美国政府公共关系中十分注意处理好与媒体的关系，积极地善用媒体。

在善用媒体上，美国政府通常制定两个方面的总体战略，一方面是积极回应媒体，另一方面是主动创造与媒体例行沟通的机会。 当政府推行一项政策或措施时，首先实施的媒体公关步骤就是，识别和聚焦中心议题，制订传播计划，并策划媒体造势活动。 一般来说，媒体造势活动是由政府的公共事务办公室与新闻办公室策划并实行。 当然要想成功地借助媒体与公众交流，政府公关人员要做的是先研究出一个可以更好地传播信息的计划。 同理，在发布信息之前，政府公关人员应该先确定它是否符合事先的传播计划，然后通过策划媒体造势活动将之发布出去，以此告知公众、影响舆论、说服意见领袖，并让民众行动起来。

（3）评价的组织标准

美国政府新闻发言人制度的完善表现在其新闻发布机构、发布对象、专职的发言人和多样化的新闻发布形式等的完善和固定化、制度化上。 政府新闻发言人制度严格规定了组织机构成员必须遵守的行为准则，包括各种章程、条例、守则、规程、程序、办法、标准等；同时，还明确规定了组织机构之间的分工和协调关系，以及各自的职权和职责。

借助公共信息的发布，把政府所关注的话题以及制定的政策、计划及时传达给公众，并帮助公众理解这些政策计划对自身生活、工作的影响，是白宫新闻办公室的主要职责。 在欧美国家的政治体制中，政府新闻发言人往往被允许列席最高级别的决策会议，对相关信息和决策过程有着清晰和准确的把握；而且，他们一般都具有丰富的媒体从业经验，了解如何与媒体和公众进行有效沟通。 因此，在履行这些职责时，基本上都能做到运用自如。 面对媒体记者，他们一方面发布信息，阐释政府的立场以及政府行动的缘由与价值；另一方面也注意纠正错误的信息，注意改善媒体及公众对现有信息的误读和误解。平时，他们还要做大量的相当于记者的工作，比如在政府内不遗余力地为媒体和公众收集信息，以及为政府官员即将面对媒体的发言做细致的准备。

全美政府传播者协会①主席约尼·茵曼（Joni Inman）说："毫无疑问，我们是政府和民众之间的纽带，是把政府信息传播给民众时的翻译者和解读者。但是我们也必须知道即将发生的事情以及大街上民众的日常情况，并把这些信息反馈给政府官员。"这是美国政府新闻发言人制度组织职责履行的实际要

---

① 全美政府传播者协会（NAGC）成员是美国地方、州、联邦各级政府中负责公共信息的官员们。

求。 为了确保这一职责的有效实施，美国政府新闻发言人制度在组织架构上实行了新闻办公室、新闻秘书和传播办公室、传播主任的分别设置并明晰其各自的具体职责和职权。 前白宫发言人麦克·麦克卡瑞（Mike McCurry）说："在白宫，发布新闻和包装新闻是不同的，这就是我们为什么同时设置新闻秘书和信息传播主任的缘故。"布什总统的新闻秘书马林·费茨华特也说道："在媒体的眼中，传播主任的工作是包装每天的信息，媒体认为这样制造新闻是没有太多诚信可言的工作，而诚信对于新闻秘书的信誉和效率而言却相当重要。"从事总统问题研究的学者斯蒂芬·海斯（Stephen Hess）在《政府与媒体的关联：新闻官与他们的新闻办公室》中则写道："新闻办公室不应该被认为仅仅是政府的附属机构，而是一个得到社会授权和在政府与公众之间起桥梁作用的社会力量。 在民主社会中，政府向公众提供其管理与运行的信息是它与生俱来的功能，而与新闻界打交道更是政府的职责。"

在白宫，新闻秘书和传播主任分属于新闻办公室和传播办公室。 新闻秘书是白宫的高级官员，主要充当政府管理层的发言人角色。 其工作职责是负责收集总统执政的各种行动和事件信息，与白宫记者团打交道，处理每日媒体事务，包括：媒体每天提出的问题、主动与媒体联系和对话、管理政府部门新闻工作的运作——从准备新闻稿和事实资料的发布到安排新闻发布会及媒体对政府官员的采访。 与之相反，传播主任则负责长期的政府传播战略的制订、撰写演讲稿及与异地媒体打交道。

美国政府新闻发言人的工作主要由新闻办公室实施。 为了让不同部门的新闻办公室互相协同发挥作用，美国在政府组织机构安排中规定每个政府官员可以根据各自需要来进行新闻办公室的组织建设。 例如，在美国的国务院，专门负责公共外交和公共事务的副国务卿领导公共事务、媒体和传播工作；由负责公共事务的助理国务卿担任国务卿的新闻发言人，并主管新闻办公室、媒体输出部、公共与政府间联络办公室、电子信息和广播服务办公室、战略传播策划办公室五个办公室的工作。

美国政府新闻办公室的工作是富有成效的，这不仅体现在它信息采集、组织、传递的及时、全面上，也体现在其信息传播工具运用的多样化和有效性上。 新闻办公室通常都会尽可能地把政府演讲、政策、举措和计划的内容以书面和网上文件的形式提供给媒体。 白宫前新闻官迪迪·迈尔斯（Dee Dee Myers）说："对任何事情我们都要有书面的东西可以提供给媒体。"在克林顿的第一任总统任期期间，白宫的新闻办公室除了向记者发布讲话、公告和包含有新闻发布会内容的文字资料之外，还向记者们分发新闻稿、情况说明、政策的背景资料、对未来新闻事件的预测、演讲要点和政策文献的摘要、对公文重点内容的分析等。 迈尔斯认为，总结概括所有材料并把它们书面化或者放在网上意味着记者用不着仔细听演讲或者讲话，而且这样做还使新闻办公室能够有机会重申对新闻事件所做的解释。 新闻办公室除使用多种书面的信息传播方式外，还有其他的一些工具——包括视觉的和口头的，也包括通过媒体和公众交流。 常用的工具有：新闻发布稿、媒体吹风、事实资料页或者背景介绍、视觉化材料、图像和声音形式的新闻发布、媒体资料袋、新闻摘编、卫星技术、广播实况、演讲、互联网等。

美国政府新闻办公室对其成员有着特殊的职业素质要求，尤其是与媒体打交道的工作人员需要有着广泛的媒体关系和丰富的新闻知识和经验。 新闻秘书作为新闻办公室工作的主要执行者，他们的个体特征和绩效评估常常成为评估新闻办公室组织工作绩效的外化评价指标。 政府新闻发言人的表现必须能满足公众利益，让媒体、公众满意，也要让上司满意，并且不会违背他个人的价值观以及职业操守。 因此，新闻发言人的行为准则至关重要，它是评价发言人行为合理性和公正性的尺度，同时也是考量政府公信力的指标之一。从根本上说，可信度对于评估一名政府新闻发言人来说是最重要的测量工具。新闻发言人的个体特征尤其是个体价值观会直接影响个体的心理反应，间接作用于与工作满意相关的行为结果，即影响工作绩效；专业素质和沟通能力，以及情感诉求也会影响发言人在公众中的可信度。

白宫对政府新闻发言人与媒体打交道时规定的注意事项如下。

要做到永远说实话；一定要诚实和准确，你的信誉度和美誉度就依赖于它；如果不知道问题的答案就要承认，承诺给出答复，并尽快去做；立即纠正错误，要声明你没有给出充分的答案，你愿意澄清错误；请避免使用行话，使用通俗易懂的语言说话；假设你所说的一切都是公开讲话；尽可能对媒体开放；如果发现报道不准确请致电记者，礼貌地指出错误，并证实它；请掌握并经常更新政府成就明细，以免忘记；一定要回记者电话，或有一名助手接电话，以帮助记者赶交稿期限；要努力获得记者想找的信息，即使这是额外的努力，比如要加班或亲手提供材料；要有幽默感；"挫折对于我们的工作来说是家常便饭，"前副总统发言人大卫·贝克威思（David Beckwith）说，"除非你有幽默感，否则这真不是个好干的活。"

禁忌：永远不要说谎；永远不要说"无可奉告"；不要凑合，不要臆测，不要猜测，好的记者会核对事实，如果你错了，你的信誉就会毁掉；不要试图把你已经说出的言论当作"不公开讲话"；不要反应迟钝；没有拿到一手信息之前不要制造新闻；不要先公布，后来再准备新闻发布稿和事实资料页；如果在新闻发布会之前你有准备好的材料，你可以在发布会后花点时间向媒体解释。

（4）评价的实践标准

美国政府新闻办公室的日常工作，主要是处理各种公共事件。政府对公共事件的管理控制能力直接考验着政府的执政能力和公信力，政府新闻发言人在公共事件发生时应对媒体的表现能力也是其制度运转的外化表征。新闻办公室要处理的公共事件一般分为计划类事件和非计划类事件，即策划的事件和危机事件。策划类的事件又分为内部事件和外部事件，内部事件是指由政府新闻办公室策划并主持的活动，而外部事件通常是指政府官员受邀参加他人主办的活动。无论是内部事件还是外部事件，新闻办公室的工作人员都可以通过预先评估事件主题，对事件进行计划、协调、执行和控制，避免有意外情况发生。危机事件通常是突然发生，并需要快速做出反应的事件。危机事件通常会干扰正常的秩序，产生不确定性和紧张感。危机事件可以是自然界的突发事件，如地震、海啸等；也可以是人为事件，如恐怖袭击、社会冲突等。从根本上讲，危机事件会威胁政府组织及其官员的声誉。但同时，良好的危机管理不仅可以保住政府声誉和可信度，甚至还可以提高政府公信力。有效地进行危机传播的关键是在危机爆发前有所准备。"良好的危机传播是建立在一个适当的制度之上的，"前白宫新闻秘书马林·费茨华特（Marlin Fitzwater）说，"一旦有危机发生，就要加强原有体制，使之运转得更好。如果在正常时期，你每天召开一次新闻简报会，那么在危机期间就应有所加强，每天召开三次。危机期间是没有时间去计划新制度的。"因此，危机发生之前制订危机处理计划是至关重要的。危机中最佳的行动就是保持坦率和诚实，尽快收集和处理相关信息并立刻向媒体和公众发布。克林顿政府时担任两个部门政府新闻发言人的苏珊·金（Susan King）说："记者必须获得信息，如果你不给他们（记者）任何信息，他们（记者）就只有去报道谣言。"所以，即使是负面的新闻，从政府的利益出发最好也要参与事件的报道，这样有助于表明政府的立场。在危机中，政府公开和积极响应的态度、正确和流畅的内部沟通以及外部协调能够得到媒体及公众的尊敬和信赖。培训政府新闻发言人在危机事件中与媒体打交道的能力对政府新闻发言人制度在危机事件中的正常高效运转十分必要，因为即使对那些经验丰富的行政人员来说，在危机正处于白热化的时候代表机构讲话也是一件非常棘手的事情。同时，新闻发言人的表现会影响公众对于该组织机构的看法，而且这种影响并不是短期的。美国政府新闻发言人通常都被要求遵循以下的黄金法则。

第一，表现出与受危机影响的人们之间的换位思考。如果你显示出对事件对于人们的影响抱有关心和换位思考的态度，那么你的声望就会好得多。如果忽视了这条法则和机会，你会被视作冷血而工于心计，更关心自身利益而不是人们的感受。

第二，永远别说"无可奉告"。在危机事件的早期，有很多问题你不能回答，只是因为你没有掌握事实。但是你的回答绝不能是"无可奉告"，这会被解读为"你们是对的，我们是有罪的，但是为了避免法律问题，我不能承认这一点"。

第三，立足于传播事实。你需要很快地传达你正掌控着的危机局势，并且成立一个机构作为事件相关信息的主要提供者。主动传达清晰的相关信息可以实现这一目标并且填补传播真空。

第四，强调你正在实行的控制局势的行动。所有的机构在危机面前都是脆弱的。那些生存下来并且繁盛的都是被看作能够更专业、更有效地管理自身的机构。向大众发布你正在进行的工作步骤，说明你正在积极地处理事件，而不是单单对事件做出回应。

第五，绝不推测。推测是你的大敌，它会导致过分渲染、失实报道以及使危机超出控制，不断升级。 一个有效的新闻发言人会避免推测，同时回归到事实信息以及机构正在控制局势的具体措施上去。

第六，清晰冷静地发言。 通过控制你发言和传达的音调进行沟通。 这样你不仅负责地体现了一个专业组织的形象，关键的是，你也能因此确认你的信息正确无误地被接收了。

第七，不要使用专业术语或者缩略词。 使用术语或者缩略词意味着大多数的人即使看着、读着或者听着你的陈述，也不会理解你到底在说什么。 更糟的是，你会造成组织是超然于外界、不接触外面世界、更关心自身利益的印象。

第八，在面对媒体之前先和同事排练。 在见面会之前抽出十五分钟时间，和自己的同事彩排预演一下，会给你一个机会热热身，同时你可以通过反馈了解到哪些信息可以引起共鸣，哪些不行。

第九，确认你的肢体语言恰当地传达了你要传播的信息。 不要惊慌，坚定的眼神接触和表示关注的神情，对于确保你的话能够按照愿意被公众接受来说，是至关重要的。 请一位旁观者去描述一名发言人，他们只会说出直观印象，很少会提及发言人所说的具体词句。

第十，了解并且反复强调你的关键信息。 媒体见面会是你传递重要信息的机会。 在发布会前整理好这些信息，并且抓住每一个机会告知媒体，不要被记者牵着鼻子走。

3.3.4 西方国家政府新闻发言人制度的评价程序

由于国情的不同，西方发达国家政府新闻发言人制度评价机制的建构举措各自有着自身的特点。 但从总体上看，其评价程序和评价方法有着明显的相似性。 评价实践大体上包括这样五个评价步骤，即明确评价主体，确定评价主体的利益相关者，设定评价目标和范围，选择评价方式，实施评价。

3.3.4.1 明确评价主体

明确评价主体，就是要解决"评价什么？"的问题。 有效评价的关键是必须要有一个明确定义的评价主体。 政府新闻发言人制度评价主体的明确定义是指：第一，对政府新闻发言人制度的明确描述以及要评估的管理政策、项目以及全套行动方案；第二，政府新闻发言人制度管理的客体、目标和长期结果；第三，列出政府新闻发言人制度相关的政策法规，及其与各级政府和机构的联系；第四，描述政府新闻发言人制度建立至今的表现，包括问题和改善的机会。

上述这一评价主体的信息，在政府新闻发言人制度评价之初必须首先明确和掌握。这样可以使评价易于管理和跟踪，从而为评价提供了坚实的基础和清晰的方向。

3.3.4.2 确定评价主体的利益相关者

确定评价主体的利益相关者，主要是要解决这样两个问题，即这个评价会影响谁？他们的需求是什么？政府新闻发言人制度评价，之所以要强调确定评价主体的利益相关者，这是因为利益相关者不仅与制度建设本身有着密切的联系，而且还可以为评价过程提供更深入的见解和专业知识，有助于避免不可预见的障碍，使最终评价结果易于接受。

政府新闻发言人制度的利益相关者包括各界公众，政府新闻与信息办公室新闻秘书及工作人员，部长和内阁，行政长官和其他决策者，新闻界、学术界和政治界专家，行业协会及更广泛的社会机构，主流媒体投资人、总编和其他决策者，政府常驻记者和主流媒体记者。

总体来说，可以将利益相关者划分为政府、媒体、公众三个维度。

3.3.4.3 设定评价目标和范围

评价的目标和范围必须明确界定，这样有助于使评价更具针对性和实效性。评价的目标主要有两个：一是评价政府新闻发言人制度的影响和成果，这属于总结性评价，也可以称之为稳定性评价；二是掌握政府新闻发言人制度存在的问题及其改进方法，这属于形成性评价，也可以称之为发展性评价。在西方发达国家政府新闻发言人制度评价中，通常要求同时完成这两个目标。

评价的范围指的是政府新闻发言人制度的哪些方面要接受检验，在评价过程中应该问哪些问题。这包括：制度的可接近性、制度的复杂性、管理的难易程度、成本与收益、与其他重要的政府制度的一致性、收益与风险共担的适当性、制度的可接受性等。 通常，这些问题被分为三种类型进行评价。

第一，制度的效率评价：即制度的投入价值、制度运行过程优劣的评价。

第二，制度的有效性评价：即制度是否达到预期目标和有价值的产出。

第三，制度的适当性评价：即制度是否配合政府的优先事项并满足社会的需求，成果是否有价值。

3.3.4.4 选择评价方式

评价方式是确定需求的信息和收集、处理及解释相关数据的具体做法。数据既可以是定性的（开放式的探索性问题），也可以是定量的（和具体的绩效措施和指标相关，如发言人个体绩效评价）。

按照评价目的，政府新闻发言人制度的评价方式一般有以下几种。

一是效率评价方式，如账目审核、基准分析、差距分析、合规性审计等。

二是成效评价方式，如采访参与评价的人员、问卷调查、焦点小组、要求提交报告、绩效指标等。

三是适当性评价方式，如成本效益分析、纵向研究、外部制度审查、对绩效目标的长期测试等。

在选择评价方式的时候，要考虑目前哪些数据源可用、是否还需要开发新的数据源。 不少西方发达国家十分重视对政府新闻发言人制度发展过程中的数据进行嵌入式搜集，这自然有助于丰富和拓宽评价的数据源。

3.3.4.5 实施评价

西方发达国家政府新闻发言人制度评价实施中，往往强调要确保整个评价过程的完整性和公正性。 为此，需要不断地与利益相关者进行磋商和合作，以求提供一份有逻辑的、可理解的和行动导向的最终报告。 与此同时，在评价过程中，通常还需要根据利益相关者的不同视角（政府、媒体、公众），选择恰当的评价方法并进行分项评价指标覆盖。

4

中西方媒介话语体系的比较

在媒介话语系统中，媒介制度决定了其话语的"框架"及其内容。福柯认为社会制度的功能就是权力行使，社会制度是话语体系建构过程中的实施者，对话语的制度控制首先是以政治制度的形式出现的（Peet，Hartwick，1999），国家的权力行使者把他们所信仰的"普遍真理"合理化，并运用"建构的真理"去框定其他社会行动者及其行为，社会制度的权力关系决定了话语建构的过程和结果。媒介制度是新闻传播话语体系建构过程的专业实施者，中西方媒介制度因受其社会制度权力关系的影响而呈现诸多差异，其体系建构的原则差异导致了新闻话语建构过程和结果的根本差异。

4.1 中西方媒介话语体系的差异

中西方国家由于社会文化和历史传统的不同，社会制度秩序存在着很大差异。作为社会制度系统中的半自主制度，中西方媒介制度也因受到其社会制度环境的影响，制度模式各不相同。对中西方媒介制度的比较将可以定位其体系建构效果差异的权力关系，即制度模式的差异。

自 20 世纪 70 年代以来，美国一直以其经济霸主的地位占据世界媒介体系的顶级位置。英、法、德三国是欧洲媒介体系中的领军者，其中法国更是以其深厚的文化底蕴建构着其"媒介融合欧洲化"的媒介新秩序。 按照哈林和曼西尼（Hallin, Mancini, 2004）的划分，英国和美国虽然在媒介制度上存在颇多不同点，但理论上仍然同属北大西洋模式，即（英美）自由主义模式，其模式特点是市场机制占相对主导地位，以商业化媒体为主。 法国和德国虽同属地中海模式，即偏多元化模式，但二者的媒介制度也是各具特色。 法国的媒介制度是将媒介的文化传统与党派政治相融合，同时强化国家功能；而德国则是政党功能强于国家功能，其联邦分权制的制度特点使德国媒介制度的政治文化色彩更为浓烈。

下文依照本书的分析框架，对国家间媒介制度差异的分析是对国家间媒介话语关系的差异进行分析。 新制度主义理论和场域理论一致认为，媒介制度是一个半自主的制度秩序，它作为介质与其他社会制度相互作用最终形成自己的社会权力位置。 因此，在比较国家间媒介制度差异时需围绕其制度环境因素进行分析，找出影响各自国家媒介制度的最显著制度环境变量，最终确定各国媒介制度的差异。

中西方媒介制度的差异，究其根源是中西方媒介制度理论模式的根本差异，理论哲学体系的差异决定了中西方国家媒介制度的建构模式的根本不同。它表现在国家（政治）制度权力、经济制度权力和社会文化制度权力所构成的媒介制度环境的差异这个方面，并最终导致新闻的权力关系差异。

4.1.1 理论模式的差异

中国的媒介制度是建立在传统马克思主义哲学基础上的社会制度，注重社会控制。 霍布斯鲍姆（E. G. Hobsbawm）[①]认为马克思主义把社会制度的结构功能看作是与外部环境关系以及其内部关系中保持制度自身的实体。 它与其他结构功能论的不同之处在于：第一，它坚持社会现象的等级制（即经济基础与上层建筑）；第二，它坚持在任何社会中都存在着内部冲突，这些冲突会消减制度长久维持的发展趋势。 马克思主义哲学注重制度的冲突和变革，

---

① 霍布斯鲍姆：《卡尔·马克思对史料的贡献》，《思想社会学》，Vantage Press，1973，第 273 页。

主张国家通过把阶级矛盾控制在一个稳定的制度与价值框架内而将社会秩序合法化，从而维持社会稳定。 因此，其制度安排偏向国家控制。 我国媒介制度中的党性原则和国家监管就体现了这种理论模式的制度偏好。

美国和法国等西方国家的媒介制度都是建立在自由主义哲学基础之上的。 传统的自由主义哲学主张放任自由，包括人身自由、言论自由等，要求限制或免除国家权力控制。 美国的自由主义模式更是以市场机制占主导地位，主张放任不管，由市场自由调节，其制度特点是商业化程度更高；法国的自由主义模式因偏向政党文化而呈现了偏政党型的多元化特征。

4.1.2　政治制度权力的差异

中西方媒介制度的政治制度差异主要以其媒介所有制形式来区分。 中国实行国有国营制的社会主义媒介制度，媒介所有权属国家公有财产，不允许私人占有；新闻必须为工人阶级服务，必须接受共产党的思想和组织上的领导；其功能是传播社会主义的意识形态和价值体系，在传播信息的同时，宣传、动员、组织和教育群众；国家有权监督和管理出版物，取缔反社会的传播内容。

目前，美法两国均实行公私兼营的媒介所有制形式。 早期的美国媒介所有制为私有私营制，1967 年后，美国开始效仿英国设立公共媒体，以完善媒体的提高公民教育和促进民主政治之功能，公共媒体通常由政府编列预算或者接受 NGO 的捐助来运营。"二战"后到 20 世纪 70 年代之前，法国一直实行公有制的媒体所有制，其媒介使用权归公民所有，经营及节目政策均由公民代表所控制；新闻媒体以公共服务为目的，摒除商业竞争，实行特许独占。自 20 世纪 70 年代起，法国媒体实行私有化改革，其媒介所有制形式改为公私兼营的所有制形式，商业化媒体开始大量出现。

4.1.3　经济制度权力的差异

目前，中国的经济制度实行的是公有制体制下的社会主义市场经济。 20 世纪 80 年代，中国的改革开放国策使中国的经济体制经历了从计划经济向市场经济的转型。 新闻媒体也经历了从公共事业单位到事业与产业并行的"双轨制"转型。

美国和法国都实行市场经济制度。 1991 年，世界经济合作与发展组织在《转换到市场经济》的研究报告中提出市场经济的三种主要成功模式：以美国为代表的自由主义市场经济模式，以德国和一些北欧国家为代表的社会市场经济模式，法国、日本等国的政府行政管理导向的市场经济模式。 美国的经济制度是私有制体制下的自由主义市场经济，是目前世界上比较成熟的市场经济制度。 这种市场经济模式以多样性或差异性为主要特点，会根据本国市场调节功能的差异而产生特定内涵，也是本国相关经济政策、国情和文化历史传统差异的折射。①

法国经济制度模式也呈现多元化特征。 法国的经济模式属于政府指导型市场经济模式，又称"社团市场经济"。 它强调政府在经济发展中的作用，政府既调控市场，也直接引导企业。 20 世纪 80 年代后，由于法国政府承诺欧洲整合，接受私有化市场经济，法国的市场经济模式开始出现向美国自由主义市场经济的偏移。

4.1.4　社会文化制度权力的差异

中西方的意识形态哲学体系以及历史文化传统的差异决定了其社会文化制度权力的差异，对媒介制度影响的结果表现在差异化的媒介体制及媒介文化上。 中西方媒介文化的差异也折射出中西方社会文化生产场域的标准权力的不同。

4.1.4.1　媒介体制

目前，中国的媒介体制实行公共文化事业和文化产业的双轨制。 制度规范是以政府主导的舆论宣传和舆论监督为主线，注重宣传、教育和组织大众的功能，以达到有效地控制社会；同时兼顾信息传播和娱乐功能。 中国的媒介体制决定了其兼具国家行政管理与企业市场经营的双重功能。 因此，政府与媒体之间有着稳定的政治传播文化，即以宣传为目的的信息交换。 媒体在中

---

① 李云燕：《循环经济运行机制：市场机制与政府行为》，科学出版社 2008 年版，第64—65 页。

国社会的政治传统影响下，在与政治家的互动中，媒介体制不断受到政治规则的影响，因此呈现显著政治化，其新闻报道也呈现高度的政治倾向和党派倾向。

美国的媒介体制是受其自由主义市场经济的经济制度影响，媒介体制呈现出以媒介为中心的超商业化媒介体制。 通过判断媒介体制的商业化程度和媒介竞争逻辑，可以明显看出美国新闻传播的规范是跟随商业化媒介体制的市场导向的。 与美国相比，法国媒体强大的公共服务广播使媒介体制呈现强烈的党派倾向，新闻生产等级相对严格。

4.1.4.2　媒介文化

媒介文化被定义为国家政治文化的亚文化（Semetko，1996）。 它为新闻报道（尤其是政治新闻）提供框架，为政治家和记者之间的关系提供情境。媒介文化定义了记者的职业角色范围，它可以是中立的政治报道模式、解释性新闻报道，甚至是公然对抗式风格的新闻报道。 媒介文化的制度权力表现在对政治制度导向形成的影响。

中国的媒介文化是以政治为中心的制度文化，其新闻体制的国家行政管理功能已将媒体定义为一种政治职业。 中国媒体的职业规范要求是接受中国共产党的领导，必须与党中央保持高度一致，坚持党性原则。 中国记者倾向于在报道政党和政治冲突时采取政治立场，在报道和公共政治辩论中加入国家的政治价值观和信仰。

美国是以媒介为中心的新闻体制，媒体更倾向于负面报道和反政治偏见的报道风格。 解释性风格的报道使记者们扮演了政治分析者的角色并通过新闻报道来行使他们的第四权力。 与美国的媒介文化不同，法国媒体把新闻当作理性辩论场，在呈现多种多样观点的同时追求真理而非平衡，从而促进广泛的公共协商空间。 法国媒体文化虽然也呈现党派倾向，但一直与党派保持亲近但不顺从的关系。 法国报业有着优秀的职业传统，即只有优秀的新闻加上发行量才是可以对政治制度权力产生重大影响的好报纸，因此，精英报纸、严肃报纸在法国拥有无可争辩的政治权力。

总之，中西方媒介制度的主要差异源自中西方媒介制度理论模式的差异，其制度环境因素的不同决定了中西方媒介制度形态及其结构的差异（见表 4-1）。

表 4-1　中西方媒介制度比较

项目	国别		
	中国	法国	美国
媒介制度理论模式	马克思主义哲学	自由主义哲学	（新）自由主义哲学
媒体所有制	国有国营制	公私兼营制	公私兼营制
经济制度	公有制的社会主义市场经济	政府指导型市场经济	自由主义市场经济
媒介体制	政府主导的公有制媒介体制	政党倾向的公共媒介体制	超商业化媒介体制
媒介文化	政治为中心	政党为中心	媒介为中心

4.2　中西方媒介话语体系建构的原则差异

中西方国家媒介制度秩序的根本差异使其对外传播话语体系的建构原则也存在巨大差异。中西方新闻媒体都是在其特定的社会制度权力结构中建构公共利益空间，满足公众的民主诉求，在社会各利益集团的经济利益、政治党派的政治利益和国家利益之间寻求权力平衡的。公共利益与政治经济利益之间的冲突与互动一直是国际传播多元话语空间建构的主旋律。中西方媒介话语体系建构的原则差异主要包括：依法建制原则的差异、国家介入原则的差异、政党政治利益原则的差异和经济利益原则的差异。

4.2.1　依法建制原则的差异

西方国家国际传播的话语多元化建构大多依托完善的新闻法律法规作为其体系建构的框架基础。现代西方国家大多钟情于制定显性的、成文的法律法规作为新闻业发展和管理的制度手段，以和旧制度相区分。但目前，我国还没有制定一部专门适用于新闻传播活动的新闻法。我国媒介制度的立法基础是广泛意义上的新闻传播法律法规，新闻法制通常是采取隐性的、判例的法律法规作为新闻业发展和管理的制度手段。

新闻法律法规体系主要包括宪法和基本法中关于言论出版自由的相关条款、国家和地方专门出台的新闻传播法案、新闻行业组织的自律规章、国际条约与协定等。

美国属于海洋法系国家，对依法保障言论出版自由的规定通常出现在宪法中，1791年美国宪法第一修正案即为该法系的典型代表，这也是英美法系国家媒介制度发展的主线和新闻立法的核心。　美国的新闻法制体系是围绕着"平等、观念自由、分权和不受干涉"的市场理念建构起来的，是社会各利益集团竞争和冲突的产物。　《独立宣言》的发表是美国独立的象征，其"独立平等、天赋人权"的思想则成为美国新闻法制建构的元框架。　美国"三权分立"的国家管理制度及各州行政立法的分散都决定了美国新闻法制约束力的分散。　除习惯法以外，美国也会补充一些成文法来完善其新闻法制体系。1927年，美国国会通过《广播法案》并成立联邦广播委员会；1934年，国会颁布了更为完善的《传播法案》，并将广播广播委员会改组为联邦传播委员会。　自此，美国新闻法律法规（专指广播电视类，印刷媒体没有专门的法案）的制定和出台均是美国国会和联邦传播委员会的权力范围，政府行政部门只是法律的参与者和执行者。　美国新闻法的立法原则是"权力分散与制衡"，因此，新闻法制的根源仍然是社会各制度权力关系之间相互竞争的结果。　美国的新闻法制体系是一个动态的操作系统，会随着媒介制度的不断发展和变迁而打破背景和常规建立新的法律法规。　1967年11月，美国颁布的《公共广播法案》标志着美国广播电视媒体的所有制结构由私有私营制转为公商并营制；1974年，《隐私权法案》的颁布更是体现了社会各利益团体对新闻媒体的多方诉求。

法国和德国等欧洲国家是大陆法系的典型国家，是以成文法典为法律渊源制定新闻传播的相关法律，以保障言论出版自由不被滥用和破坏。　德国的新闻法律法规体系是由德国宪法和各邦法律、德国各联邦的广播法及国家广播法所构成。　德国基本法第5条第1款明确规定了新闻媒体的独立地位和表达自由，并且规定不得设立新闻检查制度。　基本法第5条还规定了对未成年人的保护、对国家安全的条款、对名誉权的保护，尤其是对死者和公民的诽谤。 德国的诽谤法并没有英美法系国家那样具有足够的强制力，德国政府也曾试图扩展个人保护法，但由于受到新闻业者反对，都以失败而告终。 德国是"分权制"政治结构，其立法权分属各联邦，德国政府只拥有宪法所赋予的广泛意义上的"框架权力"，即只能管理一般性的法律关系，无权涉猎管理制度的细节。 德国各联邦也制定一系列法律来"保障广播电视事业不被个别社会集团所控制，相关各社会权力对节目总体均享有发言权，以及保障新闻自由不受伤害"。 联邦及各州的新闻法还规定国家和政府一切从业人员有法定义务向新闻媒体提供有关信息。

我国媒介制度的立法基础是广泛意义上的新闻传播法律法规，主要包括宪法、基本法、行政法规、行政规章、地方性法规与规章、特别行政区的法律与法规、法律解释、国际条约与协定等。 我国宪法中对新闻事业所做的原则性规定，是新闻法规的主要渊源和新闻立法的根本依据。 我国的刑法和民法通则等法律也对有关新闻传播活动的行为做出规定。 除基本法之外，我国大多采用由国务院发布的决定、命令等具有规范性的行政法规来对新闻传播活动加以规范，如《出版管理条例》《广播电视管理条例》等。 此外，由国务院各部委以及其他直属机构根据现行的法律法规制定并发布实施的部门性规范文件也同样具有行政约束力，如 1990 年新闻出版署颁布的《报纸管理暂行规定》和 1994 年广播电影电视部颁布的《有线电视管理规定》等；我国香港特别行政区的《诽谤条例》隶属地方性行政法规。

4.2.2 国家介入原则的差异

现代西方国家大多在宪法中明确规定国家或政府不得对新闻施以控制。美国在宪法第一修正案中即明确写入国会或政府不得通过对新闻进行控制的法律，这是西方媒介制度建立和发展的根本原则，即"新闻独立自主原则"。为保障新闻的独立与自主权，在政府、媒体与公众之间建立平衡的"公众利益"标准，美国于 1927 年成立联邦广播委员会，后于 1934 年改组为联邦传播委员会，该委员会拥有行政自主权，通过"执照制度"对美国广播电视媒体进行管理，政府行政部门只能作为旁观者。

尽管国家需要有效权力进行管理，但肩负社会民主期望的德国媒体对国家或政府介入颇有顾忌。战后德国媒介制度在建立之初即首当其冲撤销了"一战"时期建立的新闻审查制度，德国各联邦在制定公共广播法案时首先强调，为避免纳粹政权下的极端政治宣传活动的重现，新闻界应为独立自主的领域，不受政府控制。新闻媒体拥有行政自主权，并设立广播委员会，负责人事安排与工作分配。德国新闻史上著名的"电视审判"是新闻界拒绝政府介入和干涉的典型案例。1960年，基民党政府要求由联邦和司法部共同出资，经立法程序将自由电视公司收归国有，更名为"德国电视公司"。联邦政府的行为严重威胁了各联邦的文化与传播的独立权，使私人资本侵入公营电视体系，因此遭到各邦的强烈反对。各邦向联邦宪法法院提出控诉，该审判最终裁定联邦政府收购自由电视公司为"违宪之举"。这次审判再次确立了广电事业归各联邦所有，杜绝联邦政府干涉和参与新闻传播活动的制度原则。

尽管西方国家都以立法形式明令禁止国家对新闻的控制，但事实上，政府对于信息的传播依然实行一定程度的管制。很多西方国家为了净化新闻媒体都会对其传播内容进行管理，这种内容管理大多以公众利益原则为依据，就其使命而言具有积极意义。例如，美国最高法院判令联邦传播委员会对淫秽内容信息的传播予以禁止。此外，对儿童心理的保护也成为传播管制的重点目标。

我国的新闻媒体作为党和政府的"喉舌"，除了接受政府部门直接管理外，也是国家政治制度的一部分。我国实行国有国营制的媒介制度，政府设立专门机构对新闻媒体进行统一管理。我国的媒介体系架构是在中央、省级和地方三级党和政府部门的同时分管和监督下运作，在党的各项宣传政策下，构成一个较为严密的全国宣传网络。新闻内容必须接受党和政府的指示和事后审查，以严肃新闻达成群众的教育和引导功能。

以报纸出版业为例，2005年12月1日，我国新闻出版总署制定的《报纸出版管理规定》开始施行，该规定的第四十七条和第四十八条对新闻事后审查做出明确要求。严格规定我国的报纸出版实施事后审读、质量评估、年度核验和从业人员资格管理制度；同时规定，报纸出版单位必须按照新闻出版总署的规定，定期向新闻出版行政部门提出书面工作报告。

在实行事后审查制度的同时，我国继续实行出版计划和选题计划的申报备案制度。例如，在涉及国家机密和国家安全等方面的重大选题上实行选题和原稿同时备案制度，国家机密和国家安全关系到国家和人民的根本利益，新闻出版界负有其社会责任和保护义务，这些特殊措施都作为新闻事后审查制度的一种补充。

4.2.3　政党政治利益原则的差异

新闻自出现之日起就与政治有着千丝万缕的联系。在世界上任何国家或特定历史时期，媒介都曾经或正在成为政治或政党表达政治主张或意愿的工具。新闻与政党或政治之间的利益关系考量是对外传播话语体系形成和发展的首要原则。

新闻与政党政治的关系一直也是美国媒介制度发展和变革的主线。19世纪以来，新闻在实行代议制政体的西方国家中主要是由政党控制，充当政党的喉舌并且依赖政府的经济补贴，这就是西方所谓的"补贴新闻"（Cook，1998）时期。19世纪20年代，美国的民主政治崛起，民众获得了选举权；而美国的政党制度也开始完善，政党开始介入总统选举。报纸的党派新闻开始书写美国"民主"中的"新闻宣传理论"的使命，媒体与政府关系也日渐密切。在杰克逊总统执政期间，曾经将当时的《纽约问讯报》编辑莫迪凯·诺亚、《华盛顿环球报》的实际操控者阿莫斯·肯德尔（后出任邮政部长）、主编弗朗西斯·布莱尔及业务经理约翰·里夫斯等这些自总统选举开始就与其关系密切的媒体人请进白宫，成为他"厨房内阁"的骨干力量。也正因如此，《华盛顿环球报》开始拥有了独家新闻源而销量大增。"总统大选"成为整个19世纪美国报纸的主旋律，并一直延续到19世纪末20世纪初美国新闻业的"镀金时代"。

19世纪末到20世纪初，美国新闻业迎来其党派新闻的黄金期，报业的政党喉舌即党派宣传功能成为其制度标准。这段时期美国的报业已经完全成为党派斗争的论坛，并将他们的党派哲学运用到极致。以当时底特律市的报业为例，大部分的日报都会刊登其年度计划书，公布他们潜在订阅数的绩效。1872年，时任美国第18任（1869—1877）共和党总统的尤里西斯·辛普森·

格兰特（Ulysses Simpson Grant）与民主党的威尔森（Wilson）开始了下一任总统竞选，《底特律邮报》就发表了一份典型的计划书来解释自己的政治任务。为了吸引所有潜在读者，在整个 7、8 月的竞选活动中，《底特律邮报》一直在自己的专栏中刊登竞选广告为共和党造势。而他们的竞争对手，民主党在密歇根州的领袖党报《底特律自由报》也及时做出回应说，该报会为所有的民主党人提供正确的思想导向。一旦有任何民主党人被当天（对手）报纸的评论所迷惑，都可以在《底特律自由报》上得到澄清。凯普兰曾经对 1867—1896 年 30 年间，大选年及大选前一年的底特律当地日报上的社论与新闻做过统计分析。他除了对取样话题中社论的党派倾向比例做出比较外，还对大选年和大选前一年新闻中的显性偏见和隐性偏见做了比较。结果显示，在大选年党派社论几乎以压倒性比例（M＝0.7075）占据报纸的社论版面，超过大选前一年（M＝0.3938）的党派社论约 2 倍。同时，新闻的显性偏见和隐性偏见在大选年均高于大选前一年，且大选年新闻的显性偏见明显上升，与隐性偏见报道基本持平，甚至在特定年份会高于隐性偏见报道比例。[①]

　　1896 年的美国总统大选和 1900—1919 年美国"进步时代"的反政党政治改革，使美国媒介制度进入"重构时期"。美国媒体重新主张"新闻自由"和"新闻独立"，与所有政党关系决裂，重塑新闻的制度功能和职业规范，将"客观性"作为美国新闻的制度标准。1934 年，《传播法案》的第三百一十五条规定，媒介必须对所有候选人提供同等的时间以展示其政治立场。然而，每当选举季来临，媒体都很难确切遵照且公平执行联邦传播委员会制定的这一标准。因此，国会在 1972 年敦促的《传播纠正法案》诞生，以遏制媒介因商业利益而偏袒某一候选人并加速宣传的旧习。《传播法案》第三百一十二条也赋予联邦传播委员会职权，对不遵守公平报道原则的媒体，委员会有权撤销其执照。

　　"二战"以后，新闻中立客观原则也成为绝大部分欧洲国家媒介制度的指

---

　　① 　分析来源选自凯普兰：《政治与美国新闻》，剑桥大学出版社 2002 版，第 28 页。凯普兰对 1867—1896 年 30 年间美国大选年及大选前一年的底特律当地日报的社论版中党派社论所占比例以及党派新闻中显性偏见和隐性偏见所占比例所做的内容分析，文章中的分析是基于其统计数据所做的结论。

导原则。 在德国，各联邦政府要求其公共广播媒体须为超政党性的中立组织，提供客观中立的新闻报道。 在德国的社会结构中，国家并非民众信任的权力，社会联盟的力量主要来自政党，政党政治在德国媒介及公众生活中的影响可谓无处不在，德国的媒介文化更被视为政治权力的特殊范畴。 德国两党制政体的发展使媒介的民主议程越来越趋于窄化，媒介在两极化的政党利益和公众利益间不断寻求着平衡。 德国的私人报业更是成为政党之争的主要阵地。

我国对新闻业制定的总政策是：新闻机构必须在思想上和组织上绝对服从中国共产党的领导，在政治上与党中央保持一致，按照党中央的路线、方针、政策从事宣传报道活动。"党性原则"是我国媒介制度建设和发展的指导原则。 我国的媒介制度自建构之初即遵循"党性和阶级性原则"，坚持党的路线、执行党的政策是媒体的基本功能，长期以来形成的以政治为中心、"绝对服从党的领导"的新闻"惯性"一直影响着我国的媒介制度模式。 我国对外传播体系建构的重心一直是放在政治宣传和政治立场表达上，话语风格长期以来保持着舆论斗争的政治话语模式。 以政治为中心的新闻"惯性"也影响着我国对外传播的话语生产模式，对外传播的新闻内容一直以"介绍中国"为基本框架，并围绕这一主题对外介绍中国基本情况、报道与中国相关的国际问题（尤其是政治事件），以及就相关话题展开国际舆论斗争等。

4.2.4 经济利益原则的差异

经济利益原则是世界新闻传播体系变迁与新秩序建构的主导原则，它涉及现代国际媒介制度的所有权和经营权的分类原则，以及新闻实务上的报道公平原则。 20 世纪 80 年代，"世界传播新秩序"已由战后政治主导的国际宣传转型成为由经济主导的国际传播。 在美国的私有化政策压力下，国际传播媒体整体出现了商业化趋势，伴随而来的是经济利益驱动而形成的媒介竞争和媒介垄断以及国际信息流的不平衡。

20 世纪 50 年代之后，西方经济急速发展，自由经济市场呈现寡头独占的趋势，在这一过程中，利益集团变得越来越集中化。 西方新闻界也同样面临媒介垄断与民主期望之间的制度矛盾。 美国新闻界有着平等、观念自由和不受干预的市场观念和历史传统，其传播政策也是竞争、冲突和不断争议的产物。 在所谓的"观念自由市场"，往往蕴含着"谁的声音最大，谁就占据观念市场"的意味，在媒介制度上的反映则是竞争气息浓厚的商业化运营机制。美国报业是完全依靠市场和广告的自由主义运营模式，报业完全私有化引发媒介接近优先权和控制权的垄断，改变了以往由政治分权而形成的权力制衡，媒介权力由分散趋向集中，其结果必然是少数报业集团的垄断和跨媒体扩张经营。

为防止报业集团对其他媒介的吞并，1927 年美国成立联邦广播委员会，后于 1934 年改组为联邦传播委员会，该委员会通过"执照制度"对美国广播电视媒体进行管理，促使广播与报业的经营权分离。 20 世纪 70 年代，为缓解日益加深的社会制度矛盾、维护公平报道的媒介原则，联邦传播委员会开始着手制定传播政策，旨在防止报业集团对其他媒介的垄断。 尽管遭到报业乃至广播业的强烈反对，委员会仍然禁止报业所有者在同一市场内对其他媒介进行自由投资。 除此之外，1967 年 11 月，美国开始效仿英国设立公共媒体，以完善媒体的提高公民教育和促进民主政治之功能，公共媒体通常依靠政府编列预算或者 NGO 的捐助来运营，标志着美国开始实行公商并营的媒介制度。

尽管如此，美国国内的媒介独占局面仍然难以改观，观念自由的理想已经被媒介连锁经营机制所取代。 媒介行业不仅财力资源集中，其劳动力市场也趋向一致；合众社和美联社垄断了传播业，电影和电视也被寡头的报业集团部分或全部垄断。

美国的媒介私有化政策导致世界媒介体系出现了大规模的经济休克。 在欧洲一些媒介强国，其工商业发展早已有四百多年的历史，深厚的商业底蕴为美国跨国媒体的商业化扩张和兼并提供了良好的商业背景。 随着美国跨国媒体经济活动的不断扩展，其商业化垄断所形成的市场压力使欧洲国家历史悠久的公营公有制媒体也开始了私有化的媒介变迁。 到 20 世纪 80 年代，除了丹麦、瑞士、挪威等几个北欧国家以外，欧洲国家的商业电视已开始大量依赖广告的支持。

自 20 世纪 50 年代起，德国的经济迅速恢复并进入高速发展期，到 20 世纪 70 年代初，由于生产成本和科技进步，德国报业的市场结构发生变迁。 德国报业为私有企业性质，相比其他媒介手段，报业的所有权集中程度更高，与经济利益集团结合更紧密，更加依赖广告生存。 报业与广告的密切关系导致报纸的政治倾向受到私人利益集团的操纵和控制。 在经济与科技的压力下，德国报业的集中化现象日趋严重。 为抑制经济垄断对公共广播的影响，德国各联邦纷纷立法规定广播电视的公共事业性质，着力平衡私人商业利益与公共利益。 联邦新闻法规定，公共广播不应依赖广告生存或受其危害；经费来源应为各联邦规定的执照费以及各公司的广告收入，须不得以营利为目的。

我国媒体实行国有国营的媒介制度。 1978 年以前，我国实行计划经济体制，公有制经济占到国民经济的 99% 以上，新闻业作为文化生产的公共事业单位享受政府公共财政补贴，政府补贴制的媒介制度使新闻媒体对市场的依赖降低。 改革开放以后，逐步深入的经济体制改革在给媒体带来所有制改革压力的同时，也成为媒体商业化运作的动力。 受商业化和社会主义市场经济体制的影响，我国的文化产业开始实施"双轨制"的文化产业政策，新闻媒体的经营形式和组织建制也随之进行了结构性调整。 尽管如此，我国媒介体系建构的"自上而下"的权力关系原则并没有改变，媒介建制与管理的等级架构以及媒介经济的发展与转型都是在政府主导和政策调节下进行的，媒介体系建构过程中对经济利益的考量一直是以为政治利益服务为基本宗旨，媒介自由市场的垄断和寡头独占并未形成显性趋势。

4.3 中西方媒介话语体系的意义建构差异

4.3.1 意义建构与接受：国家想象与认同的建构差异

媒介制度对话语权的建构过程首先要建构社会对话语的想象和认同。 在话语传播中建构想象是一个框架和"知识"生产的过程，而认同则是话语传播者利用他所生产的知识教育和建构他者的认知的过程，这是一个连续的统一体。 在国家想象的"知识"框架中，中西方对话语定义存在着不同的知识系统和知识解读体制，不同结构的"知识"系统增加了国家或群体间交流的不确定性。

在国际传播中，新闻话语对国际社会建构的第一步就是建构国家想象和获得国际社会的认同。国家想象又称民族想象，安德森把民族国家称为"想象的共同体"，称民族国家无论对于外部群体还是群体内部成员来说，都是基于国家想象而建构出的意象。现代的新闻媒介为这种国家想象建构提供了平台和渠道，同时也成为国家想象的建构主体之一。国家想象的媒体建构有赖于新闻权力场域中文化资本和经济资本的共同累积。

对外传播话语体系的国家认同又称国际社会认同，社会认同（Turner、Tajfel，1986）是在现实冲突理论的基础上提出的理论概念。现实冲突理论认为，群体间的态度和行为反映了社会某一群体与其他群体之间的利益不均衡。当群体目标不一致时，即某一群体借由牺牲其他群体的利益为代价而达到自己的目标，冲突或竞争就会出现，群体间就会出现歧视或敌意的态度和行为。相反地，如果群体目标趋向一致，则群体间就较易于建立共识和友好合作关系。对个体的社会情感和价值认同，也同样解释了社会群体之间的社会归属所带来的情感偏好和价值认同意义。依据社会认同理论，获得国际社会的认同，并依此获得更多的资源分配和利益共享是建构和维护国际话语权的重要影响因素。因此，建构国家想象和国际认同已经成为我国对外传播话语体系建构所必须面对的首要课题。

建构国家想象和国家认同是一个知识建构的过程，国家与国家之间的互动是一个知识交流的过程，接受外来知识、开始适应并内化知识是完成话语建构的全过程。因此，建构知识的能力越高，其拥有的社会权力越大，建构效果越显著。

我国开始注重建构国家想象和提升国际认同是在改革开放之后，当我国媒体和大众开始面对我们想象中亦真亦假的世界和与我们或敌或友或若即若离的外民族国家时，我们才开始尝试接触这些生涩的概念。加入世界贸易体系以来，塑造一个同中国实力相符合并被国际社会认可的国家形象，也已成为从政府到媒体再到民众都普遍关注的社会议题。中国的对外传播媒体应该是较早面对这一实际问题的群体。严格来说，我国的对外传播媒体一直在努力对外建构着国家想象，也积极尝试获得国际认同，但却与强势的西方媒体所建构的中国想象相去甚远。 这种差距源自中西方媒体建构的国家想象存在知识结构的明显差异，因而也导致各方认知的截然不同。

首先，国际社会的认同度与国家想象密不可分，获得国际社会认同的基础是民族文化认同和利益相关。 只有让国际社会其他成员认同民族文化，才可能出现认同；其次是利益相关，当我们具备可以与国际社会其他群体共享的利益和资源时，我们才有可能获得认同。 事实上，中国媒体已经在做出相关努力和调整。 2005 年以来，我国媒体建设有了质和量的飞跃，在国际报道中声望正在逐步提升，报道援引或转载量正在大幅增加，对外新闻报道框架也逐渐呈现多元化趋势，着力呈现一个清晰而真实的中国形象已经成为我国对外传播媒体的长期目标和社会责任。

美国媒体的对外传播主要是围绕"主导"和"霸主"的形象而建构其国家想象，而美国媒体和学界也并不避讳谈及这些词汇。 2009 年 10 月，时任美国哥伦比亚大学新闻学院教授的舒德森（Schudson，2009）在一份题为《美国新闻的重构》[①]报告书中就明确指出，从 20 世纪 70 年代到 21 世纪初，美国媒体就一直雄踞世界媒体的霸主或垄断地位。 伴随其强大的经济资本而左右世界新闻体系的导向。 20 世纪 70 年代，美国就将他的世界新闻标准推向了欧洲大陆，在对欧洲媒体形成巨大的商业化冲击和竞争的同时，也以其所谓"专业主义新闻模式"对欧洲大陆媒体进行专业化建构。 尽管欧洲各国对所谓"美国标准"的接受程度各不相同，但从某种程度上来说，美国强大的"新闻知识系统"仍然重构了欧洲大陆的媒介制度模式。

4.3.2 话语权力建构过程中的制度化和专业化差异

我国的对外传播一直是以政府为主导、媒体为介质的对外传播实践活动，在政府和政策等国家制度权力的影响下，媒介制度的自主程度较低。 从中华人民共和国成立以来的对外传播实践看，政治制度权力一直在文化生产场域

---

① Michael Schudson：*The Reconstruction of American Journalism*，Columbia University Publiations，2009：10.

占据主导地位，国家权力的介入使媒介制度自主性过低，对政治制度形成高度依赖，新闻场域权力与政治场域权力的高度重合使新闻场域权力的经济资本很低。　改革开放后，由商业化形成的制度休克使媒介制度结构逐渐发生变化，多种所有制的体制改革以及商业化资本经营部分提升了媒介制度的自主性和话语生产的多样性，但由于我国媒体对国家政治经济制度的长期高度依赖使媒介话语不足，媒体职业化建构过程实施缓慢，因此影响了话语的社会建构效果。　同时，媒体自身的制度化过程弱化或缺失则会被社会权力场域中主导的制度权力取代，如我国政府新闻发言人制度的建立就是一个典型的例证。我国媒体的制度规范绝大多数来自政府政策和制度规定，国家政策的调整必将会导致新闻标准和规范的改变，因此也会影响媒介话语的强度及其稳定性。

符号权力对社会现实的建构是框架想象和认同，实施一体化、职业化和制度化的建构过程，职业化体系建构程度影响社会现实建构的结果。　职业化过程是将话语认同所获得的资源和情感价值内化于职业惯习和实践中来完成社会现实建构。　美国媒体建构的媒介制度标准和规范是其建构国家话语权最重要的制度权力，其制度模式被西方学者称为当代新闻的"概念"模式（Chalaby，1996），也就是说"美国标准"已经内化为世界新闻体系的系统知识。　美国新闻的"客观性""事实""独立""监督"（"看门狗"）是美国"专业主义"模式的概念框架，更被西方学者在媒介研究中广泛运用，并运用可量化指标来巩固其科学性，成为整个 20 世纪的专业新闻模式（Mancini，2005）。

当知识系统在群体间流动时，会受到接受知识群体一方的反抗，这种反抗力量来自接受群体固有的文化惯习。　新闻媒体自身的职业惯习即新闻传统是媒介话语中最具连续性和稳定性的因素，也是影响媒介话语体系建构结果的内在动因。　传统知识的形成都有其深厚的历史文化和制度背景，是在长期的社会制度斗争中形成并稳定下来的，对社会现实建构的职业化过程起到促进作用。　当美国媒体以其"美国化"标准称霸世界的时候，欧洲媒体仍然能够保持其无可争辩的话语权，其深厚的欧洲文化"积淀"是构成反抗"强知识系统"的主要力量。　这种反抗力量通过欧洲国家的主导意识形态、表征以及话语来建构"欧洲标准"、多元的"社会想象"以及"建构的认同"。

法国的党派媒介制度模式有着近两个世纪的文化和历史传统，其政治写实主义的新闻话语风格与法国媒体对学术传统有着持续而紧密的认同有着密切的关系。 法国媒体与知识界关系极为密切，一批有世界影响力的知识分子为媒体撰稿。"法国媒体有着自己独特的文化特征，对美国化的新闻实践既不欢迎也不拒绝，只是用自己的方式来适应它，并最终融合成'法国版'的当代新闻。"①

4.4 我国对外传播话语体系的建构能力分析

话语系统对社会现实的建构是实施一体化、专业化和制度化来架构想象和认同的过程。 在话语体系建构过程中，话语生产及其呈现是体系建构的外在表征。 在国家间媒介制度及其社会制度权力关系存在明显差异的前提下，社会现实的建构结果必然会显示出差异性，在国际传播实践中，新闻话语的冲突是话语权体系建构的结果，也是制度权力关系的符号表征。 新闻场域是话语之争的主要场所，获得议程设置的能力就控制了话语权，进而引导内容创造及舆论走向。

4.4.1 新闻话语文本分析的三维框架

话语的操作化定义包括了"围绕着某一社会问题的特定诊断分析和解决方法而组织的有限的相关论述"（Ellingson，1995）。 话语结构分析对于检验新闻话语的修辞功能以及判断何种话语模态更具传播力是十分有效的工具。话语形成有其内在的规则系统，话语结构分析方法可以分析社会行动者建构话语的方式，以及如何精简议题的主题、内容和拟解决的问题。

话语分析的语言学功能主要强调话语的概念功能、人际功能和话语功能。概念功能主要是指及物性，主要通过动词短语和名词短语来实现及物关系。人际功能是指语言的交际关系的维护和建立功能，主要通过语气和情态系统来完成。 话语功能主要指语言本身与接近者的情景联结的功能，它主要是通

---

① Thomas Ferenczi：*L'invention du journalisme en France：Naissance de la presse moderne a`la fin du XIXe sie`cle*，Plon，1993：42.

过主述位即语态系统来表达。因此，话语功能分析主要考察文本中的及物性、情态、语态（被动语态）和伴随状语及非谓语动词短语的应用（即所谓的名物化）。其中，话语的情态系统运用主要是可以考察说话者的承诺程度以及能力责任的判断，也可以根据情态动词的态度等级来判断说话者与听话者之间的社会权力距离和权力关系。在英语中，除了情态动词以外，形容词、副词以及人称代词、实义动词、时态和直接引语/间接引语等都可以完成情态意义的表达。语态分析是为了分析话语的性质和目的，而名词短语与伴随状语等使用则隐藏施动者的身份，使读者忽略施动过程只关注事件本身，这不但可以产生和增加客观化效果，也可以突出或强调话语所要传达的目的和意义。在西方的新闻话语中，名词化和被动语态的运用可以以其专业方式来制造"令人信服"的"事实"，为有权力的话语接近者提供安全而合法化的表达空间。

对新闻事件和新闻话语的接近是制度权力话语再现的主要元素。因此，新闻话语与其他构成权力基础的社会稀缺资源一样存在着资源分配不均的现象。对话语权接近的分析可以通过对标题或引用来源来分析。话语权接近的测量也可以作为社会制度权力的测量指标。在新闻话语分析中，出现在记者报道文本中的采访对象通常是社会制度权力拥有者或优先者，事实上，制度权力的垄断程度以及文化差异通常可以在媒介接近模式中得到体现。

本书依据新闻行动者话语生产的实践过程，以新闻话语的内在结构特征为基础，搭建了新闻话语结构分析的三维框架，即话语图式分析、话语文本分析和话语接近策略分析的三个阶段性维度分析框架（见图4-1），并以此为分析模型对新闻样本进行研究。

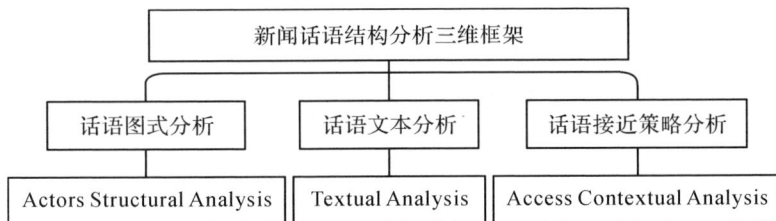

图4-1 新闻话语结构分析的三维框架

第一阶段是话语图式分析，话语图式分析又称行动者结构分析，包括时间、地点、话语议程（Agenda）、话语目标（Topic）和行动者等。

第二阶段是话语文本分析，也是话语分析的主体部分，包括文本语言、流派、言语行为、风格、修辞、文本特征等。也就是说，谁能、可能或必须说什么，对谁说，怎样说，在什么情况下说，对接受者产生什么影响，对文本分析主要考察文本中的及物性、情态、语态（被动语态）、伴随状语及动名词短语的应用。

第三阶段是话语接近策略分析，主要考察话语参加者的话语权接近程度。如记者的立场是否有偏向性；政治家的权力（主要分为话题人物和评论人物两类，例如出现在新闻图片上的和报道中参加评论的政治家）；被动接近的民众（通常放在小标题里而且被嵌于负面框架中以便让他的可信度无效）的话语接近。话语使用者的接近模式分析注重考察新闻话语的生成语境，需结合具体社会权力关系情境进行分析。

4.4.2　中国对外传播话语文本结构分析：以《中国日报》为例

《中国日报》（*China Daily*）是改革开放以后我国最早出版的英文报纸，也是目前被海外各通讯社和媒体转载率最高的中国主流报纸。作为"亚洲新闻联盟"中唯一代表中国的成员报纸，《中国日报》被公认为中国最具权威的英文刊物，在西方主流社会享有一定声望和地位。将《中国日报》作为样本来分析中国对外传播的新闻话语建构可以了解我国媒体的对外传播话语建构能力和现状。为便于和美国媒体进行比较，将选择与美国CMN同一天对该新闻事件的报道来分析《中国日报》的新闻话语模式。

4.4.2.1　《中国日报》国际新闻报道的新闻话语文本结构分析

新闻样本来源[①]为《中国日报》美国官方网站2014年2月12日的报道，新闻事件同样是关于台湾大陆委员会负责人王郁琦于2月11日到2月14日参访南京和上海，并与国务院台湾事务办公室主任张志军会谈的报道，具体见图4-2。

---

① 语料来源：Liaison mechanism to be set up across Straits，《中国日报》美国官网，http://www.chinadaily.com.cncndy2014-02/12/content_17277849.htm。

图 4-2　《中国日报》报道新闻图片分析

（1）新闻行动者结构分析

表 4-2　《中国日报》新闻行动者结构分析表

行动者（Actors）	行动者描述（Description）
标题	Liaison mechanism to be set up across Straits 中：海峡两岸即将建立联络机制
记者	Zhao Shengnan in Nanjing，Qin Jize and Pu Zhendong in Beijing（China Daily USA）
时间	2014 年 2 月 11 日（星期二）
地点（中国南京）	The choice of Nanjing as the meeting venue has special resonance，as it was the capital of the then-Kuomintang government. Nanjing is also the location for the tomb of Sun Yat-sen，a founder of the Kuomintang and pioneer of the Chinese democratic revolution respected by both sides. 中：会面地点选在南京是有特别的共鸣，因为那里曾经是国民党政府的首府。南京也是孙中山陵墓所在地，他是国民党的创始人，也是受两岸共同尊重的中国民主革命的先驱 地点分析：《中国日报》对会面地点安排的解释也突出强调了会谈双方的共识，巩固前面达成协议的报道目的
行动者	政客（出现在图片中）：王郁琦、张志军 中方专家学者 《中国日报》新闻行动者分析：话语使用者为参与会面双方政客，中国两位学界专家。无国外媒体和其他外方人员参与，欠缺多元声音可能会引发质疑 CNN 新闻行动者分析：行动者涉及参与会面的双方政治人物、未参与会面台湾地区领导人；中外以及第三方媒体，消息源比较充足；除转述新华社报道外，中方声音较少，明显呈现话语权力的偏向

（2）新闻议程分析

表 4-3 《中国日报》新闻议程分析表

议程名称	议程描述
导语	大陆和台湾在历史性对话之后同意加强沟通。 英：Mainland and Taiwan agree to beef up communications after historic dialogue.
图片（见图 4-3）	图片分析：双方交握的手，表达话语目的即双方已达成沟通协议
	比较 CNN 报道图片的框架差异：双方并未交握的手，表达话语意义双方未达成沟通协议
事件陈述	达成协议、协议内容解析（2—5 句）
信息源 1	援引和转述会谈双方对两岸关系的评价（6—15 句）
信息源 2	专家学者对此会谈的分析和建议（16—23 句）
《中国日报》报道文本的议程设置	王郁琦的行程安排（包括地点、随行人员以及中方专家对行程安排的评价）（24—26 句）
	之前台湾方面其他重要政客的来访（27 句）
	台湾方面对此次王郁琦访问的积极评价（28 句）
	议程设置为正向报道倾向，立场积极
结论	《中国日报》：明确双方谈话同意建立沟通机制，分析还有很多细节问题需要落实（正面客观议程） CNN：这次谈话仅止于接触，不会签署任何特别协议，双方立场依然对立（负面议程设置）

4.4.2.2 《中国日报》新闻话语文本及接近模式分析

本书对《中国日报》新闻报道内容采用话语接近模式分类法进行文本格式分类，通过对话语参与者的分类来明晰话语建构者的真实目标。《中国日报》新闻话语的文本分析将结合 CNN 相同事件报道的新闻文本进行比较分析，以区别中美英文报道文本语言、流派、风格、修辞、文本特征等的差异。在中西方文本中比较的类目将包括及物性、情态系统、时态系统、语态系统、互文性以及名物化；同时对话语参与模式即话语权接近模式进行分析，以判断中美双方对此次事件的报道倾向和权力运用。

对《中国日报》的新闻文本分析除了将重点放在及物性、情态系统和互文性以外，还将着重分析中国对外报道文本中的时态和语态运用。 在英语时事新闻报道中，过去时态是通用时态，但这在中国的对外报道中往往成为话语表达的突出问题，常常有时态和语态混乱表达的现象发生。 另外，伴随状语、动名词短语等名物化的运用，在对外传播的文本建构中也常常成为质量误区，并常常引发指涉歧义。

（1）《中国日报》新闻话语文本功能分类

表 4-4　《中国日报》新闻话语文本功能分类图表

The Chinese mainland and Taiwan agreed on Tuesday to *establish a liaison mechanism* in their first formal meeting since 1949.

The agreement【 was reached】after Zhang Zhijun, head of the State Council Taiwan Affairs Office, *held a landmark dialogue* with visiting Taiwan mainland affairs chief Wang Yu-chi in Nanjing, capital of Jiangsu province.

The mechanism will aim at 『*tackling*』*major divergences* and 『*facilitating*』*all-round development* of cross-Straits relations.

However, it will not *replace existing communication channels* such as the mainland's Association for Relations Across the Taiwan Straits and Taiwan's Straits Exchange Foundation.

『Describing the progress of cross-Straits ties as {"a journey of ups and downs"} over decades,』Zhang said {the mainland and Taiwan must *avoid self-inflicted setbacks.* }

{"From early military conflicts and political confrontations to the gradual easing of tensions, numerous people from the two sides have *made tremendous efforts* to *create the current conditions* of cross-Straits ties,"}Zhang said.

He reaffirmed that{『opposing "Taiwan independence" and adhering to the』"1992 Consensus" are the political basis for the peaceful development of the cross-Straits relationship. }

Zhang and Wang agreed to *leave* more *room* for imagination in order to *achieve a* further *breakthrough* in the relationship.

{"As long as we are on the right path, the destination will not be far,"}Zhang said in opening remarks.

Wang said at a news conference after the meeting {that both sides *need new methods and ideas.* }

{"We also need to *face reality* and *carry out the agreement* reached. As long as both sides *show good faith*, the situation will forge ahead on the right track,"}he said.

『Explaining the mechanism』, he said{that senior officials from the two departments could "just pick up their mobile phones and talk". }

『Referring to the historic meeting』, Wang said {it "does not come easy -it is the result of interaction between the two sides for many years". }

Wang invited Zhang to visit Taiwan, and Zhang accepted.

Analysts said {the meeting offers a new platform for interaction between the mainland and Taiwan, which are likely to gain experience for further consultations. }

{"The institutionalized communication mechanism creates plenty of room for the two sides to develop cross-Straits ties ,"} said Ruan Zongze, vice-president of the China Institute of International Studies.

{"The development of cross-Straits ties has entered a critical stage because most of the easy problems【have been tackled】after years of efforts between the two sides and the remaining issues are all difficult ones ,"}Ruan said.

{"『With more interaction between the cross-Straits affairs agencies,』hopefully the two sides will shift the focus from routine affairs to political issues,"}he said.

{"At some point, the two sides will have to move forward and start to tackle the once untouchable problems. "}

Ni Yongjie, deputy director of the Shanghai Institute of Taiwan Studies and head of Cross-Taiwan Straits Studies magazine, said {regular liaison between the two departments means diversified channels of communication. }

{"As the two-way interaction between the mainland and Taiwan has been increasing rapidly in areas such as tourism, economy and trade in recent years, new problems emerge as well,"}Ni said.

{"It is simply not enough for people across the Taiwan Straits to rely on the mainland's Association for Relations Across the Taiwan Straits and Taiwan's Straits Exchange Foundation to solve problems ,"}he said.

『The choice of Nanjing as the meeting venue』 has special resonance , as it was the capital of the then-Kuomintang government. Nanjing is also the location for the tomb of Sun Yat-sen, a founder of the Kuomintang and pioneer of the Chinese democratic revolution respected by both sides.

Wang is leading a 20-strong delegation on a four-day trip to the mainland. On Wednesday, he will visit Sun's mausoleum and deliver a speech at Nanjing University. He will end his trip in Shanghai.

{"The visit (to the mausoleum) at least shows that Wang is in line with Sun's political ideals. The action per se is an expression of Taipei's stance,"}Ruan added.

In 2005, then-KMT chairman Lien Chan's ice-breaking trip started in Nanjing. In the same year, chairman of Taiwan's People First Party James C. Y. Soong spoke in Nanjing dialect when giving a speech in the city.

A survey in January by Taiwan's mainland affairs department showed that 60 percent of

Taiwan people ⎡agreed⎤ that pragmatic exchanges between officials in charge of cross-Straits affairs are conducive to the <u>healthy</u> development of cross-Straits ties.

图示说明：及物性，见文本中斜体字部分；情态系统，见文本中下划线部分；时态系统，见文本中加框文字部分；语态系统，见文本中加注【】部分；互文性，见文本中加注﹛﹜部分；名物化，见文本中加注『』部分。

（2）《中国日报》新闻文本与话语使用模式分析

第一，及物性（见文本中斜体字部分）。

表 4-5　《中国日报》新闻文本及物性分析

媒体	CHINADAILY	CNN
及物性：用来表达施动者即主语的实际目的和行为意义以及对归属关系的判断	*establish a liaison mechanism*；*held a landmark dialogue*；*tackling*『 major divergences*；『 facilitating 』 all-round development*；*replace existing communication channels*；*avoid self-inflicted setbacks*；*made ... efforts（to）create the current conditions*；*leave ... room*；*achieve a break through*；*need new methods and ideas*；*face reality*；*carry out the agreement*；*show good faith*；*offers a new platform*；*gain experience*；*creates ... room*；*develop cross-Straits ties*；*entered a stage*；*shift the focus*；*tackle the ... problems*；*solve problems*；*has ... resonance*；*deliver a speech*；*end his trip*	*Not suffer any more twists and turns*；*open a regular communication channel*；*considers ... a province*；*never ruled out the use of force*；*achieve reunification*；*oversees the island's China policy*；*invited Zhang to visit Taiwan*；*understand society and popular sentiment*；*not sign any specific agreement*；*reflects two important trends*；*punish ... news outlets*；*address protecting the freedom ...*；*calls itself ...*；*held their ... talks*；*marking the ... contact*；*soured the ... visit*
频次	23	16
行动者参与	大陆,《中国日报》	大陆、台湾,美国,CNN

及物性主要用来表达施动者即主语的实际目的和行为意义，以及对从属关系的判断，包括传播的核心物质要素，即传播者情感诉求、行动过程及意义实现的传播实践。《中国日报》的报道中共出现 23 组动宾词组，和美国 CNN 报道中的及物动词使用 16 次相比有较多呈现。但就文章字数比例而言，中国（725 字）比美国（431 字）的使用频率略低。文本中有实际意义的行为主要用来阐明"举行这次标志性对话"的目标和成果是"建立沟通机制"，这个机制是为了"扭转分歧"和"促进"两岸关系而"创造的平台"，也是为了"解

决两岸关系中的实际问题"而建立。 大陆官员重申坚持"反对台独"的立场，双方都认为在两岸关系当中可以"留下更多想象空间"以"实现更多突破"。 学者也认为，此次会谈为两岸关系"创造了互动空间"，称现在已经到了两岸关系的"关键时刻"，应该开始"解决一些以前不能触碰的政治问题"。《中国日报》的这篇报道是以压倒性的中国声音报道整个事件，这与CNN新闻中所表达的"不会签署任何协议"，以及双方的立场断言极有差异，由此验证了中美媒体对该议题的立场差异。

第二，情态系统（见文本中下划线部分）。

表 4-6 《中国日报》新闻文本情态系统分析

媒体	CHINADAILY	CNN
情态系统（情态动词、修辞、虚拟语气等）：用以强调和突出交际双方对关系建立和维护的态度	first formal；must；early gradual easing；numerous；tremendous；peaceful development；more *room*；*a further*；could "just；com e easy；likely to *gain*；*plenty of* room；*a critical stage*；the easy problems；all difficult ones；hopefully；have to move；regular liaison；diversified channel；increasing rapidly；simply not enough；*special resonanc*；ice-breaking trip；healthy development …	We *should* both be resolute to not … suffer any more twists and turns；*never* let it …；quite unimaginable；extraordinary significance；acrimonious split；never ruled out …
修辞占比	23/26	5/6

情态系统用以强调和突出交际双方对关系建立和维护的态度，其中情态动词的运用是表达立场预测目标以及能力责任的主要途径，同时选择运用不同层级的情态动词还是表达不同等级情绪和态度的最佳方式。 语言只有影响到信仰才可影响到行为，而信仰又在于对言者和信息的可信度，以及信息和现实之间的契合度的判断，这一切都通过情态系统来表达。 此外，修辞的运用也会增加文本的描述性意义。 修辞是汉语中使用较为频繁的话语，尤其在中国的新闻报道中，中国话语有最丰富的情绪表达系统，但在英语文本生产中，选择适当的情态表达将更为有力。 在本篇文本中情态表达共 26 处，其中用来修饰和形容状态或者行为程度的修饰词如形容词和副词占了绝大多数，共 23个。 形容词的运用有突出感情色彩和态度表达的功能，但是过多使用容易造成文本的感性倾向和不客观嫌疑。

情态动词的运用是为了强调和突出交际双方对关系建立和维护的态度，在样本书本中共出现 3 个：张志军代表大陆政府表达中方对两岸问题的立场时指出"大陆和台湾必须避免自己造成的挫折"，不可以再让关系倒退；当王郁琦在解释沟通机制时，他表达了目前可以做到和承担的责任是"两个部门的高级官员可以拿起手机谈话"；中国国际研究院副院长阮宗泽在对这次会谈做专家点评时指出，"在某些问题上双方将不得不向前走，开始解决以前不能触碰的问题"。从三个参与者表达的对两岸关系的立场和责任承担程度可以看到学界在建议推进解决政治问题，中国政府要求处理两岸关系不能犯错更不可以倒退，而台湾当局则表达了可以"谈话"的政治能力。《中国日报》在立场表达上与中国政府是高度一致的，这与 CNN 的质疑形成反差。应该注意到，在 CNN 报道中极少使用修饰性形容词，而改为使用大量的名物化技巧来表达程度和趋势，在增加其说服力的同时，也体现出了文本的客观性。这是中国对外新闻报道中需要借鉴的加工技巧。

第三，时态系统（见文本中加框文字部分）。

话语文本中时态的运用可以显示出话语的时序性和真实程度，同时也可以兼具表达情感的意味。在英语时事新闻报道中，过去时态是通用时态（直接引语除外）。我们可以看到 CNN 报道文本中，除个别表达客观事实或者一直存在的状态时会运用现在时态或者现在完成时态，其余部分都是以过去时态来完成。过去时态的运用除了能表达新闻事件是刚刚发生或已经发生的以外，主要是为了用过去时态来显示所描述新闻事件的客观性和真实性，增加可信度和话语效度。英语报道中，将来时态的运用最少，对未来的预测往往通过情态动词的使用来代替将来时态的愿望或计划，在新闻报道中用情态动词或者名物化用法来代替将来时态既可以通过预测未来发生的可能性来显示说话者的责任承担，也可以隐藏掉施动者的身份，避免实施未来计划或目标的权力拥有者受到质疑。这是西方新闻话语对制度权力的一种保护和自我保护方式。中国对外传播中时态系统的运用成为话语表达的突出问题，常常有表达混乱的现象发生。

该篇中国新闻文本除了直接引语中的时态以外，其时态系统基本以过去时态为主，因此，本书将只对非过去时态部分加以问题分析。

将来时态在文本中的运用是表明将要发生的行为或者表达未来计划或者目标，而非描述既成事实的存在，对时间顺序的区分也是对新闻话语真实性的评估。

例如：The mechanism will aim at tackling major divergences and facilitating all-round development of cross-Straits relations.（机制将旨在解决主要分歧和促进两岸关系全面发展）和 However, it will not replace existing communication channels such as the mainland's Association for Relations Across the Taiwan Straits and Taiwan's Straits Exchange Foundation（然而，它将不会代替现有沟通渠道，如海协会和海基会。）

这两句是对会谈中已经达成的协商机制进行解释，事实上这里用到的将来时态并不是将要发生的动作或计划，而是对协商机制的内容和功能性质进行详细解读。使用将来时态不但会增加这个协商机制达成与否的不确定性，而且与之前已经使用过去时态指明的"协议达成"的描述上下文不符。

上文（前句）The agreement was reached after Zhang Zhijun, head of the State Council Taiwan Affairs Office, held a landmark dialogue with visiting Taiwan mainland affairs chief Wang Yu-chi in Nanjing, capital of Jiangsu province.（在张王举行标志性对话后协议达成）已经明确表达协议达成的"事实"存在。

上下文时态表达的不相符容易引发读者对新闻可信度的质疑。在英语新闻写作中，对这种情况的处理通常是通过名物化过程和保持时态一致性来增加文本表达的确定性和可信度，从而增加话语权力。

为了保持和前文的时态一致，通过名物化过程可以将这两句更改为：Aiming at tackling major divergences and facilitating all-round development of cross-Straits relations, the mechanism would not replace existing communication channels such as the mainland's Association for Relations Across the Taiwan Straits and Taiwan's Straits Exchange Foundation. 这样可以保证在意义表达不变的情况下，保持上下文一致，增加文本信度。

除上面的时态使用文本范例之外，此次报道文本中还有一些时态运用值得商榷，在此不一一赘述。

第四，语态系统（见文本中加注【 】部分）。

语态系统是表达文本中各概念之间的关系、性质和目的的功能系统，其中被动语态的运用可以制造"令人信服"的"事实"，并且隐蔽权力行使一方的身份，为有权力的话语接近者提供安全而合法化的表达空间。 英语报道中被动语态是常用的句子形态，在《中国日报》700 余字的新闻文本中，被动语态共出现 2 次，一次是文本列举"协议已达成"的事实；一次是专家建议指出两岸关系中简单问题"已经解决"，接下来要解决政治问题。 除此之外，整篇文本均采用主动语态来表达。 而从 CNN 的新闻话语分析我们可以看到，其被动语态的运用在 400 余字的文本中共出现 4 次。

被动语态的运用主要是对过去所发生的"事实"进行定性。 CNN 在文本中使用被动句来确认"两岸一直是分而治之"的两个政府的性质，而且用两名被排除代表团外的记者事件为这次"历史性访问"定性成"变了味"的谈话。其话语文本中隐含的权力和负面倾向可以轻松实现合法化。 这是中国对外传播中话语运用的弱点。 中国的英语新闻与汉语习惯相关，汉语中的语言使用习惯是通常把施动者（人）放在句首，而把作为动作对象的物或者事放在后面，突出重点是强调"谁"做了什么，而英语则完全相反，英语新闻中往往把物或者事放在句首，以突出其重要性，主要强调"什么"怎么样了，这种英语文本表达被确定为"客观表达"，而汉语的语言表达习惯被定义为"主观性"太强，缺乏可信度。 了解语言习惯的差异，改善新闻文本生产的能力是我国对外传播职业化建设中一直面临的问题。

第五，互文性（见文本中加注｛ ｝部分）。

表 4-7 《中国日报》新闻文本互文性分析

媒体	CHINADAILY	CNN
互文性：转述是文本间互文的一种重要表现形式，在新闻话语中，转述是一种话语再现，直接引用和间接引用往往表达的是话语转述者自己想要传达的目的；跨媒介互文成为多元化媒介生产的重要手段，多样信源和多元声音被认为能够增加文本的可信度。	{"a journey of ups and downs"}over decades，」Zhang ⬚said {the mainland and *Taiwan* <u>must</u> *avoid self-inflicted setbacks.* } {"From <u>early</u> military conflicts and political confrontations to the <u>gradual</u> easing of tensions，<u>numerous</u> people from the two sides ⬚have *made* <u>tremendous</u> *efforts* to *create the current conditions* of cross-Straits ties,"}Zhang ⬚said. He ⬚reaffirmed that{「opposing "Taiwan independence" and adhering to the」1992 Consensus ⬚are the political basis for the <u>peaceful</u> development of the cross-Straits relationship. }； {"As long as we are on the right path, the destination will not be <u>far</u>,"}Zhang ⬚said in opening remarks. Wang ⬚said ... {that both sides *need new methods and ideas.* } {"We also need to *face reality* and *carry out the agreement* reached. As long as both sides *show good faith*, the situation will forge ahead on the right track,"}he ⬚said. he said{that senior officials from the two departments could "just pick up their mobile phones and talk". } Wang ⬚said {it "does not come <u>easy</u>- it is the result of <u>interaction between the two sides for many years</u>". } Analysts ⬚said {the meeting ⬚offers *a new platform* for interaction between the mainland and Taiwan, which are <u>likely</u> to *gain experience* for further consultations. } {"The institutionalized communication mechanism *creates plenty of room* for the two sides to *develop cross-Straits ties*,"} ⬚said Ruan Zongze {"The development of cross-Straits ties ⬚has ⬚entered *a critical stage* because most of <u>the easy</u> problems【have been tackled】after years of efforts between the two sides and the remaining issues are <u>all difficult</u> ones,"} Ruan ⬚said. {"「With more interaction between the cross-Straits affairs	{said the visit had "*extraordinary significance*",}； {*We should both be resolute ... never let it (the relationship) go backward,*"}； {*Being able to sit down ... past,*" Xinhua quoted Wang as saying}；{Taiwan's MAC *said that ... and popular sentiment* }； {China's state news agency *Xinhua said ... communication channel*}； {Wang *said ... specific agreement*}； {*Taiwan's ... News Agency said ... the press at the meeting*}； {*The Chinese government's refusal ... for ... coverage,*" said Sarah Cook}

媒体	CHINADAILY	CNN
	agencies，⌋hopefully the two sides will *shift* *the focus* from routine affairs to political issues，"}he said.	
	{"At some point, the two sides will have to move forward and start to *tackle the once untouchable problems*."}	
	Ni Yongjie,... , said {regular liaison between the two departments means diversified channels of communication.}	
	{"As the two-way interaction between the mainland and Taiwan has been increasing rapidly in areas such as tourism, economy and trade in recent years, new problems emerge as well,"}Ni said.	
	{"It is simply not enough for people across the Taiwan Straits to rely on the mainland's Association for Relations Across the Taiwan Straits and Taiwan's Straits Exchange Foundation to *solve problems*,"}he said.	
	{"The visit (to the mausoleum) at least shows that Wang is in line with Sun's political ideals. The action per se is an expression of Taipei's stance,"}Ruan added.	
媒体间互文占比	0/17	5/8

互文性是话语权力及其使用权模式的最直接表现，也是话语分析的重点。转述是互文性的一种重要形式，在新闻话语中，直接引用和间接引用是一种源话语的再现，往往表达的是话语转述者自己想要传达的目的。直接引语的应用是话语权力使用模式的体现，而间接引语的运用则体现媒体本身对话语权的使用目的。本次分析的文本中直接引语和间接引语的转述主要来自两个权力方向：一个是政府，包括中方政府官员（张）和台湾当局官员（王），另一个是专家学者（阮和倪），除报道媒体自身外，没有出现第三方媒体。文本的互文性通常也被作为新闻报道公正性和客观性的一个评估依据，因此在话语转述中需注重权力使用的平衡。在 CNN 的转述中显示，媒体的权力使用占到其转述的直接引语和间接引语的大多数。无论是其对新华社报道的间接引用，还是对美国自由之家说法的直接引述，以及数次提到的记者事件，虽然 CNN 这篇报道是"项庄舞剑，意在沛公"，但是其话语权力使用模式

却值得借鉴。

第六，名物化分析（见文本中加注『』部分）。

名物化是英语新闻报道中常见的文本技巧，它的使用可以在简化文本结构的同时，突出强调话语重点，不但可以增加文本的客观化效果，也可以突出话语文本的目的和权力建构的意义，且名物化在句首的运用会增强话语的说服力。名词短语与伴随状语等的使用可以隐藏施动者的身份，使读者忽略施动过程只关注事件本身，这不但可以产生和增加客观化效果，也可以突出或强调话语所要传达的目的和意义。在《中国日报》的报道文本中，名物化主要是以介词宾语形式出现的名物化形式和以伴随目的功能形式出现的名物化形式，其他形式运用较少，名词化动词的运用只出现一次。这种带有概念界定功能的名物化用法是英语新闻中最常见的方式，灵活运用该类名物化用法可以使文本重点分明、观点清晰。如果本书在表达中方政府和知识分子的立场和观点时多使用这种形式则会更增加其观点的明确性和可信度，同时也会更加突出其立场和目的。

通过上述文本分析及话语接近模式分析，我们已经考察了本次新闻行动者的权力分配，如记者的立场偏向、权力话语的被间接转述和质疑，从中我们可以解读出中国对外传播中媒介话语建构的能力问题，更可以认识到新闻话语权力建构的价值力量，即运用话语模式建构社会"真实"的制度合法性。我们最后再比较一个同时出现在中美文本中同一个修饰词的不同运用所产生的不同效果，就可以验证媒介话语对话语建构的倾向性"力量"。

在 CNN 的报道文本中出现过一句转述台湾大陆委员会负责人王郁琦的话，CNN：On his departure from Taipei, Wang said the visit would not be "easy" and the two sides would not sign any specific agreement.（在王动身离开台北时，他说此次出访将"不容易"，双方将不会签署任何特别协议。）CNN 将王郁琦所说的"不容易"用在这里来预示下文的记者风波，并通过转述王郁琦的话来确定这次出访不会达成协议的话语建构目标。

在《中国日报》的这篇报道中，我们同样找到了王郁琦口中的"不容易"：Referring to the historic meeting, Wang said {it "does not come easy- it is the result of interaction between the two sides for many years".（在谈到

关于这次历史性会面，王说它"来得不容易是多年来双方互动的结果），在《中国日报》的报道中用到的是直接引语，引用王郁琦本人的话来说明这次历史性会面的得来不易，而不是 CNN 所表达的这次出访将会"不容易"。

新闻话语的权力建构需要专业性权力对话语结构及其合法性进行不断的维护与更新。 作为新闻话语生产主体的专业新闻行动者，具备比较中外话语文本结构性差异的分析能力和叙事能力有助于认知倾向性话语建构的技术力量，也为改善我国对外传播话语生产能力，构建融通中外的话语传播体系提供话语技术优化的可能性。

5

中西方媒介话语体系差异的影响因素

    中西方国家由于社会文化和历史传统的不同，社会制度秩序存在着很大差异，作为介质制度的媒介制度也因社会制度环境的影响，制度模式各不相同。媒介制度在特定的社会制度情境即社会制度权力关系中形成其制度权力，该制度权力包括其经济资本和文化资本的总量，在话语建构过程中，媒介话语通过对话语的制度化建构过程实现对社会现实的建构。媒介话语的差异成为影响媒介话语体系建构差异的直接因素，而影响媒介话语结构的各国社会制度权力关系模式及其变化的差异则是影响国际传播话语权差异化建构的外部环境因素，它主要是指各国政治制度、经济制度、社会文化制度之间权力关系的差异。在世界新闻传播体系的发展过程中，中西方国家社会制度权力关系模式的差异及其变化会影响其媒介制度的权力的差异及变化，并最终导致中西方对外传播话语的制度化建构过程的差异变化，即话语体系建构的差异。因此，媒介话语体系建构差异的影响因素分析框架需从两个概念层面建构，一个是媒介制度的外部环境（社会制度权力关系）差异，另一个是媒介话语的能力差异。

5.1　媒介话语体系差异影响因素的分析框架

媒介话语体系建构的差异主要归因于媒介话语关系模式及话语建构模式的差异，媒介话语关系模式是话语体系建构的制度导向和关系框架，话语建构模式是话语体系建构的实践导向和专业化框架。媒介制度的外部制度环境差异会影响对外传播的制度权力模式的形成及其偏好，媒介话语差异则会影响话语建构模式的差异。

5.1.1　媒介话语关系模式的分类与媒介制度偏好

媒介制度的外部制度环境差异会影响话语建构的制度权力关系模式的形成及其偏好。媒介制度对话语权的建构过程是在特定的制度情境即权力关系中建构话语生产，并通过话语的制度化建构过程建构话语权。媒介话语关系的形成是社会制度权力之间不断竞争博弈的结果，在社会制度权力的持续斗争中，优先制度的形成将会成为媒介话语模式的制度导向，影响整个话语建构过程的方向和目标。

媒介话语关系模式是指按照媒介制度与社会整体制度之间的权力关系来进行界定和分类的方式，以此判断特定国家媒介制度与社会整体制度之间的关系模式和制度导向，从而评估该国媒介话语资本的构成比例和权力位置。

按照媒介制度与政治制度、经济制度和社会文化制度的关系，将媒介话语关系模式分为政治驱动型媒介话语关系模式、经济驱动型媒介话语关系模式和文化驱动型媒介话语关系模式。因国家和政治制度的相对稳定性，政治驱动型媒介话语关系模式的分类也具有相对稳定性。

5.1.1.1　政治驱动型媒介话语关系模式

政治驱动型媒介话语关系模式是按照媒介话语与政治制度权力的关系来划分的媒介话语关系模式。它分为政治偏向型媒介话语关系模式、政治中立型媒介话语关系模式和政治对立型媒介话语关系模式。

（1）政治偏向型媒介话语关系模式

按照媒介话语场域分析模型中新闻与政治的权力结构位置，将媒介制度与政治制度高度重合或接近的权力结构位置关系界定为政治偏向型媒介话语关系模式。在欧洲国家中，法国的媒介话语关系模式是比较典型的政治偏向型模式。该模式的特点是强调国家制度权力的重要辅助作用，通常依赖政府资助或接受政党捐助达成原子型新闻，即多元化新闻表达的理想。政治偏向型媒介话语关系模式将新闻生产归为文化场域的纯知识生产，主张媒体对公共事件的多元化观点表达只有在相对一致或稳定的媒介制度环境中才能实现。在政治偏向型媒介话语关系模式中，媒体与政府政党保持密切关系，目的是巩固或提高媒介制度与政治制度的多元化程度，以促进社会整体制度权力知识的建构和传播。

（2）政治中立型媒介话语关系模式

当媒介话语与政治制度权力的位置距离与其他社会制度权力的距离基本持平或相近时，媒介制度与政治制度的权力结构位置关系被界定为政治中立型媒介话语关系模式。在欧洲，德国大部分北欧国家的媒介话语关系模式是比较典型的政治中立型模式。该模式的特征是更倾向于折中主义和权力分享。这些国家通常都是多党制国家，政治决议的形成通常是各党派和社会团体通过交涉和协商来达成的。在这种模式中，媒体与党派和社会力量之间都保持紧密联系，媒体虽然也有长期形成的政党新闻传统，但是在新闻报道中会消减与政治制度的相似性和重合度。媒介制度与政治制度权力的适当距离表现为媒体对中立的新闻专业主义和信息导向的新闻的强调。

（3）政治对立型媒介话语关系模式

政治对立型媒介话语关系模式是指媒介话语平行或超越政治制度权力，并与其他社会制度权力结合与政治制度权力形成的一种博弈关系模式。这种权力关系模式并不表示媒介话语与政治制度权力的权力结构位置最远，事实上，在这种权力关系模式中，媒介话语的位置与政治制度权力的位置比其他两种类型更为接近。所谓的政治对立，是指这种媒介制度关系模式下的新闻传统会更倾向于负面报道和反政治偏见的报道风格。美国的媒介制度就是这种权力关系模式的典型国家。该模式的特点是强调国家制度权力远离新闻，媒体希望扮演政治分析者的角色并通过新闻报道来行使他们的第四权力。

5.1.1.2　经济驱动型媒介话语关系模式

经济驱动型媒介话语关系模式是按照媒介话语与经济制度权力的关系来划分的媒介话语关系模式。 它分为超商业化媒介话语关系模式、市场主导型媒介话语关系模式和政府主导型媒介话语关系模式。

（1）超商业化媒介话语关系模式

超商业化媒介话语关系模式是指媒介话语与经济制度权力的无限接近和高度融合状态。 媒介制度受自由主义市场经济的经济制度影响，呈现出以媒介为中心的超商业化媒介话语行使模式。 美国是这种超商业化媒介话语关系模式的代表国家。 这种关系模式强调意见市场的自由竞争和与市场相同的自由调节，在保持其独立性的同时，按照其自身竞争机制和发展逻辑运行还原新闻市场的自然放任状态。 这种新闻权力关系模式将新闻置于消费决定一切的经济制度中，新闻集中和寡头独占是必然的结果。

（2）市场主导型媒介话语关系模式

市场主导型媒介话语关系模式是指媒介话语与经济制度权力关系的位置接近，在保持其媒介制度的自主权力的情况下，会根据市场调节功能的差异而产生特定内涵，与特定政治经济政策、社会文化和历史传统的互相作用使这种制度模式呈现多元化和差异化特征。 欧洲大部分国家的媒介话语关系模式都属于市场主导型媒介话语关系模式，只是差异较大，其中以英国最为典型。这种媒介制度关系模式在强调市场在媒介制度发展中的重要作用以外，也寻求媒介制度的"自律"一端的权力调控。 媒体倾向于用"自律"的方式来履行社会责任，以防止政府干涉。

（3）政府主导型媒介话语关系模式

政府主导型媒介话语关系模式是指媒介话语的经济资本积累受国家政治制度权力的影响，其制度权力呈现显著政治倾向和党派倾向。 在媒介话语关系模式下，媒体与政府之间形成稳定的政治传播文化，并通过与政府或政治家的不断互动来寻求自身的制度权力空间。 这种关系模式下的媒介制度通常以国家法规和政策的规制为自身制度权力的基础，权力结构呈现显著的等级化特征，我国是政府主导型媒介话语关系模式的代表国家。 在这种媒介话语关系模式中，国家或政府权力虽然不是媒介话语的唯一来源，但却是确定媒介话语结构位置的控制因素。 媒介话语建构的核心目标是政治制度权力的行使。

5.1.1.3　文化驱动型媒介话语关系模式

文化驱动型媒介话语关系模式是按照媒介话语与社会文化制度权力的关系来划分的媒介话语关系模式。 它分为精英文化型媒介话语关系模式和大众文化型媒介话语关系模式。 这种权力模式的划分可以清晰界定不同国家的媒介制度传统及其对新闻生产惯习与实践的影响。

（1）精英文化型媒介话语关系模式

精英文化型媒介话语关系模式是指媒介话语与社会文化制度权力的"自律"一端较为接近的位置关系。 在这种模式中，媒介话语作为社会文化及公共话语空间的组成部分，拥有强大的政治与社会分层权力。 新闻媒介在社会制度变迁中并非巩固现存的权力，而是以令人捉摸不透的方式扩大了精英们的分歧。 当社会制度权力形成的知识系统在群体间流动时，精英文化型媒介话语关系模式所固有的文化惯习和知识系统会对"强知识权力"形成巨大的反抗力量，并形成对强知识权力的反建构。 欧洲悠久的历史文化传统底蕴为很多国家的精英文化型媒介话语关系模式提供了基础。 法国和意大利两国是这种制度权力关系模式的代表国家。

（2）大众文化型媒介话语关系模式

大众文化型媒介话语关系模式是指媒介话语与社会文化制度权力的"他律"一端较为接近的位置关系。 新闻场域大部分处在大规模生产场域内，因此位置更接近政治经济权力的"他律"一端。 媒介话语不但是文化制度权力生产的一部分，同时也作为"介质"权力，成为社会权力知识系统流通的主要渠道和手段。 媒介话语以其广义的知识系统行使其制度权力并建构社会现实。 建立在传统自由主义哲学基础之上的美国媒介制度，成为大众文化型媒介话语关系模式的典型代表，其媒体的大众文化生产力和社会建构能力也为其世界文化领导者的地位打下了坚实基础。

社会文化制度权力为新闻媒介话语及其连续性提供了知识框架和话语基础。 世界各国因其历史文化传统的差异，其媒介话语与社会文化制度权力的关系位置各不相同。 例如，不同的媒介文化使各个国家的商业媒体对官员隐私的关注程度也有所不同。 在德国，对政治家和要人的性行为报道就极少，主要原因是德国的民法对个人隐私的保护比英美法系国家要严格得多。 但随着全球化和媒介融合的脚步，可以严格区分为"精英文化型"和"大众文化型"媒介话语关系模式的国家或媒体已并不多见，大多数国家或媒体已经成为两种模式兼而有之的混合型模式。

5.1.2 媒介话语体系差异的话语能力因素

5.1.2.1 话语实践模式的形成

国家话语体系建构的差异是不同偏好的媒介话语关系模式通过话语的制度化建构所形成的拟态社会差异。 在这个过程中，媒介话语因素成为话语建构结果差异的直接因素。 媒介话语是一个半自主的制度秩序，虽然外部制度权力关系会影响媒介话语的内部结构和形态，但媒介制度的内部自主性使其拥有折射而不是反射外部力量的权力。 媒介话语由两部分构成，一部分是可以通过测量其带动的政治经济资本来衡量的外部制度化权力，另外一部分是代表媒介制度的象征资本，如专业标准规范、职业声望、新闻文化传统等指标的内部专业化权力。

在话语建构过程中，以政治经济资本为权力主导所进行的话语建构模式被称之为"制度化话语建构模式"，制度化建构模式的特点是通过政治经济资本的累积来行使其对话语建构的制度权力，制度化建构包括有效率的所有制形式、经济收入如广告收入、发行量及收视率等指标的增加等。 制度化话语建构模式的选择受媒介制度关系模式影响，大多会呈现制度化偏向。 当制度化建构模式对政治制度形成高度依赖时，话语建构模式会呈现显著的政治化特征；当媒介话语关系模式中经济占据对主导时，话语建构模式会呈现商业化特质。

专业化话语体系建构模式是指以文化资本的总量累积为主导所进行的话语建构模式。 该模式的特点是通过文化资本的累积来行使其符号权力。 它包括新闻文化传统、专业标准规范、在同业和同行中的声望、领导者素质、记者的文化水平等。 媒介制度的专业化建构能力涉及话语建构实践中的新闻功能标准的建立，因此在实践层面上更应受到重视。

目前在世界新闻体系中占据主导地位的新闻专业标准主要有：英美新闻标准专业路径、欧洲标准专业路径。 英美新闻标准专业路径是以英美两国的新闻标准作为世界新闻标准路径进行新闻的话语建构和垄断。 其路径特点是以客观性、独立和中立立场作为专业标准。 而欧洲大陆的专业化标准以南欧的法国标准和中欧的德国标准为典型路径。 法国的新闻传统以深厚的文化底蕴而著称，其文学化的新闻话语文本风格在欧洲被拥为经典。 法国媒体呈现显著的政治化倾向，但200多年的政治文化传统也使媒体与党派保持着并不顺从的关系。 法国报业严肃而优秀的职业传统使其在欧洲一直拥有毋庸置疑的话语权力。 以德国为代表的欧洲新闻专业标准路径形成于"二战"后的再教育期，其制度模式介于政治主导型和政治对立型媒介话语关系模式的中间位置，在媒介文化与新闻原则上逐渐与英美国家接近，但其媒介制度上仍然是与法国相似的偏政党型媒介制度，该路径强调新闻中立的专业主义立场以及信息导向的新闻生产。

随着跨国媒介集团的全球化扩张和推动，各国媒介制度的不同实践模式已经越来越呈融合和同质化的发展趋势。 很多原本界限分明而典型的媒介制度模式边界逐渐模糊，其话语实践方式也处于不断的动态发展变化中。 新闻的职业共识、媒体间的职业取向定位，以及媒介体制环境这些原本在国家民族范畴内形成并固化下来的媒介制度显性框架已经渐渐随着国际化脚步成为国际标准框架的一部分，而新的框架形成是世界媒介制度体系内各国媒介话语的博弈结果。

5.1.2.2　话语实践模式的媒介使用偏好

话语建构模式的使用偏好是指在话语的体系建构过程中权力的分配和话语接近的状况。 在话语分析研究中已经指出，话语制度规则决定了"谁"要"对谁说什么"和"什么能说"。 在话语建构过程中，制度权力决定了话语的"框架"及其内容同时也决定了话语建构的结果。 在世界新闻传播体系中，以美国为首的西方发达国家运用其政治和经济上的影响力向全世界推行其世界"新闻专业标准"，世界媒介话语体系面临中心与边缘的文化霸权的威胁。

新闻的话语接近是制度权力的再现方式。 新闻话语是社会制度权力基础的一部分，话语使用和分配不均的现象体现了话语建构模式的制度偏好。 在新闻话语分析中，对报道文本中出现的话语参与者的结构分析则可推测话语制度权力的优先原则。 制度权力的垄断程度以及文化差异在话语建构模式选择中得到体现。 新闻话语图式及话语接近与其利益相关者的优先顺序相关。

按照新闻生产功能，我们将新闻话语生产模式分为两大类共四种模式，一类是由事实驱动的报道型新闻话语生产，一类是由观点驱动的评论型新闻话语生产。 事实驱动的报道型新闻话语生产又可分为描述型新闻报道模式和背景新闻模式两种，观点驱动的评论型新闻话语生产又可分为解释性报道模式和观点倡导型模式。

新闻话语的使用偏好与各国的媒介文化和新闻传统有着密切关系。 美国"叙事驱动"的新闻话语实践表现在报纸头版通常会由同一个记者写一些互不相关的冗长的报道（Weldon，2007）。 而在法国报纸上，当天的头版新闻话题通常呈现不同视角和不同新闻体裁，包括特约评论、采访手记以及来自政治领袖、社会运动家、大学研究人员的事件短评、突发新闻、背景信息以及记者分析等。 在 20 世纪 80 年代初，这种"讨论组"式的新闻话语生产模式在法国媒体占据主导地位。

在美国，个性化的"戏剧性叙事"风格已经成为主导的新闻形式（Ettema，Glasser，1998；Pedelty，1995），而法国媒体的新闻话语风格以"政治文学体"为主，包括特定叙事格式的运用（如采访、评论、事件短评等），以及强描述性语句与规范性语句混合运用的写作风格。 这种话语风格与法国媒体一贯的学术传统有关，其文化传统的"惯性效应"蕴含在整个新闻话语的知识建构过程中。

当代中国的政党媒介制度模式同样有深厚的其历史文化传统，"严肃"新闻一直是国家级媒体的话语生产标准。 中国媒体的新闻话语风格以"政治抒情式"为主，其中"新华体"就是一种典型的中国新闻写作风格。 它包括特定叙事格式的运用（例如消息、通讯、评论等）以及描述性语句与强抒情性语句混合运用的写作风格（夹叙夹议），"严肃""高屋建瓴"和"气势磅礴""感人肺腑"等是这种话语风格的主要表现。 这种话语风格的发展与中国媒体的政治文化传统有着密切关系。

5.2　中西方媒介话语体系的意义建构差异分析：以中美两国为例

中西方国家由于社会文化和历史传统的不同，媒介制度在特定的社会制度权力关系中形成其制度权力，并通过对话语的制度化建构过程实现社会现实的建构。 媒介话语的差异是影响媒介话语体系建构差异的直接因素，而影响媒介话语结构的社会制度权力关系模式及其变化的差异则是影响国际传播话语权差异化建构的外部环境因素，它主要包括特定国家的政治制度、经济制度、社会文化制度之间权力关系的差异，其中政治制度和经济制度对话语建构的促进和限制能力更是成为划分媒介话语关系模式的主要指标。 在对新闻话语权体系建构的跨国研究中，系统分析国家政治经济和社会文化制度权力因素对新闻话语的影响，将可以更加有效地分析话语建构中的制度因素根源。

本节将对中美两国的代表性主流媒体及其新闻话语内容建构能力进行测量分析，以此来比较中西方媒介话语体系意义建构与意义接受的差异。 根据以上对中西方媒介制度的比较以及中美话语文本建构的差异，我们了解到美国的媒介制度与市场驱动有着最密切的关系，而我国的媒介制度因对政治制度的高度依赖呈现出政治化倾向。 本节将从意义接受视角，通过媒介内容分析来系统比较中美两国媒介话语体系的权力关系差异和建构能力的差异。

5.2.1　研究假设

很多相关研究显示，美国媒介制度的商业化程度远远高过世界其他国家（Benson，2004），当然也包括中国。 一方面，美国媒体的广告收入占国民生产总值的 2.3%，远远超过中国的 0.88%（2019 年数据）；美国媒体中上市公司的比例和市盈率也远远高于中国媒体，因此，市场化程度比中国要高。另一方面，与美国媒体相比，中国媒体与国家政党制度有着比较密切的关系。从中华人民共和国成立 70 多年来的新闻发展史来看，中国媒体一直保持党性原则，与国家政治制度保持高度一致的新闻政策也是中国媒介制度有着较为深厚的政治文化的思想和制度实践的历史传统。 因此，国家权力一直在中国的媒介制度中起着很关键的作用。 中国媒体实行以政府为主导的公有制媒介经济体制，公共事业与媒介产业双规制运行，政府设有专门的行政管理部门对媒体实行统一监督和管理。 改革开放以后，尤其是进入21世纪以来，中国媒介制度的权力结构不断发生着细微的变化，也正在努力缩短与世界先进媒体的行业差距。

基于之前对各国媒体的制度研究尤其是中美两国的差异和历史变迁，本书提出以下假设。

假设1：国家权力的介入对新闻市场生产有监督和限制的作用（Shoemaker、Reese，1991），媒体依赖政府的补贴和监管也会密切政府和媒体的关系。 因此，假设中国的政治新闻话语中对政府的批评性报道要少于美国，正面报道则会多于美国的正面报道。

假设2：美国是政治对立型媒介话语关系模式的典型国家，这种媒介制度关系模式下的新闻传统会更倾向于负面报道和反政治偏见的报道风格，媒体希望扮演政治分析者的角色。 因此，美国的新闻图式中会更多关注在政治游戏，而采用政府主导型媒介制度关系模式的中国媒体在报道政治新闻时会比美国更多地关注意识形态框架。

假设3：有研究显示，政府官员对媒介接近享有特权，因此，在新闻中常常可以"索引"到政府官员或政党官员们的观点（Bennett，1990）。 因为中国政府制度对媒体的介入比美国要强大，媒介制度与政府制度的重合度高，二者之间的关系更密切，因此假设3a（在中国的政治新闻报道中，官方"索引"比例比美国媒体要多，而且观点范围要小于美国）的同时假设3b（在中国的报道中公众观点的引用和转述要小于美国报道中的的公众观点比例）。

假设4：由于中国媒体和美国媒体制度导向偏好存在差异，中国媒体与政治制度权力关系密切，而美国更具商业化特征，因此，双方媒体的新闻生产风格也应该存在差异（Benson，2002；Hallin，Mancini，2004）。 因此，我们假设在美国的新闻报道中，事实性和叙述报道风格的运用要高于中国报道；而中国媒体的解释性报道和评价性新闻报道较多。

5.2.2 研究方法

5.2.2.1 样本选择——《纽约时报》和《中国日报》

本书选择中国对外传播的主要国家级英文报纸《中国日报》和以国际新闻著称的美国《纽约时报》，分别作为本次内容分析中两国媒介制度的代表报纸。《中国日报》是中华人民共和国成立以来创办的第一份全球发行的英文日报，也是中国大陆在亚洲新闻联盟中的唯一代表，在中国对外传播媒体中的影响力较高。《纽约时报》是美国历史最为悠久的世界级报纸之一，是美国严肃报刊的代表，其公信力和权威性在世界报业体系具有相当的影响力。

为检验两份样本所代表的两国媒介制度的发展状况和新闻话语功能样态，本次研究从 2002 年和 2012 年两个年份的《中国日报》（英文版）和《纽约时报》中以随机抽样的方式抽取与"政治"议题相关（国内政治新闻）的样本各 240 篇新闻报道（每月抽取 10 篇）。本次随机抽样的样本日期跨度为 10 年，所以特定事件不太可能影响研究结果而造成偏差。在新闻样本筛选中，将社论或者完全是评价性报道从样本中筛除，因为本书的重点是放在记者报道的新闻话语功能分析上，因此最终样本总数为中国 232 篇（N＝232），美国 234 篇（N＝234）。

5.2.2.2 测量——变量的界定

整篇报道层面的编码将测量 2 个主要变量，即新闻图式和新闻基调。每篇报道又以段落进行编码，中国报道共计编码实际段落数 4677 段（N＝4677），美国报道段落数 5028 段（N＝5028）。段落层面的编码将测量两个变量——报道功能和观点功能。

新闻图式和新闻基调的分类方式是参照帕特森（Patterson，1994）和班森（Benson，2004，2010）①在其政治话语研究中的操作化分类，主要是用以测

---

① Rodney Benson：*What Makes for a Critical Press? A Case Study of French and U. S. Immigration News Coverage*，*International Journal of Press/Politics*，2010，15（1）：3-24.

量记者在新闻报道中的整体方式。 新闻图式又称新闻框架，是指通过新闻对政治聚焦的总体框架。 在新闻图式下面共分成三个主要类目：政治游戏图式、政策图式和意识形态图式。 政治游戏图式是关注政治家们的幕后策略（Patterson，1994）；政策图式和意识形态图式在帕特森（Patterson，1994）的分类中统一放到了"统治框架"下。 但因为中美两国在政治制度上的显著差异，我们将其分为两类，将更关注政策的具体实施过程而非结果的报道归类到政策图式中，将更关注基本价值观或者超越政策本身更关注政策的宏观主题的报道归类到意识形态图式中。

新闻基调是为了测量记者在报道中对政治或政治人物的态度和立场。 按照通常的新闻基调分类分为正面、负面和中立报道。 为了保证编码信度，在对新闻基调进行编码时尽量采用报道中的"显性"基调而非"隐性"基调，即如果报道主要呈现的是简单事实，即使这些事实联系到一起可能会呈现出负面效果，我们仍然将其编入中立报道中。 在界定负面报道时，要能够找到明确表达对政治家、政策或政治的负面新闻评论，并且这样的负面段落要清晰地主导整篇报道，才会被编入负面报道中。

使用段落层面的编码将测量的两个变量为报道功能和观点功能。 对于新闻的报道功能，我们主要分成四个基本新闻功能：描述性报道（报道当前事实或者陈述、声明等）、背景性报道（给出背景信息）、解释性报道及给出观点的偏评论性新闻报道。 在四个新闻功能类目下又分设有若干子类目，如描述性报道下面设有报道事实和引用转述两个子类目；解释性报道下面设有评估意义或结果，以及评估动机、漏洞解读；观点性报道下面设有对事实的性质判断和对政策性质的判断和倡议子类目。 我们按照记者报道时采用的政治口吻的显著程度，将这四个新闻功能从最低（描述性报道）到最高（偏评论性新闻报道）进行定序测量。 对描述性报道的编码是从经验判断其"陈述性"，通常语句中没有任何修饰性的情态和语气等用法，且段落中的最显性方面是事实陈述，我们就将其归为"描述性报道"。

例如，Public support for same-sex marriage is growing at a pace that surprises even pollsters as older generations of voters who tend to be ***strongly*** opposed are supplanted by younger ones who are just as ***strongly*** in favor.

Same-sex couples are featured in some of the most popular shows on television. ——摘自 2012 年 5 月 9 日《纽约时报》报道（Obama Says Same-Sex Marriage Should Be Legal）

在这一段中，虽然副词 strongly 会被认为有强烈的情绪意味，但是整段仍然是以陈述事实为主，因此仍然将该段编入描述性报道的类目下。

背景性报道与上面的事实叙述性报道的最主要区分方式就是报道的时间基础不同。例如，在一篇关于大选的报道中，其中一段是候选人在几周前的一场辩论，就被归入背景性报道的类目下。解释性报道是指超越现有事实、环境或历史情境而对意义、效果和动机进行预测的一种经验话语类型；观点型报道从本质上来说基本是一种规范判断（好与坏）或者是经验判断（真或假）。

这套编码系统并不是为了说明以"事实"为基础的报道就是所谓的"客观"报道，不能含有任何解释性或价值判断的成分。事实上，我们在编码过程中已经发现，很难找到一篇甚至一个段落是完全没有任何框架和意识形态预设而传播的新闻，这种价值判断和思想框架已经深植于新闻选择、新闻呈现和对"事实"的强调之中。无论这些功能是否都是为意识形态服务的，我们区分新闻功能的这些类目关注的是新闻话语模式本身的权力范围以及该功能模式所建立的媒体关系（政府、公众）。

观点变量的类目下主要包括所有段落中的观点引用、转述以及记者给出的解释或者评论，即观点变量项下主要分为两个类目，一个是记者给出的观点，另一个是所有"直接引语"或""间接引语"中的转述。按照新闻接近模式，我们将观点分类的"引语"类目分为两个子类目，即"政府"观点和"非政府"观点。其中，"政府"子类目下包括各级政府的行政、立法、司法等部门的决策者、政党领袖及活动家的观点；非政府子类目下包括社会各界，如工商界、学术界及普通民众的观点。总体来说，观点变量分为政府、媒体、公众三个维度。

另外，在段落编码中还会遇到较长的段落，其中可能不止出现一种新闻功能和观点。在这种情况下，我们将同时出现多种新闻功能的段落编入"最高功能"，即观点型报道，记者观点也会编入观点性报道，而不是事实性报道中。

编码完成后，通过 SPSS16.0 对数据进行统计分析。

5.2.3 研究结论——中美政治话语的体系建构差异分析

5.2.3.1 中美新闻话语方式的接受差异分析

（1）新闻基调的差异

《纽约时报》的新闻报道中，以中立报道占据压倒性多数的比例（90.4％& 90％），负面报道和正面报道都较少；而中国的政治新闻因与国家权力和政府的密切关系，其正面报道比例远远超过美国的正面报道比例。 2002 年中国政治新闻的正面报道比例为 52.2％（p＜0.01），美国的正面报道比例仅为0.9％（p＜0.01）；美国的负面报道比例并没有想象的高，仅占总比例的8.8％（p＜0.01），但仍然远远高于中国 3.5％（p＜0.01）的负面报道。

2012 年（p＜0.01），中国的正面报道比例下降为 38.5％，仍然远远高于美国仅 0.8％的正面报道比例；中国负面报道的比例为 5.1％，但仍然低于美国 9.2％的负面报道比例（p＜0.01）。 2012 年，美国采用中立基调的新闻报道比例依然高居 90％的比例，基本与 2002 年持平。 因此，假设 1 成立，见表 5-1。

表 5-1　2002 年和 2012 年中美政治新闻的新闻基调比例对照

	中国	美国
2002 年	（N＝115）	（N＝114）
正面报道	52.2	0.9
负面报道	3.5	8.8
中立报道	44.3	90.4
2012 年	（N＝117）	（N＝120）
正面报道	38.5	0.8
负面报道	5.1	9.2
中立报道	56.4	90.0

注：按样本总篇数的比例统计。

同时，我们也看到 2012 年中国采用中立基调报道的新闻比例上升为
56.4％，中立报道增加和正面报道下降的显著变化与十年间中国媒介制度的
不断发展，及社会政治经济制度的关系模式不断调整有关。

尽管国家对媒体市场的介入对中国媒介制度有很深的影响，中国的政治
新闻也通常被看作是缺乏中立立场，但是在对中国对外传播媒体的新闻话语
基调所做的分析来看，中国媒体的中立基调一直是稳中有升的态势，而且对国
家管理制度和制度内的官员腐败等报道也逐渐增加，其新闻监督的社会功能
也正在逐步增强。

（2）新闻图式的差异

从新闻图式的内容分析中可以看出，正如我们预测的美国新闻传统那样，
美国的新闻对"政治游戏"的关注要远远多过中国媒体对这一图式的关注。
而中国的新闻图式对意识形态框架的关注在美国媒体的新闻图式中也并未出
现。 因此，内容分析数据支持假设 2 的成立，见表 5-2。

表 5-2 中美政治新闻的新闻图式分析(2002 年和 2012 年)

	中国	美国
2002 年	（N＝108）	（N＝101）
思想观念	6.5	——
政策图式	81.5	82.2
政治游戏	——	11.9
其他	12.0	5.9
2012 年	（N＝112）	（N＝105）
思想观念	8.9	——
政策图式	80.4	82.9
政治游戏	——	13.3
其他	10.7	3.8

注:按样本总篇数的比例统计。

在新闻叙述图式的数据中，两国形成了鲜明的对比。 美国媒体的政治对
立型媒介话语关系模式反映在新闻的叙事图式中通常会聚焦政治家的幕后策
略，并以非党派甚至反政治偏见的报道风格进行报道。 中国的政党制度是中

国共产党领导的多党合作制，因此，通常是以政党之争为主题的政治游戏新闻图式不太可能出现在中国的新闻报道中。 同样，中国媒体与政治制度和政策的强相关关系反映在新闻的叙事图式中则会聚焦政治思想体系的价值观主题，并通常会以政策倡导的报道风格进行报道。 而美国媒体在 20 世纪初的"进步时代"中进行了反政党政治改革后，媒体已经不再对政党或政策的意识形态体系进行关注。 与上述强烈反差形成鲜明对比的是，政策图式成为两国政治新闻报道中的共同关注焦点，而且同样相似的是，在两国的政治新闻中都占了相当大的报道比例。

5.2.3.2 新闻话语接近模式差异分析

对于记者与新闻源互动的研究意义不仅仅是对新闻生产进行详尽的动态分析，主要是对媒介制度本身的权力进行评估。 在新闻报道中直接引用或转述的观点是媒介制度的权力关系模式在新闻话语建构过程中的表现。 在假设 3 中，中国的政治新闻报道被假定为会比美国更多地引用和转述官方的观点，而且其公众观点的引用要低于美国。 在下面表格中显示的数据并没有完全支持假设 3 中的全部假定，见表 5-3。

表 5-3　中美政治新闻中的观点呈现(2002 年和 2012 年)

	中国	美国
2002 年	(N＝1279)	(N＝1087)
记者观点	16.4	10.9
官方观点	58.1	60.9
公众观点	25.3	28.2
2012 年	(N＝1661)	(N＝1369)
记者观点	11.2	10.5
官方观点	53.7	56.1
公众观点	35.1	33.4

注:表中段落数为总段落数中只引述观点的段落数,并非所有段落总数。

2002 年，在《中国日报》的观点引用中，官方观点为 58.1%，美国引用的官方观点为 60.9%（p＜0.01），美国官方观点的引用比例高过中国 2.8%。 同样地，在 2012 年的观点"索引"中，中国的官方观点引用和转述占所有观点段落的 53.7%（p＜0.01），比美国的 56.1%（p＜0.01）要少 2.4%。 因此，假设中国报道中官方观点引用多于美国报道的假设 3a 不成立。

在假设 3b 中，假设中国报道中公众观点的引用比例要低于美国报道中公众观点的引用和转述率。 经分析显示，2002 年（p＜0.01），中国报道的观点转述为 25.3%，低于美国 28.2% 的公众观点引述率；但在 2012 年，中国报道中的公众观点引述已升至 35.1%（p＜0.01），比美国报道中的 33.4%（p＜0.01）引述率高出 1.7%。 因此，假设 3b 不完全成立。

总体来说，在 2002 年和 2012 年《中国日报》和《纽约时报》的报道中，双方在观点引用中的比例差距不是很大。 从新闻对政府新闻源的依赖程度上来说，美国的经济驱动型媒介制度与中国的媒介制度一样都对政府以及政治精英的新闻源形成高度依赖。 双方虽然动机不同，但在政府观点呈现上却有相近的表现。 观点引述的测量也可以验证，新闻的日常活动实际上是记者与政治家和官员们之间的互动，在这一系列互动中，官员们占据绝对优势。 此外，在中国报道的公众观点中，来自学术界的专家学者的观点占据了相当的比重，这是中国对外传播的精英型文化制度模式选择偏好的表现。

5.2.3.3 新闻话语的功能差异分析

本次分析的第 4 个假设还假定，中美两国在媒介制度上的差异会影响到两国新闻话语的建构模式，即新闻功能采用的差异，因此在美国的新闻报道中，事实性和叙述报道功能的运用要高于中国报道；而中国媒体的解释性报道和评价性报道则会多于美国报道。 表 5-4 显示了本次对两份报纸样本的新闻功能进行逐段内容分析的结果。

表 5-4　中美政治报道中的段落功能分析 1(2002 年和 2012 年)

	中国	美国
2002 年	（N＝1986）	（N＝2052）
描述性报道	71.3	89.7
背景性报道	7.4	4.6

	中国	美国
解释性报道	17.9	5.1
评论性报道	3.4	0.6
2012 年	（N＝2691）	（N＝2976）
描述性报道	76.5	90.1
背景性报道	8.9	5.4
解释性报道	11.3	4.2
评论性报道	3.3	0.3

注：表中所列段落数为样本的总段落数。

表 5-4 中显示，在 2002 年和 2012 两年中，美国的描述性新闻报道均远远高于中国的描述性报道，分别为 89.7％对中国的 71.3％（p＜0.01），以及 2012 年的 90.1％对中国的 76.5％（p＜0.01）。 正如之前假设的那样，评价性和规范性的话语在中国新闻中出现的段落多于美国：《中国日报》在 2002 年的解释性报道和评论性报道也分别以 17.9％（p＜0.01）对 5.1％（p＜0.01）和 3.4％对 0.6％的比例高于美国报纸相应新闻功能的报道比例；2012 年，《中国日报》的解释性新闻报道下降到 11.3％（p＜0.01），但仍然高于美国 4.2％的报道比例；评论性报道比例与 2002 年基本持平，两国的报道比例为 3.3％对 0.3％。 上述结果可以验证假设 4 的成立。

在新闻功能的各子类目分析中（见表 5-5）显示，中美两国报纸的新闻功能运用也存在结构上的差异，其中以描述性报道和解释性报道的差异最为显著。 在 2002 年的描述性报道中，两国报纸的事实报道占总段落比例的 18.6％对 41.6％（p＜0.01），中国报纸的描述性报道功能大部分是通过引用和转述来实现的，如 2002 年和 2012 年，中国的引用和转述比例分别为 51.8％和 53.7％，占总体描述性报道的 2/3 以上，美国的事实报道和引用转述的比例相当，基本上各占一半的比例。 在解释性报道的子类目结构中，中美新闻的评估意义或结果的报道比例差距也比较显著，分别为 2002 年的 11.7％对 3.9％（p＜0.01）和 2012 年的 7.4％对 3.1％（p＜0.01）。 这些差异显示出中国新闻中仍然保有相对较多的宣传风格。 段落分析中还显示，描述性报道在美国的新闻报道中占到 90％的比例，是其新闻话语建构的主导模式，中国的描述性报道中有相当的描述性话语都是"引用和转述"。 我们从观点分析部分可以看出，2002 年和 2012 年中国报道中的观点引用段落数都占到总体段落数的 60％以上。

表 5-5　中美政治报道中的段落功能分析 2（2002 年和 2012 年）

	中国	美国
2002 年	（N＝1986）	（N＝2052）
描述性报道	71.3	89.7
报道事实	18.6	41.6
引用转述	51.8	47.1
背景性报道	7.4	4.6
解释性报道	17.9	5.1
评估意义或结果	11.7	3.9
评估动机	3.1	0.8
补充遗漏信息	2.4	0.3
评论性报道	3.4	0.6
事实性质判断	0.5	0.3
政策性质判断或倡议	2.6	0.2
2012 年	（N＝2691）	（N＝2976）
描述性报道	76.5	90.1
报道事实	21.6	48.3
引用转述	53.7	41.1
背景性报道	8.9	5.4
解释性报道	11.3	4.2
评估意义或结果	7.4	3.1
评估动机	2.3	0.7
补充遗漏信息	1.1	0.2
评论性报道	3.3	0.3
事实性质判断	1.1	0.2
政策性质判断或倡议	2.1	0.1

注：表中所列段落数为样本的总段落数。

在上述分析中我们可以看到，中国政治新闻的话语图式在近十年中对思想观念的议程设置保持了小幅上升的趋势，对政策的意义评价和价值判断也一直是新闻功能的主要构成。 在描述性报道中，报道事实和引用转述功能与美国新闻存在结构性差异。 中国记者对报道事实的功能运用距离国际性媒体的专业能力还存在差距，事实报道的新闻功能大多通过话语接近模式来实现。 另外，我国对外传播媒体在新闻文本风格与形式的采用方面还没有像法国那样形成自己的多元化特色。 在专业化层面上对我国新闻话语建构模式的制度偏好进行策略性改革是我国对外传播的话语权体系建构的当务之急。

《纽约时报》是有着 160 多年历史的国际性大报，其新闻话语建构模式已十分稳定，从这十年跨度的分析数据可以看出纽约时报的变化微小；但我们也看到《中国日报》新闻报道的话语模式在不断发生变化。 随着我国新闻体制改革、市场经济体制改革的步伐加快，媒体的话语生产与话语建构模式也在不断发展，从新闻基调到新闻话语使用模式都在发生变化，新闻功能及其话语建构模式也正在形成中国特色。 在媒介同质化趋势下，中国的对外传播方式已经开始与西方的话语建构模式相兼容，例如在观点引述的总体权力结构方面，中美媒体已经非常接近，不同的只是细分到权力结构内部的分配差异。 中西方新闻话语建构的差异究其根源是制度权力差异的结果。 不同国家的新闻话语建构受其各自制度权力关系模式的制约，话语建构模式需因国而异，更需因制度而异。

6

西方国家媒介话语体系建构的启示

6.1　西方国家媒介话语体系建构的可鉴之处

当霸权、话语垄断和社会控制被贴上"知识"标签的时候，社会制度系统开始主张以"知识"或"专业"权力来影响人类事务。当人们只能通过想象作为社会认同或信仰的基础，并以此决定接受或拒绝话语时，世界俨然已经成为一个由话语建构的景观。知识只有通过内化到人类生活中的社会制度系统才能与权力结合，并通过授权和限制组织制度权力的行使最终影响人类行为。将专业主义的制度描述与国家或政治话语相结合，从知识系统的不同视角来行使制度权力成为西方国家话语权体系建构的逻辑起点。其中，美国以其新闻专业主义权力建构的制度化话语、法国以其传统文化知识建构的话语以及德国的制度化权力关系模式建构的话语都为话语权的知识建构提供了可借鉴的制度化模式。

6.1.1　美国的新闻专业主义建构专业化制度话语权

专业权力是指为从业者提供职业行为框架，为社会组织提供标准和规范的制度化知识权力。目前在世界新闻体系中占主导地位的新闻专业标准是英美新闻专业标准，其特点是以客观性、独立和中立立场作为正式的专业知识标准进行专业权力行使。

20世纪初，美国媒介制度进入"重构时期"。美国媒体重塑新闻的制度功能和职业规范，将"客观性"作为美国新闻的制度标准，重新主张"新闻自由"和"新闻独立"。20世纪70年代，为了缓和社会矛盾，美国政府开始实行降低媒体管制政策，美国政府的传播政策也向私有化倾斜。1985年，美国政府松绑媒体所有制的管制，鼓励私人资本对新闻业的扩大和兼并（Jin，2007a），并鼓励媒体集团的跨国扩张。在20世纪70年代后近20年的时间里，美国的报纸新闻以及后来的商业电视新闻成功占据国际新闻体系的霸主地位，其国际通讯社和大型媒体集团的跨国扩张使美国报业几乎形成了世界的新闻垄断。

美国的私有化媒介制度对欧洲大陆媒体形成巨大的商业化冲击和竞争的同时，其"专业主义新闻模式"也对欧洲媒体的新闻专业标准和规范进行了重构。美国的制度模式被称为"自由主义或社会责任模式"（Siebert et al.，1956），也被称为"专业主义"模式（Tunstall，1977）。西方学者更称之为当代新闻的"概念"模式（Chalaby，1996）。美国的媒介制度强调新闻"客观性"的重要，也强调与新闻源的脱离和中立（Schudson，2001）。事实上，美国的商业新闻对"事实"的追求是基于其对发行量的追求。强调事实报道可以使他们的新闻产品适用于持不同政见和不同态度的读者。

曼西尼（Mancini，2005）对英美媒介制度的特征做出下列界定：独立于政治权力之外；对政治权力行使控制或监督（"看门狗"）功能；客观性原则；巩固其专业标准，避免新闻独立性受制于其他社会制度和专业领域；与评论和解释性报道截然不同的新闻报道风格。美国的"专业主义"模式，成为整个20世纪的专业新闻模式（Mancini，2005），也成为评价和判断新闻行为的重要参考模式。"客观性""事实报道""独立"与"监督"（"看门狗"）是美国新闻"专业主义"模式的概念框架，在西方学者的媒介研究中被广泛地加以量化研究，成为整个20世纪的新闻专业标准模式（Mancini，2005），也成为评价和判断新闻行为的重要参考模式。虽然各国对所谓"美国标准"的接受程度不同，但从某种程度上来说，美国强大的新闻专业知识在各国媒体中的制度化过程已经创造了美国版的专业知识制度化权力模式。 如今，"美国标准"已经内化为世界新闻体系的专业标准和规范影响着世界媒介制度的专业规范与生产模式。

6.1.2 法国新闻文化传统建构话语制度权力

当美国媒体以其"美国化"标准称霸世界的时候，很多欧洲媒体仍然能够保持其无可争辩的世界新闻话语权，这是深厚的欧洲文化"积淀"所构成的对"强知识"传播的反建构力量。 这种反抗力量是通过欧洲国家的主导意识形态、文化传统模式以及话语知识来建构的"欧洲新闻标准"。 欧洲媒体的强盛时期远远早于美国，20世纪70年代以前是以路透社为首的强大的欧洲通讯社决定着世界新闻流向的时代。 20世纪前半叶，美国媒体同样处于受话语歧视的境遇。 美国的移民问题、种族歧视和暴力犯罪常常是路透社等世界级通讯社的美国新闻主题，而欧洲的文明与进步则以意识形态的新闻图式从欧洲媒体流向世界边缘国家。

在美国以其私有化浪潮撬动欧洲媒体的新闻垄断格局，开始其商业化媒介模式对欧洲媒体的重构以后，法国媒体尤其是传统报业依然以严肃而优秀的新闻职业传统在欧洲乃至世界新闻体系拥有毋庸置疑的话语权和影响力。 法国媒体以其独特的文化特征，对美国化的新闻实践采取文化适应模式，并融合成"法国版"的欧洲新闻标准。

舒德森认为文化符号里蕴含着超越所有制结构或工作关系模式的一种"积淀"，这种积淀来源于与权力等级结构以及社会资源分配的斗争（即国家与市场），使文化区别于社会结构因素（Schudson，2000）。 布尔迪厄也认为文化场域争取自主性的斗争方式影响着话语生产的结果。 法国的新闻传统以深厚的文化底蕴而著称，其文学化的新闻话语文本风格在欧洲被拥为经典。

法国的党派媒介制度模式有着近两个世纪的文化和历史传统，其新闻生产的等级分明，以"严肃"新闻和"通俗"新闻来严格划分。 法国媒体的新闻话语风格以"政治文学模式"为主，包括特定叙事格式的运用（如采访、评论、事件短评等），以及强描述性语句与规范性语句混合运用的写作风格。这种话语风格的发展是与法国媒体200多年以来一直受到严格的国家监管以及由政治家和知识分子统领的巴黎文学文化的影响有着密切关系。 法国媒体对学术传统有着持续而紧密的认同，法国媒体与知识界关系极为密切，一批有世界影响力的知识分子会为媒体撰稿，这在英美媒体中是极为罕见的。

自 20 世纪 70 年代以来，法国电视的商业化进程促成了法国媒体所有制的转型，但这并不说明法国的严肃媒体再也不具影响力，也不代表法国对"知识分子"的定义标准已经消失。 商业主义的扩张并没有直接作用于法国媒体，而是因其强大的新闻文化传统使美国的商业化建构发生了"折射"。 法国媒介制度的这种"惯性效应"除了与国家监管的相对连续性有关，还伴随着底蕴深厚的法国文化传统对其新闻话语权的价值建构过程。

法国的媒介制度模式是偏政党型制度权力关系模式，媒介文化呈现显著的政治化倾向，但法国 200 多年的政治文化传统也使媒体与党派之间保持着并不顺从的关系。 法国新闻的政治写实主义话语风格与法国媒体对学术传统有着持续而紧密的认同有着密切的关系。 与英美政治新闻以"事实为中心"的话语实践不同，法国的政治新闻将重心放在政治批评和写实风格上，对政党斗争和政策实施甚至意识形态的新闻图式都是通过"辩论场"的方式在新闻文本中加以呈现，新闻框架的多样性和多元观点表达使法国的政治新闻一直拥有无可争辩的话语权。 媒介体制的变迁并没有使法国的新闻话语形式发生多大改变，其新闻议程设置如意识形态图式也并没有发生比例上的显著变化，法国的文化传统积淀在话语体系建构中创造了其独特的欧洲文化权力制度化模式。

6.1.3　德国媒介话语关系模式建构话语权力

以德国为代表的欧洲新闻专业标准形成于二战后的"再教育期"，其制度模式介于政治主导型和政治对立型媒介话语关系模式的中间位置，在媒介文化与新闻原则上与英美国家接近，但其媒介制度上仍然是与法国相似的偏政党型媒介制度，该路径强调价值中立的新闻专业主义立场以及信息导向的新闻话语生产方式。 与美国的商业化建构和法国的文化建构不同，德国的新闻话语体系建构主要是在新闻的"制度化"上做足文章。

德国媒体对新闻专业主义的解读注重的并非只是制度化的专业权力，即记者并非只是拥有专业特权的群体，更注重的专业主义的价值属性，即可信度和胜任度。 二战以后，德国政府在 1919 年的《魏玛宪法》的基础上修改和制定了《德意志联邦共和国基本法》，该宪法于 1949 年 5 月生效（1990年 8 月两德"统一条约"对基本法某些条款又做了适应性修订，10 月 3 日起适用于全德国）。 德国基本法对公民享有信息权做出了明确规定：宪法的第 5 条和第 20 条分别规定了言论自由的权利和新闻自由权，并且规定人人都拥有信息接近的权利。 德国基本法的第 5 条第 1 款还规定，在德国，并不存在规制或监管记者的机构，明确新闻界是自由而不受监管的，不得设立新闻检查制度。 德国各联邦的新闻法同时规定，"需保障广播电视事业不被个别社会集团所控制，各相关社会力量对节目总体均享有发言权，保障新闻自由不受伤害"。

法律制度的完善为德国新闻话语权的建构提供了坚实的正式制度基础。除此之外，德国媒体的专业自律也极其完善。 对新闻记者的行业自律主要来自战后初期成立的德国报业评议会和广告评议会，这两个机构旨在支持传播领域工作人员自愿的自我规制和保护新闻界的声誉。 2006 年，一份由德国莱比锡大学进行的德国社会对职业和机构的信任度调查报告显示，德国媒体在受访者中的平均信任水平均排在社会职业和机构的前列。 在 5 分量表中（1为不信任，5 为高度信任），最高级别的是联邦宪法法院，为 4.0 分，它是唯一获得 4 分以上评分的机构。 其次是警察（3.9）、电台（3.7）、报纸（3.6）、记者（3.4）、电视（3.3）、军队（3.2）、互联网（3.1）。 第三级是公共关系顾问（2.8）、教堂（2.8）、工会（2.8）、广告宣传专家（2.4）、政党（2.4）。 由此可见德国媒体的专业声誉及其制度化水平的理想程度。

虽然在新闻原则上，德国与英美国家较为接近，但德国的媒介体制与法国更为接近，德国拥有相当强大的政党报刊和公共电视台，德国电视上没有太多主导新闻管理的伪事件出现，也没有太多对民意数据的回应。 相反，强大的党派竞争成为政治新闻的主要新闻图式。 德国新闻中通常很少出现像美国政治新闻中对官员的政治丑闻的过分关注现象，对政治家或领导人的反对通常都是政党用来公开批评对手的表现，而且这些负面评价通常是作为不公开讲话来散播。 不同的媒介文化使各个国家的商业媒体对官员隐私的关注程度各不相同，在德国，对政治家和要人的性行为报道就极少，主要是德国的民法对个人隐私的保护比英美法系国家要严格得多。

与美国的政治对立型新闻政治制度关系模式不同，德国的新闻业早已被定义为一个政治职业（Donsbach，1993）。德国的媒体记者与政府官员之间维持一种稳定的互动和相互信任，并最终形成一种政治传播文化。对于德国媒体来说，尤其是整体都有些右翼倾向的纸质媒体来说，加强与政治家的人际互动是媒介体制的需要和媒介文化的一部分。在德国社会的政治传统影响下，德国的新闻或者报纸呈现显著的政治倾向。在德国的公共服务广播中更加注重政治议题或者意识形态议题的比重。德国记者倾向于积极参与政治话语和辩论，并在政治辩论中主张自己的观点和政治价值观。对于新闻记者的功能定义，德国记者往往表现出像传教士一样的专业动机（Donsbach，1993）。制度化的新闻话语建构使德国媒体在国内及国际有着相当高的公信力并且拥有强大的国际话语权。

6.2　中国媒介话语体系建构的优化路径

中华人民共和国成立以来，我国的对外传播实践经历了萌芽期初建的喜悦也经历了停滞期的感伤，更经历着改革开放和21世纪以来的发展机遇和挑战。从我国对外传播的体系建构发展轨迹中清晰可见中国社会制度结构和权力关系的不断发展和变化，其中以经济制度权力结构的变化最为显著。伴随着经济体制改革的不断深入，中国社会各场域权力的经济资本不断累积，国家权力不断强大，并逐渐接近世界权力场域的核心地带。随着我国社会制度权力关系模式的不断发展和调整，我国对外传播话语体系的建构问题开始成为社会各界关注的热点。

2013年8月20日，国家主席习近平在全国宣传思想工作会议上发表了重要讲话。他强调，新闻工作的重要任务是要"讲清楚"当代中国的历史传统和文化积淀，阐释清楚中国特色。习近平总书记还强调，"要精心做好对外宣传工作，创新对外宣传方式，着力打造融通中外的新概念新范畴新表述，讲好中国故事，传播好中国声音"①。

按照社会场域的资本两级结构，媒介话语对国际话语权的建构过程是话语知识的专业化和制度化过程。 新闻媒体对国家话语权的建构有着不可推卸的责任，从专业层面对新闻知识进行标准创新，建构中国版的新闻专业知识标准；从多样性话语建构层面调整话语建构模式和偏好，以适应不断变化的媒介环境下的意义解读和接受是我国媒体提升国际传播话语权的优化策略选择；国家力量介入的确定性话语建构仍然是对我国对外传播话语体系建构的特色以及必然路径选择。

6.2.1 中国媒介话语体系的多样性建构路径

新闻机构的专业化权力模式是评价和判断新闻行为的重要参考。 建构"中国标准"的新闻"专业主义"模式的概念框架，是建构国家想象、获得国际认同的知识基础，并且对完善新闻专业知识、改进生产模式以及加强新闻专业自律都具有重要的系统实践意义。

6.2.1.1 媒介机构的专业化权力建构

在话语建构过程中，作为制度实施而进行的专业化建构过程呈现出制度逻辑的特有性质，即专业化权力。 专业化权力与组织结构和市场共同行使对社会劳动分工的管理（Freidson，2001）。 专业化新闻话语体系建构是以文化资本的总量累积为主导所进行的新闻话语建构模式，它是通过新闻专业化权力即媒介制度的知识系统来建构话语的过程。 新闻的知识系统制度化包括新闻专业标准和规范、新闻的文化传统、职业声望以及从业人员的文化素质水平等内部职业权力。

（1）新闻专业标准的建构机制、依据及其原则

以新概念、新标准和新框架建构新闻专业知识系统，并通过制度化加工过程而建构的新闻专业权力是话语体系建构的内在核心机制。 这一机制的逻辑

---

① 《习近平在全国宣传思想工作会议上强调 胸怀大局把握大势着眼大事 努力把宣传思想工作做得更好 刘云山出席会议并讲话》，《人民日报》2013 年 8 月 21 日第 1 版。

有效性体现为规则与策略选择的关系对社会结果建构的影响。 新闻专业知识是将媒介制度概念化为专业规则和标准，为所有群体成员所共享，并且适用于所有参与互动的群体及群体间成员。 新闻专业标准的建立会产生对组织有利的预期，并且通过预期来限制互动双方的行为。 在新闻专业标准和规范的预期基础上，新闻从业人员会选择将个人利益最大化的策略。 这样，专业标准和规范就影响了策略选择，并因而影响了社会结果即话语权的建构。 新闻专业知识系统的建构是自我实施的制度化，主要通过专业自律来实现。

新闻行为的规律性是新闻专业标准建构的核心依据。 通过分析媒介制度化特征即新闻的制度权力关系模式的性质和特征来确立未来的行动指南，构成新的新闻实践方式。 规律性是指以往的行为模式，它不一定产生普遍性的概念。 正如不同国家媒介话语关系模式的形成是各国社会制度权力之间竞争博弈的结果，优先制度的形成则成为媒介话语模式的制度导向。 行为规律性的测量是对以往行为模式的评估，并不代表该规律一定可以产生有效率的结果，但是对规律性的测量却可以得出标准和规范是否适用于新的框架模式的判断。 专业标准的适用性是将标准假设为社会公共知识，意味着它是普遍共识的标准，成功的专业标准可以增加未来行为的可靠性，若标准解释未能为社会全体成员所充分理解即产生了专业知识标准的歧义性，则该标准就不能可靠地预期行为人在体系建构中的未来行为。 评估以往媒介制度行为模式的规律并做出适用性判断，是建构新的专业知识系统的前提条件。

新闻专业标准的建构要遵循一般性或普遍性原则，即它是社会的共有知识，可以为社会成员或相关团体所应用和分享的标准和规则。 在新闻专业标准的建构过程中，要评估限制性标准是否具有策略合理性。 英美新闻标准的建立是基于将限制性规则偏好转化为让行为人可以确保自己分配优势的自我实施标准。 首先，"美国标准"中的"对政治权力行使控制或监督功能"就是基于这一建构原则来提高新闻从业者的分配优势预期，从而实施从业者的自我限制即专业自律；其次，新闻专业标准的建构合理性还要评估行为人是否具有遵守这类限制，并使其产生策略合理性的能力。 对专业能力的评估要考察行为人的知识和可信度能力，职业公信力和专业主义是判断新闻专业标准自我实施功效的最重要因素。 英美新闻专业标准就明确要求

"事实报道"要与评论和解释性报道新闻风格截然不同，标准概念的清晰度决定是否可以更好地获取互动双方的知识和可信度的能力，降低规范或标准的不确定性。

（2）新闻专业机构的知识标准与价值观

在中西方新闻专业知识建构中，最大的不同是意识形态的介入程度。意识形态就是信仰和价值观，是社会行为人对其所生活世界的定义和评价。对于意识形态与知识系统的关系判断大致分为三种观点：第一种观点认为意识形态与正式知识有所不同，将意识形态视为扭曲现实[①]的"知识"系统的传统社会学观点；第二种观点是将意识形态定义为人们解释世界的认知图式（Geertz，1964），这种观点已经将意识形态纳入实践价值进行分析，但仍然没有将意识形态纳入"知识系统"；第三种观点是在意识形态与社会制度之间建立联系的制度主义观点（Knight，1992），认为意识形态是信仰和价值观，是一种社会认知图式，社会行为人据此对世界进行解释并赋予意义。[②] 社会制度规则建构社会行为人的预期，同时社会制度安排也部分建构了意识形态。从这一观点来说，信仰是知识系统的一部分，与知识系统一样具有建构和分享的特征。新闻专业知识中的的价值观标准同样是通过制度与信仰将社会成员联系在一起，并通过专业知识标准来解释制度的合理性。因此，在新闻专业知识标准建构中加入认知图式知识无可厚非，只要认清这种认知图式的知识性质是"社会分享"这一事实即可。新闻专业标准和规范作为社会知识系统进行传播的概念，为把媒介制度环境与体系建构行为联系起来提供了策略路径。

6.2.1.2　文化传统权力对媒介话语体系的稳定性建构

新闻专业标准和规范的建构也是建构强知识系统和文化惯习的过程，而新闻文化传统是解构外来知识系统控制的稳定性力量。

---

① ［英］布洛克、［英］斯塔列布拉斯主编：《枫丹娜现代思潮辞典》，中国社会科学院文献情报中心译，社会科学文献出版社1988年版，第276—277页。

② ［美］杰克·奈特：《制度与社会冲突》，周伟林译，上海人民出版社2009年版，第82页。

（1）制度变迁中文化传统的稳定性力量

由社会文化传统所形成的文化制度是历史上一系列社会斗争的结果，是构成社会基础的习俗和准则。 文化传统是超越所有制结构或工作关系模式的一种"积淀"，提供有关社会预期行为的共享信息，稳定社会制度并建构社会生活。 文化制度权力区别于社会结构权力因素，其规则产生于自发形成过程，并通过自我实施来实现，因此又称为非正式制度权力。 它的有效性取决于社会行为人在多大程度上遵守文化传统规则，并相信这些规则会符合他们自身利益。 当外界知识系统入侵社会生活，而固有的传统文化知识系统不够强大时，社会行为人会受自身利益驱使而直接违背传统或者改变规则，这时非正式制度权力的稳定性就会受到威胁。

在制度变迁过程中，文化传统知识权力的稳定性作用机制在于：第一，外界知识系统的信息总量必须足够相当于现有文化知识或超过现有知识系统所提供的可供分享信息的总量，否则，新知识系统的不确定性或者歧义性新规则会使人们不愿改变现有规则；第二，当传统文化知识已经内化为人们的认知图式和行为标准时，人们对长时期存在的知识系统会产生制度依赖，当社会行为人还未收获来自不遵守传统文化规则所带来的明显激励时，传统文化知识系统因确定性和稳定性仍然会是逐利原则的社会行为人的最佳选择。 因此，传统文化知识系统可以保持持续性和稳定性的制度功能，并且成为社会行为人长期理性选择的策略路径则是协调内部知识系统的分配机制达到一种新的平衡，这样文化传统规则仍然可能实现自我实施的功效。

（2）媒介话语体系建设需善用"知识分子"的话语力量

"知识分子"（Intellegence），又被称为"知识界"（Intelligentsia），这一术语是用来界定国家或共同体中的一个特殊群体，最早于19世纪末在法国被广泛应用。 学界通常会使用两种标准来界定或识别"知识分子"，一种是通过知识导向来界定，一种是通过知识分子与社会的距离来判断。① 通过知识分子的知识研究范畴、传播和方向来判断，知识分子的研究领域通常是超越具体实践知识，而关注的是知识的意义和价值；他们并不关注日常生活具体问

---

① 　Eliot Freidson：*Professional Powers*，The University of Chicago Press，1986：11.

题，那些被认为是"技术人员"该做的事，他们关注思想胜过关注知识本体和
具体学科知识。 通常艺术家、哲学家和政治家等被归为知识分子行列。 另一
种是根据知识分子与社会的距离来判断何为"知识分子"，那种超然于社会或
者边缘化于社会并且对社会持批评声音（Nettl，1969）和态度的知识界人士
被称为"知识分子"。

在传统文化知识的建构以及对外部知识系统的解构过程中，知识分子的
力量是不容小觑的。 在法国，媒体记者被认为是知识分子，而非专业技术
人员享有很高的社会地位、并受到尊重。 严肃媒体对有关大众、党派和其
他媒体上的报道无可争辩地拥有极大的话语权，甚至否决权。 法国的严肃
媒体，如《费加罗报》和《世界报》等，严格限制报纸新闻的生产等级，将
新闻场域控制在专业知识生产场域。 法国媒体对学术传统有着持续而紧密
的认同，与知识界关系极为密切，一批有世界影响力的知识分子会间或为媒
体撰稿，这是法国媒体独特的文化特征。 这种深厚的传统文化知识系统在
应对美国新闻专知识的入侵中，发挥了重要的反建构作用，使法国媒体在商
业化冲击下，仍然保持其无可争辩的话语权，法国版的新闻专业知识系统是
底蕴深厚的法国传统文化的"积淀"。

西方国家在国际传播治理体系建设中素来重视智库的战略参与甚或主导
话语策略的建构。"二战"结束以来的西方国家国际传播秩序建构实践已充分
验证新闻专业知识标准的建立在强化媒介制度功能中的作用，而传统文化知
识系统的稳定性以及知识分子的参与则实现了话语建构的框架多样性和新闻
观点功能的多元视角，对提升国家话语权极具策略实践意义。

6.2.2 中国媒介话语体系的确定性建构路径

从制度效率的视角研究媒介话语体系的建构，对新闻话语的生产和建构
过程进行详尽的动态分析以外，最重要的是对媒介制度权力及其效率进行评
估。 国家权力赋权的媒介在话语体系建构中更具制度效力。 媒介话语模式的
制度化建构过程是话语体系的外部实施制度，主要是指合法性规则的制度化，
是通过第三方的介入来约束他人行为、改变社会建构结果的过程，这一制度化
过程包括新规则的建立和社会确认。 在新规则的建立和实施中，国家权力的

介入会强化新机制的运行效率和影响力。

在前文的中美政治媒介制度因素分析中已经看到，媒体所有制与新闻报道特征之间的因果关系已经无法进行简单界定。 在以经济地位为主要评价指标的当代世界，人们对不断扩大的经济分层差距的关注已经远远超出了人们对缩小性别与种族差距的影响的关注。 越来越多的国家采用公营与商营并存的媒介体制，公营和私营电视广播的政治新闻报道已经没有太多制度差异（Brants，1998）；同样地，国家主导的媒介制度和经济主导的媒介制度在政治话语传播的新闻功能和话语使用模式上也已经没有明显区别。 随着跨国媒介集团的全球化扩张和推动，各国媒介制度的不同生产实践模式已经越来越呈融合和同质化的发展趋势。 话语建构的权力关系（制度）融合趋势带来了话语制度化建设的融合趋势，这也为话语建构的制度化过程提供了多元化的制度模式选择和路径。

6.2.2.1 话语体系建构的制度化过程

话语建构的制度化路径选择受媒介制度关系模式的影响，大多会呈现制度偏好，媒介话语关系中的主导制度权力决定了新闻话语图式和新闻基调的采用，并最终决定话语建构的结果。

制度化过程的结构取决于国家或者组织的决策过程。 在国家或政府主导的媒介制度关系模式中，国家权力介入建立话语传播新机制，而在经济或文化主导的媒介制度关系模式中，话语传播的制度化过程大多由新闻组织或利益集团来进行决策。 如前所述，由于话语建构的权力关系（制度）融合趋势带来了话语制度化导向的融合，在很多国家，话语的传播机制都是由国家和组织共同建立并实施的。

在媒介制度自主性程度较高的国家，正式制度在很大程度上是由各利益集团竞争决策过程中的控制权，并且以追求组织制度效率最大化为根本原则建立和实施的。 在这个过程中，国家行为人作为国家的管理职能起到额外的但往往也是相当重要的协调作用。 例如，在美国的媒介制度中，对"独立于政治权利之外"的"客观性原则"就要求避免新闻独立性受制于其他社会制度和专业领域，目的是保障其自身制度效率和利益的最大化。 但美国政府仍然会在特定时期加强政府对新闻的管理以保证国家利益。

正式的话语传播制度的确认过程是一个有序的制度化过程，外部实施规则的确认机制是从上至下通过标准化程序制定规则并保证新机制为社会所认可。 在正式规则的实施过程中要考虑非正式制度，如原有的新闻文化传统和组织惯习对正式制度实施的限制性阻碍。 总体来说，正式的话语传播制度是媒介话语关系的产物。 媒介话语关系模式会影响话语制度的建立和确认过程。 因此，正式制度实施的有效性有赖于通过新闻体制改革提高媒介制度的自主性来实现。

6.2.2.2 国家权力介入话语体系建构的机制优势

在国家权力介入的情况下，国家通过颁布或者制定法令来建立话语传播制度，国家制度建立和实施过程的最大特点就是降低制度化确认过程的成本。我国的对外传播制度都是通过国家决策，颁布政策法令的方式来建立和实施的。 国家会对政策实施的直接利益（即实施过程中的行政费用）以及制度分配结果对国家长远利益的影响，即政策实施所产生的间接利益做出明确规定。政策制定和实施中明确规定的大多是更为重要的间接国家利益。

新机制建构中，国家介入的总体影响力通常会加速制度化进程，在降低社会确认成本的同时提高制度的社会效率。 国家建立新的对外传播机制通常基于两种利益考量：一是新机制的运行结果会使国家直接受益，例如，对外传播媒体或机构的经济效益会给国家增加税收等；二是对外传播机制会间接影响国家的政权掌控能力，例如，话语权的强弱会影响政府的公信力水平等，而建立新机制则会使国家获取更多政治利益，如话语体系建构机制有助于提升国家形象，提高政府管理的合法化程度等。 此外，当国家寻求更多的政治支持以巩固其执政的合法性时，社会成员的集体利益则会成为新机制建立时的利益考量，而这种制度分配偏好的考量将使新机制的实质发生重大变化。

当国家介入成为对外传播话语体系的制度化实施主体时，国家政治制度权力就成为左右新机制建构的重要决策因素。 影响我国媒介话语体系建构机制建立和社会确认过程的决策因素主要是我国的政府主导型的媒介制度关系模式对话语体系建构机制的影响。 在国家介入的制度化过程中选择社会效率更高、国家和社会集体利益兼顾的话语体系建构机制将是我国对外传播话语建构的制度化发展路径。 我国新闻体制改革正在进行的媒体多种所有制形式的尝试行为也需要将实现话语建构的制度多样性和新闻框架的多样性作为制度创新的目标因素加以考量，这将对我国的对外传播的制度化建设、提升国际话语权具有制度层面的意义。

7 结语 媒介场域的权力关系与媒介话语建构能力

7.1 新制度主义理论下的媒介场域权力关系

国家话语权是媒介制度对话语传播和建构的社会现实结果。 当确定话语权的建构是一种社会行为结果时，我们开始将目光关注到影响社会行为及其结果的根源，即社会制度因素上。 社会制度影响着社会行为人在社会互动中所获得的利益，也影响着社会利益分配的结果。

制度是一种权力关系，社会制度的功能就是行使权力。 当代社会是由若干相互竞争和半自主的制度秩序构成的。 媒介制度因其"社会介质"的制度特性，成为社会各制度间不断冲突与互动的结果。 因此，在对媒介制度的社会行为结果做出解释时，一方面需要将其与社会制度环境相结合才有足够的阐释力；另一方面，媒介制度本身的制度自主性也能够对其他社会制度权力形成制衡作用。 影响媒介制度行为结果的社会制度环境因素主要包括国家政治制度、经济制度和社会文化制度三要素。 新闻的制度环境各要素之间相互影响、相互重叠，共同作用于媒介制度。 媒介制度在受到制度环境影响的同时，其自身的组织和组织间环境也会参与社会整体制度的竞争和博弈，最终形成影响新闻话语生产能力的动态的媒介制度关系。

　　本书打破以往对新闻生产研究的传统分析视角，从新闻社会学的制度效率入手，建构了较为广泛的媒介制度分析框架，将媒介制度与整体社会制度之间的互动关系一起纳入影响话语体系建构这一社会行为结果的影响因素概念框架中。　新闻的制度环境分析主要是用于解释媒介制度有效性的分析框架，用以解释媒介制度的权力关系对社会行为或能力的影响。

　　媒介制度对话语权的建构过程是在特定的制度情境即社会权力关系中建构话语生产，并通过遵循制度逻辑的话语实践来行使其制度权力，建构社会现实。　媒介制度是话语体系建构过程的实施者，也是建构结果的决定因素。　话语权的体系建构过程是制度（权力关系）通过话语（符号权力）所进行的社会现实建构，是一个从社会想象、社会认同到实施制度化、职业化和同化，最后完成社会现实建构的过程。

　　本书还对社会制度构成"知识"系统框架做出了论述。　将"知识"系统定义为：社会制度权力的持有者（民族国家或群体）建构、传播以供人们应用的一整套社会标准和规范体系。　知识系统也是社会制度系统的一部分，它生成于特定的社会制度权力关系，因此同样具有知识权力偏好的特质。　媒介制度既是知识系统的参与建构者同时也是知识的传播系统，话语建构过程又是知识系统的传播和建构过程。

　　中西方国家的社会文化和历史传统各自不同，社会制度秩序也存在着很大差异。　媒介制度也因受到其制度环境的影响，制度模式各不相同。　在媒介话语体系建构的过程中同样存在制度性差异，它是不同偏好的媒介话语关系模式通过话语的制度化建构所形成的拟态社会差异。　在跨国比较的制度分析中，媒介话语关系中的政治制度差异是最为显性的外部制度影响因素，而媒介话语因素是话语建构结果差异的内在制度因素。

　　需要提及的是，本书关注的是对新制度主义新闻理论研究方法的扩展和媒介制度分析概念框架的建立，对主流媒体话语建构的制度研究也定位在国家层面对媒介话语的制度化建构进行跨国比较分析，但并未对行业或组织层面的竞争因素，如技术因素等进行考量；此外，本书忽略掉受众意义接受维度的测量及分析，这可能构成本书在分析维度方面的局限。

7.2 国家话语建构的媒介力量

在话语建构系统中，媒介制度决定了新闻话语的"框架"及其内容。中西方媒介制度的差异决定了话语建构结果的根本差异。中西方媒介制度因受其各自社会制度权力关系的影响而不同，话语冲突是政治制度根本差异的最显著符号表征。

新闻话语与其他构成权力基础的社会稀缺资源一样存在着资源分配不均的现象。对新闻事件和新闻话语的接近是制度权力话语再现的主要元素。通过对中美两国对外传播媒体的新闻话语分析验证了中西方社会制度优先权力顺序的差异以及权力垄断程度和媒介文化上的不同。同时需要指出的是，新闻话语建构的社会"真实"从某种程度上来说是一种职业化能力的结果，记者的专业化权力同样是中西方话语体系建构的一个重要的制度化差异。

中西方媒介话语体系建构差异的影响因素主要是媒介话语的差异，它受社会制度权力关系模式差异的影响，其中政治制度和经济制度对话语建构的促进和限制能力是话语建构制度差异的主要因素指标。通过对中美两国媒体新闻的政治话语进行内容分析，本书系统证明了经济驱动型的美国媒介制度与政治驱动型的中国媒介制度在话语建构中呈现的强烈对比；验证了国家权力的介入对新闻市场生产的监督和限制作用，同时媒体与政府的关系差异对新闻的话语基调、新闻图式都会产生截然不同的结果。追逐商业利益的美国媒介制度在新闻话语生产中会更多关注政治游戏，而中国新闻话语中的意识形态框架则是美国新闻话语中没有出现的框架。

在中西方国家话语建构的制度化进程中，随着经济差距的逐渐缩小，新闻功能的差异化程度正在逐渐减少，而受政治制度差异影响的新闻框架差异则几乎未曾改变。需要指出的是，话语框架的差异性与话语体系建构结果并没有清晰而直接的因果关系。建构国家话语权需要的是媒介制度对话语的专业化和制度化的建构。建构中国版的新闻专业知识标准以及建立更具制度分配优势的话语传播新机制是我国媒体提升国际传播话语权的优化策略选择。

7.3 作为语境的话语研究范式

2017 年，党的十九大报告正式提出我国进入了中国特色社会主义新时代，这也开启了我国对"世界意义"的国际体系建设更深层次的探索与实践。伴随着新语境下对新意义和新实践的探索和发展，我国的国家话语在国际关系和对外传播实践中也面临着更多的机遇和挑战。任何新时代的发展都是以新思想和新制度为驱动力，当下最为急迫的任务是建构时代变迁中国家话语的确定性意义。对外传播话语体系因其传播介质的制度特性而成为国家间整体制度冲突与互动的平台。在对国际传播话语体系的制度行为结果做出解释时，一方面要考量话语体系本身的制度效率，同时更需将其与社会的时代性以及语境关系的相互作用加以评估才具有足够的阐释力。

话语是一种根植于语言及其历史或制度语境中的组织知识、思想或经验的模式，话语体系既是话语制度也是语境或范式，是规定和确立话语制度行为的方法论。话语体系建构的核心是意义建构，意义体系是整体的社会制度关系，其建构策略是以价值认同为依据的。价值或价值偏好是人类关系中被寻求和保护的关系类型，它包括权力、尊重、公正、情感、启蒙、福祉、技术和财富等。基于可测量的价值认同重构新时代"世界意义"的对外传播话语体系是当下及未来国际关系理论和策略研究的根本切入点。

话语的意义建构是在特定"知识框架"下的社会权力关系建构的，是特定社会情境下制度权力的拥有者所建构的社会符号系统、社会行为规范和价值观念的集合。符号权力建构社会想象和"普遍真理"，通过价值认同实现话语体系的合理性。因此，一个较为广泛的话语意义建构分析框架对于分析新时代媒介话语体系的结构性转型及其传播效果，探讨以价值认同为理论依据和维度的媒介话语体系的意义建构和适应策略，并预测和检验其在不确定情境下的传播能力显得尤为具有实践意义。将价值或价值偏好中的各关系类型进行甄别、筛选和测量，建构意义传播的适应策略模型是媒介话语体系意义重构的有效分析方法。国际关系中的话语冲突的根本是话语意义的根本差异，而国家间制度关系中所保护和寻求的价值和价值偏好差异是话语冲突的最显著特征。

新意义、新语境和新实践既是影响新时代媒介话语体系建构的三个维度，也是探讨社会制度权力关系对于话语体系形塑及其结果的分析要素：新时代媒介话语体系的整体制度关系重构是新意义维度的理论探讨；新时代世界意义的话语变迁与重构是新语境维度的探索和比较；新时代媒介话语体系的制度行为是新实践维度的分析与评价。认识话语意义建构的思想机理、结构特征和作用机制，将有助于新时代我国媒介话语体系的意义重构，从制度文化的异同、制度权力的优先顺序、价值偏好的优先顺序等视角重新考量价值认同建构的优先路径，将有利于促进我国媒介话语体系的转型发展，更有利于新时代、新媒介语境下的话语实践及国际传播能力建设。

媒介话语及其社会制度环境之间的不断竞争与博弈是媒介话语发展与变迁的元因素，媒介话语模式的不断融合与分化对国际传播趋势将会有怎样的影响，媒介话语变迁中的制度规则改变和权力不对等又是怎样改变制度化实施过程对社会现实的建构结果，是当下以及未来媒介话语体系研究的发展方向。

参考文献

中文参考文献

[1] 罗伯特·福特纳.国际传播：全球都市的历史、冲突及控制 [M].刘利群，译.北京：华夏出版社，2000：6.

[2] 张长明.让世界了解中国——电视对外传播 40 年 [M].北京：海洋出版社，1999：24.

[3] 杰克·奈特.制度与社会冲突 [M].周伟林，译.上海：上海人民出版社，2009：2，82.

[4] 诺斯.经济史中的结构与变迁 [M].陈郁，罗华平，等，译.上海：生活·读书·新知三联书店上海分店，上海人民出版社，1994：225-226.

[5] 刘伟伟.政治控制、市场竞争与中国地方党报的影响力（1978—2009）[D].天津：南开大学，2009.

[6] 邱凌.软实力背景下的中国国际传播战略研究 [D].上海：复旦大学，2009.

[7] 科斯，阿尔钦，诺斯.财产权利与制度变迁：产权学派与新制度学派译文集 [M].刘守英，等，译.上海：生活·读书·新知三联书店上海分店，上海人民出版社，1994：384.

[8] 罗宾斯.新闻自由的矛盾：英国经验研究 [J].曾虚白，译.新闻学季刊，1967（8）.

[9] 梁凯音.论中国拓展国际话语权的新思路 [J].国际论坛，2009（3）.

[10] 张志洲.话语质量：提升国际话语权的关键 [J].红旗文稿，2010（14）.

[11] 毛跃.论社会主义核心价值观的国际话语权 [J].浙江社会科学，2013（7）.

[12] 陈雪飞.中国如何提升国际话语权？ [J].经略，2013（26）.

[13] 张忠军.增强中国国际话语权的思考 [J].理论视野，2012（4）.

[14] 林丽云.节制私人资本、互为公共责任：南韩电视体制的演进 [J].新闻学研究，2011（107）.

[15] 甘险峰，刘玉静.60年对外传播的进展 [J].对外传播，2009（12）.

[16] 蔡鹏举.新中国前30年对外传播的理论与实践 [J].新闻传播，2013（5）.

[17] 吴冷西.在世界性通讯社的征途上 [M]// 何东君.历史的足迹：新华社70周年回忆文选（1931—2001）.北京：新华出版社，2001：8.

[18] 戴延年，陈日浓.中国外文局五十年大事记 [J].北京：新星出版社，1999：243-247，311-317.

[20] 童兵，张涛甫.关于中国传媒体制改革创新的观察与思考 [C].新闻传媒与社会发展论坛·2007：中国新闻业发展现状与趋势论文集，2007.

[21] 胡鞍钢，张晓群.中国传媒普及率追赶的实证分析 [J].新闻与传播研究，2004（4）.

[22] 胡耀亭.中国国际广播大事记 [M].北京：中国国际广播出版社，1996：265-266.

[23] 钟馨.1976—2001年中国对外传播史研究 [D].武汉：武汉大学，2010.

[24] 王树柏.国际新闻报道70年回顾 [M]//马胜荣.走向世界：新华社国际报道70年（1931—2001）.北京：新华出版社，2001：60.

[25] 杨伟光.中央电视台发展史 [M].北京：北京出版社，1998：567，568，581.

[26] 蒋亚平.WTO环境下中国网络媒体分析 [J].中国记者，2002（5）.

[27] 夏春平.世界华文传媒年鉴：2005 [M].北京：世界华文传媒年鉴社，2005：176.

[28] 甘险峰，刘冰.1992—2012：中国对外传播的实践历程 [J].对外传播，2013（5）.

[29] 罗以澄，张宏莹.西方国家政府新闻发言人制度评价机制的建构 [M]//

武汉大学媒体发展研究中心.中国媒体发展研究报告 2012 年（媒体卷）.武汉：武汉大学出版社，2013：151-161.

[30] 罗以澄，赵平喜.我国政府新闻发言人制度评价机制建构的必要性与可能性评价 [M] // 武汉大学媒体发展研究中心.中国媒体发展研究报告 2012 年（媒体卷）.武汉：武汉大学出版社，2013：6.

[31] 霍布斯鲍姆.卡尔·马克思对史料的贡献 [M].思想社会学，纽约：Vantage，1973：273.

[32] 李云燕.循环经济运行机制：市场机制与政府行为 [M].北京：科学出版社，2008：3.

[33] 班纳迪克·安德森.想象的共同体：民族主义的起源与散布 [M].台北：时报文化，1999：11.

[34] 张莹瑞，佐斌.社会认同理论及其发展 [J].心理科学进展，2006，14（3）.

[35] 布洛克，斯塔列布拉斯.枫丹娜现代思潮辞典 [M].中国社会科学院文献情报中心，译.北京：社会科学文献出版社，1988：276-277.

[36] 李茂政.马克布莱德委员会报告：威胁乎？ 预兆乎？ [J].新闻学研究，1981（2）.

[37] 艾德维奇.德意志联邦共和国的传播政策 [J].田秀萍，译.新闻学研究.1986（11）.

[38] 庄正安.西德的公共电视 [J].新闻学研究，1984（4）.

[39] 庄正安.从欧洲主要国家公共电视看我国公共电视之发展 [J].新闻学研究，1984（4）.

[40] 安东尼·史密斯.英国传播政策：源于权宜性社会多元化文化 [J].张文萍，译.新闻学研究，1986（11）.

[41] 安妮·布兰斯克.美国的传播政策：竞争性市场的歧义性与多元化 [J].袁乃娟，译.新闻学研究，1986（11）.

[42] 熊德.中国新闻电视媒体跨国传播能力研究 [D].武汉：武汉理工大学，2012.

[43] 李岩.人民网英文版对外传播现状与对策研究 [D].兰州：兰州大学，2006.

[44] 王思齐.国家软实力的模式建构 [D].杭州：浙江大学，2011.

[45] 吴瑛.中国话语权生产机制研究[D].上海：上海外国语大学，2010.

[46] 杨瑞龙.论我国制度变迁方式与制度选择目标的冲突及其协调[J].经济研究，1994（5）.

[47] 逄勃，张宏莹.对外传播的制度思维与建构路径[J].新闻战线，2015（6）.

[48] 王凌超，张宏莹.话语知识：对外传播话语权的制度化建构模式[J].新闻战线，2017（2）.

[49] 张宏莹.新中国对外传播的变迁与发展：1949—2019[J].对外传播，2020（1）.

[50] 程曼丽.大众传播与国家形象塑造[J].国际新闻界，2007（3）.

[51] 吴瑛.国际舆论格局与我国对外传播的路径选择[J].当代传播，2009（5）.

[52] 李希光，周庆安.软力量与全球传播[M].北京：清华大学出版社，2005.

[53] 童兵.理论新闻传播学导论[M].北京：中国人民大学出版社，2000.

[54] 丹尼斯·麦奎尔.麦奎尔大众传播理论：第4版[M].崔保国，李琨，译.北京：清华大学出版社，2006.

[55] 胡正荣.外国媒介集团研究[M].北京：北京广播学院出版社，2003.

[56] 迈克尔·埃默里，埃德温·埃默里.美国新闻史[M].展江，殷文，译.北京：新华出版社，2001.

[57] 吴征.中国的大国地位与国际传播战略[M].北京：长征出版社，2001.

[58] 郭可.当代对外传播[M].上海：复旦大学出版社，2003.

[59] 李彬.全球新闻传播史[M].北京：清华大学出版社，2005.

[60] 张意.文化与符号权力：布尔迪厄的文化社会学导论[M].北京：中国社会科学出版社，2005.

英文参考文献：

[1] ALEXANDER J C. The mass news media in systemic, historical, and comparative perspective [M] // Katz E, Szecsko T. Mass media and social change. Beverly Hill：Sage, 1981.

[2] BAKER C E. Media, markets, and democracy [M]. Cambridge：Cambridge University Press, 2002.

[3] BAKER C E. Media Concentration and Democracy: Why Ownership Matters [M] . Cambridge: Cambridge University Press, 2007.

[4] BAMHURST K G, NERONE J. The form of news: A history [M] . New York: Guilford Press, 2001.

[5] BENSON R. Field theory in comparative context: A new paradigm for media studies [J] . Theory and Society, 1998 (28) .

[6] BENSON R. Bringing the sociology of media back in [J] . Political Communication, 2004 (21) .

[7] BENSON R. Mapping field variation: Joumalism in France and the United States [M] // Benson R, Neveu E. Bourdieu and the joumalistic field. Cambridge, England: Polity, 2005.

[8] BENSON R, HALLIN D C. How states, markets and globalization shape the news: The French and American national press, 1965—1997 [J] . Paper presented at the annual meeting of the Intemational Communication Association, 2005.

[9] BENSON R, NEVEU E. Introduction: Field theory as a work in progress [M] // Benson R, NEVEU E. Bourdieu and the joumalistic field. Cambridge: Polity, 2005.

[10] BENSON R, SAGUY A C. Constructing social problems in an age of globalization: A French-American comparison [J] . American Sociological Review, 2005 (70) .

[11] BENSON R. What makes news more multiperspectival? A field analysis [J] . Poetics, 2009 (37) .

[12] BENSON R. The political/literary model of French journalism: change and continuity in immigration news coverage, 1973—1991 [J] . Journal of European Area Studies, 2002 (1) .

[13] BOURDIEU P. Distinction [M] . Cambridge: Harvard University Press, 1984.

[14] BOURDIEU P. Homo academicus [M] . Cambridge: Polity, 1988.

［15］BOURDIEU P. The field of cultural production ［M］. Cambridge: Polity, 1993.

［16］BOURDIEU P. The Rules of Art ［M］. Stanford: Stanford University Press, 1995.

［17］BOURDIEU P. On television ［M］. New York: New Press, 1998.

［18］BOURDIEU P. Social space and symbolic space ［M］// BOURDIEU P. Practical reason. Cambridge: Polity, 1998.

［19］BOURDIEU P. The political field, the social science field, and the joumalistic field ［M］// Benson R, NEVEU E. Bourdieu and the joumalistic field. Cambridge: Polity, 2005.

［20］BOURDIEU P, WACQUANT L. An invitation to refiexive sociology ［M］. Chicago: University of Chicago Press, 1992.

［21］BRUBAKER R. Rethinking classical theory: The sociological vision of Pierre Bourdieu ［J］. Theory and Society. 1985 (14).

［22］BRIGG M. Post-development, Foucault, and the colonization metaphor ［J］. Third World Quarterly, 2002, 23 (3).

［23］CASTELLS M. The power of identity; Volume II: The information age: Economy, society, and culture ［M］. Oxford: Blackwell, 1997.

［24］CHAMPAGNEP. The "Double Dependency", The Journalistic Field between Politics and Markets. ［M］. RODNEY B, ERIK N. Bourdieu and the Journalistic Field. Cambridge: Polity Press, 2005.

［25］CLARK S F. The Central Office of Information ［M］. London: George Allen & Unwin Ltd, 1970.

［26］COOK T E. Governing with the news: The news media as a political institution ［M］. Chicago: University of Chicago Press, 1998.

［27］COOK T E. The News Media as a Political Institution: looking backward and looking forward ［J］. Political Communication, 2002 (23).

［28］COULDRY N. Media meta-capital: Extending the range of Bourdieu's field theory ［J］. Theory and Society, 2003 (32).

[29] CRISTINA A. Comparing international coverage of 9/11: Towards an interdisciplinary explanation of the construction of news [J]. Journalism, 2010, 11 (5).

[30] DARRAS E. Media consecration of the political order [M] // Benson R, NEVEU E. Bourdieu and the journalistic field. Cambridge: Polity, 2005.

[31] DAVID M R. Guest Editor's Introduction: New Institutionalism and the News [J]. Political Communication, 2006, 23 (2).

[32] DIMAGGIO P J. Structural analysis of organizational fields [J]. Research in Organizational Behavior, 1986 (8).

[33] DIMAGGIO P J, POWELL W W. Introduction [M] // POWELL W W, DIMAGGIO P J. The new institutionalism in organizational analysis. Chicago: University of Chicago Press, 1991.

[34] DUVAL J. Economic journalism in France [M] // Benson R, NEVEU E. Bourdieu and the journalistic field. Cambridge: Polity, 2005.

[35] ELIOT F. Professional Powers [M]. Chicago: The University of Chicago Press, 1986.

[36] ELLINGSON S. Understanding the dialectic of discourse and collective action: Public debate and rioting in antebellum Cincinnati [J]. American Journal of Sociology, 1995 (101).

[37] ENTMAN R M. Framing U. S. coverage of international news: Contrasts in narratives of the KAL and Iran Air incidents [J]. Journal of Communication, 1991 (41).

[38] ESCOBAR A. Encountering development: The making and unmaking of the third world [M]. Princeton: Princeton University Press, 1995.

[39] ESSER F. "Tabloidization" of news: A comparative analysis of Anglo-American and German press journalism [J]. European Journal of Communication, 1999 (14).

[40] FALLOWS J. Breaking the news: How the media undermine American democracy [M]. New York: Vintage Books, 1997.

[41] FOUCAULT M, GORDON C. Power/knowledge: Selected interviews and other writings, 1972—1977 [M]. New York: Pantheon Books, 1980.

[42] FRIEDLAND R, ALFORD R R. Bringing society back in: Symbols, practices, and institutional contradictions [M]//POWELL W W, DIMAGGIO P J. The new institutionalism in organizational analysis. Chicago: University of Chicago Press, 1991.

[43] HABERMAS J. Between facts and norms [M]. Cambridge: Massachusetts Institute of Technology Press, 1996.

[43] HABERMAS J. Political communication in media society: does democracy still enjoy an epistemic dimension? The impact of normative theory on empirical research [J]. Communication Theory, 2006 (16).

[44] HALLIN D C. Commercialism and professionalism in the American news media [M]//Curran J, Gurevitch M. Mass media and society. London: Amold, 1996.

[45] HALLIN D C, MANCINI P. Comparing media systems: Three models of media and politics [M]. Cambridge: Cambridge University Press, 2004.

[46] HUANG D. Power and right, "Yu Lun Jian Du" as a practice of Chinese media from an institutionalism perspective [J]. Journalism Studies, 2011, 12 (1).

[47] JOSEPH H, THOM Y. Media, profit, and politics: competing priorities in an open society, Kent State University Symposium on Democracy Kent [M]. Ohio: Kent State University Press, 2003.

[48] KAPLAN R L. Politics and the American press: The rise of objectivity, 1865—1920 [M]. Cambridge: Cambridge University Press, 2002.

[49] KAPLAN R L. The News About New Institutionalism: Journalism's Ethic of Objectivity and Its Political Origins [J]. Political Communication, 2006 (23).

[50] KOVACH B, ROSENSTIEL T. The elements of joumalism [M].

New York: Three Rivers Press, 2001.

[51] KUHN R. The media in France [M]. London: Routledge, 1995.

[52] LAWRENCE R G. The politics of force: Media and the constmction of police brutality [M]. Berkeley: University of Califomia Press, 2000.

[53] LAWRENCE R G. Seeing the whole board: New institutional analysis of news content [J]. Political Communication, 2006 (23).

[54] LINDITA C. Media framing through stages of a political discourse: International news agencies' coverage of Kosovo's status negotiations [J]. International Communication Gazette, 2010 (72).

[55] MARTIN J L. International Propaganda [M]. Minneapolis: University of Minnesota Press, 1958.

[56] MARTIN J L. What is field theory? [J]. American Journal of Sociology, 2003 (109).

[57] MCCHESNEY R W, NICHOLS J. Our media, not theirs: The democratic struggle against corporate media [M]. New York: Seven Stories Press, 2002.

[58] MICHAELA G H. Shaping International Development Discourse [M]. Washington DC: Georgetown University, 2004.

[59] MOORE D B. Development discourse as hegemony: Towards an ideological history: 1945—1995 [M] // MOORE D B, SCHMITZ G J. Debating development discourse: Institutional and popular perspectives. New York: St. Martin's Press, 1995.

[60] NORTH D C. Institutions, institutional change, and economic performance [M]. New York: Cambridge University Press, 1990.

[61] PATTERSON, THOMAS E. Out of Order [M]. New York: Vintage Books, 1994.

[62] DIMAGGIO P J, POWELL W W. Powell, The New Institutionalism in Organizational Analysis [M]. Chicago: The University of Chicago Press, 1991.

[63] PEET R, HARTWICK E R. Theories of development [M]. New York：Guilford Press，1999.

[64] POWELL W. Expanding the Scope of Institutional Analysis [M]// POWELL W, DIMAGGIO P. The New Institutionalism in Organizational Analysis. Chicago：The University of Chicago Press, 1991.

[65] RYFE D M. New Institutionalism and the News [J]. Political Communication, 2006 (23).

[66] SCHEUFELE D A. Framing as a theory of media effects [J]. Journal of Communication, 1999 (49).

[67] SNOW D A, VLIEGENTHART R, CORRIGALL-BROWN C. Framing the French riots：a comparative study of frame variation [J]. Social Forces, 2007 (86).

[68] SCHUDSON M. The 'public sphere' and its problems：Bringing the state (back) in [J]. Notre Dame Journal of Law, Ethics and Public Policy, 1994 (8).

[69] SCHUDSON M. The Power of News [M]. Boston：Harvard University Press, 1995.

[70] SCHUDSON M. The News Media as Political Institutions [J]. Annual Review of Political Science, 2002 (5).

[71] SCHUDSON M. Autonomy from what? [M]// BENSON R, NEVEU E. Bourdieu and the journalistic field. Cambridge：Polity, 2005.

[72] SCHUDSON M. The Reconstruction of American Journalism [R]. New York: Columbia University Publications, 2009.

[73] SCHUDSON M. Discovering the News：A Social History of American Newspapers [M]. New York：Basic Books, 1978.

[74] SCHUDSON M. The Power of News [M]. Cambridge：Harvard University Press, 1995.

[75] SEAN M. Many Voices, One World：Communication and Society, Today and Tomorrow [M]. Paris：UNESCO, 1980.

[76] SMITHERMAN D G, VAN D T A. Discourse and Discrimination [M]. Detroit: Wayne State University Press, 1988.

[77] SPARROW B H. Uncertain guardians: The news media as a political institution [M]. Baltimore: Johns Hopkins University Press, 1999.

[78] STARR P. The creation of the media: Political origins of modern communications [M]. New York: Basic Books, 2004.

[79] SWENSEN D, SCHMIDT M. News you can endow [J]. The New York Times, 2009 (28).

[80] SWARTZ D. Culture and power: The sociology of Pierre Bourdieu [M]. Chicago: University of Chicago Press, 1997.

[81] THELEN K, STEINMO S. Historical institutionalism in comparative politics [M] // THELEN K, LONGSTRETH F, STEINMO S. Structuring politics: Historical institutionalism in comparative analysis. Cambridge, England: Cambridge University Press, 1992.

[82] THOMAS F. L'invention du journalisme en France: Naissance de la presse moderne a 'la fin du XIXe sie' cle, Paris: Plon, 1993.

[83] TUCHMAN, G. Making News: a study in the construction of reality [M]. New York: The Free Press, 1978.

[84] VAN C J. 2007. Media Diversity, Competition and Concentration: Concepts and Theories [M] // WURFF V D R, CUILENBURG J V. Media between Culture and Commerce. Chicago: University of Chicago Press, 2007.

[85] VAN D T A. Prejudice in Discourse [M]. Amsterdam: Benjamins, 1984.

[86] VAN D T A. Social cognition and discourse [M] // GILES H, ROBINSON R P. Handbook of Social Psychology and Language. Chichester: Wiley, 1990.

[87] VAN D T A. ANDERSON A. Communication Yearbook 12 [M]. Newbury Park: Sage, 1989.

[88] VAN D T A. Discourse, power and access [M] //CARMEN R, CALDAS C, MALCOLM C. Texts and Practices. Readings in Critical Discourse Analysis. London: Routledge, 1996.

[89] VIVIEN A, SCHMIDT. Discursive Institutionalism: The Explanatory Power of Ideas and Discourse [J]. The Annual Review of Political Science, 2008 (11).

[90] WILSON L, PETER J. Changing the news: the forces shaping journalism in uncertain times [M]. New York: Routledge, 2011.